# 邵雍及其詩學研究

鄭 定 國 著

文 史 哲 學 集 成
文史哲出版社印行

**邵雍及其詩學研究** / 鄭定國著. -- 初版. -- 臺北市 :
文史哲,民 89
面; 公分. --(文史哲學集成 ; 415)
參考書目：面
ISBN 957-549-260-9 (平裝)

1.（宋）邵雍 - 作品評論 2.（宋）邵雍 - 傳記
3.中國詩 - 宋（960-1126） - 評論
851.4515 89000691

# 文史哲學集成 ⑷⒂

# 邵雍及其詩學研究

著　　者：鄭　　定　　國
出 版 者：文　史　哲　出　版　社
登記證字號：行政院新聞局版臺業字五三三七號
發 行 人：彭　　正　　雄
發 行 所：文　史　哲　出　版　社
印 刷 者：文　史　哲　出　版　社
臺北市羅斯福路一段七十二巷四號
郵政劃撥帳號：一六一八〇一七五
電話886-2-23511028・傳眞886-2-23965656

**實價新臺幣六〇〇元**

中華民國八十九年元月初版


ISBN 957-549-260-9

輝縣邵雍「安樂窩」門前石刻（殘）

# 弁言

邵雍詩的研究，長期以來，晦暗難明，說什麼頭巾氣，說什麼佛偈子，這些都是歷代詩評家給邵雍詩的負面評價。但是近年來對於宋詩的研究逐漸發達，對於邵雍詩的見解漸有新的發現，因此作邵雍詩全面的研究，此其時也。我寫本書是做淘沙簡金的苦工，如果說本書還能有些沙裡鉛錫的成就，且當它是精衛塡海，愚公移山的毅力和誠摯吧！邵雍爲北宋五子之一，深明理學，不僅在理學上象數的研究及心學的成就讓世人有目共睹，在詩歌方面更有《伊川擊壤集》的專書，把理學的思想融入詩歌之中，彙編成集，他是第一人，所謂「儒語衍爲邵雍詩」。宋人說理詩，在詩家謂之旁門的說法，其不正確的道理，在於以源爲流。我們展閱歐、梅、蘇、黃及江西詩派詩卷，甚至元、明、清詩集，處處可觀見理學詩的精神和技法，邵詩繾綣深摯淵源流長的深遠影響，歷久而鮮活。故知邵雍詩的最大成就在於開創理學詩的新時代，並以這種特殊滋味的理學詩，激盪當代詩壇，滲透於宋代和後世的詩學精神中，今以此書探討其人和其詩學內容，期爲邵雍詩在宋代文學史流變沿革過程裡所扮演的角色和地位，建構其應有的坐標，是所盼也。

一九九九年於雲林科技大學

鄭定國

# 邵雍及其詩學研究目次

弁言……一
第一章　緒論……一
第一節　文學史上的邵雍詩……一
第二節　邵雍詩研究的概況……三
第三節　本篇研究的方向……五
第二章　邵雍背景的析論……一一
第一節　邵雍的時代背景……一一
第二節　邵雍的文學背景……一三
第三節　邵雍的交遊……三〇
第四節　擊壤詩集版本及編輯……九三
第三章　邵雍家世及年譜……一二三
第一節　邵雍的家世……一二三
第二節　邵雍的年譜……一二六

第四章　邵雍詩的語言特徵……一八九
第一節　邵雍詩的語法……一九〇
第二節　邵雍詩的色彩……二一三
第三節　邵雍詩的詞藻……二三三
第四節　邵雍詩的用事……二四三
第五節　邵雍詩的語義類型……二五一
第五章　邵雍詩的意象……二六九
第一節　喜樂的意象……二七〇
第二節　幽默的意象……二七二
第三節　恬淡的意象……二七六
第四節　禪機理趣的意象……二七九
第六章　邵雍詩的音樂節奏……二八五
第一節　平仄……二八六
第二節　用韻……二九五
第三節　句法……三〇九
第四節　句式……三三九

第七章　邵雍詩的境界……三四七
第一節　內省挫折的境界……三四九
第二節　憂道和氣的境界……三六〇
第三節　養生安樂的境界……三七一
第四節　閒靜恬淡的境界……三八〇
第五節　天機幽默的境界……三八七
第六節　自然理趣的境界……三九四
第八章　結論……四〇三
第一節　開創理學詩的新紀元……四〇三
第二節　邵雍詩對後世的影響……四〇九
附錄一　邵雍親屬表及邵雍學案……四一七
附錄二　邵雍詩專用語助詞的特……四一九
附錄三　邵雍詩褒貶人物的思想……四六一
附錄四　邵雍詩所涵書藝的思想……四八三
參考書目舉要……四九九

# 第一章 緒論

## 第一節 文學史上的邵雍詩

宋初的詩壇由西崑詩派當家，崇尚虛浮華美，略無內涵詩趣可言。在此其間林逋和歐陽修的詩風最具有除掃西崑詩華艷的反動特色。然而真正把握住宋詩「既言理又言情」、「詩體散文化」、「多所議論」、「雅俗不避」的特色，而能持久產生巨大影響的詩人，應該就是學究天人的道學派詩人邵雍。

鄭振鐸的《中國文學史》說：「在西崑體流行的前後，未入楊、劉門之網羅的詩人們很不在少數，不過其聲勢都沒有劉、楊諸人的浩大耳。較早的時候有九僧者；又有寇準、王禹偁、林逋、魏野、潘閬、陳堯佐、趙湘、錢易諸人，皆以詩名，而俱清真平淡，不爲靡艷之音。但自歐陽修、梅堯臣諸人起，西崑體方才不掃而自空。……與歐、梅同時者，更有蘇舜欽、石延年、邵雍、王安石諸人。……」這段文字在眾多文學史家忽略邵雍的情況下，堪稱難得的獨具隻眼；最可貴的還是下面那一段對邵雍詩作的看法。鄭氏又說：「邵雍的詩，在北宋諸作裡，顯出特殊的風味，與時流格格不能相入。他於西崑固攀附不上，於歐、梅也去之甚遠。歐、梅雖力矯靡艷而趨於閑淡，但並沒有淡到像白開水似的無韻無味。雍的詩卻獨往獨來的做到這一層了。有時如格言，有時如說理，像『我若壽命七十歲，眼前見汝二十五。我欲願汝成大賢，未知天意肯從否？』（生男吟）。誠是王梵志以來最大膽的詩人。如此明白如話的詩語，就是顧況、荀鶴諸人也還不敢下呢。而像『頻頻到口微成醉，拍拍滿懷都是春』;『卷舒千古興亡事，出入幾重雲山水』;『恍惚陰陽初變化，氤氳天地乍回旋。中間些子好光景，安得功夫入語言』云云，也都不是一般詩人們所可同群的。其蒼茫獨立的風度，頗有些宗教主的氣味。」（註一）鄭振鐸對文學的見識果然是抓到邵雍詩學的癢處，至於深入的研究有待本篇細部剖析，但願能解開北宋初年出身依傍儒、道二邊，性格又特立不群的詩壇反動大將邵雍的真面目。

同樣持反對西崑體大纛的歐陽修、蘇舜欽、梅堯臣諸人，對於文學的主張，在根本精神上不同於邵雍。邵雍在擊壤集序中提出:「一句之休慼則不過貧富貴賤而已，一時之否泰則在夫興廢治亂者焉。」所以羅根澤的《中國文學批評史》說：「反對歌詠一身休戚是邵雍的新說。」（註二）這一點在邵雍《擊壤集》中勇於建立自己的詩論是有很大關聯的。這使我們確定宋初道學傳人物文學觀迥異於當時的文壇，而宋初道學家周濂溪、二程、張載等人並沒有提出什麼系統性的文論、詩論，致使邵雍在《擊壤集》蘊藏的詩論更具有闡發的價值。邵雍詩中往往站在人民、社會的立場觀察時勢，頻頻顯示對時代的關懷，算是具有社會意識的詩人（註三）。若將他與屈原、杜甫、白居易相提並列來討論他對於時代憂心的關懷，他可是毫不遜色的。

固然有極少數的文學、史學學者對於邵雍還是有著深度的了解，但是絕大多數的文學、史學家可以大談九僧、林逋、梅堯臣、蘇舜欽等等，卻隻字不提邵雍，寧知璞玉在前視而不見，是故邵雍詩學的領域猶待發掘，而諸文學史學家的慧眼實多雲水翳障。

## 第二節　邵雍詩研究的概況

有關邵雍詩研究的專著微乎其微，而批評文字，卻散見在宋、元、明、清詩文集和大量的歷代詩話當中，欲匯觀究竟，萬分困難，遑論予以蒐羅研究。

近數年之間，我翻閱邵雍整體研究的成果有三個方面可以略作敘述。其一，在單篇論文研究的情形超越專書研究的成果十分顯著；其二，泰半的研究趨勢指向邵雍易學，而輕忽了邵雍學術的詩學方面；其三，宋元明清以來直到現代，對邵雍學術有深入和專門研究的學者極端稀少。綜合這三點，很容易的，我們判斷出邵雍學術研究在質和量雙方面都是不足的，這是一個亟待開墾拓荒的園地。尤其在邵雍詩學方面，是全面的缺乏深入探討，雖然有些零星的介紹總是缺乏系統性的專著研究，本文就是想在這個趨向上做出重大的努力。

邵雍自己的著作，以《皇極經世》、《伊川擊壤集》爲巨著。至於《漁樵問答》和《梅花易數》恐怕都不是邵雍親筆著作，既便是有他的部分思想存在，也僅作參考而已。而邵雍的《安樂窩吟》選集（註四）乃節錄自《擊壤集》，當可附集而談，實不必另作研究。歷代諸家對於邵雍學術的研究，多類錢鍾書《談藝錄》所云；如：宋朝王質、陸游、朱熹有近似趣味的理學詩，明朝唐荊川有讚揚邵堯夫的詩，明朝夏尚樸有〈讀擊壤集絕句〉，明朝莊昶《定山集》的詩多仿習《擊壤集》風味，明朝孫作明《滄螺集》有〈答性難〉一文思想略近邵康節，這些零金碎玉實在不能算對邵雍研究的重大成就。

近年，大陸地區許總《宋詩史》，趙仁珪《宋詩縱橫》，程千帆《兩宋文學史》，王運熙、顧易生編《中國文學批評通史》〈理學家的文學觀〉，袁行霈等作《中國詩學通論》〈宋代理學家的詩學理論〉，陳平原、陳國球編《文學史第三輯》中的張鳴〈略論兩宋理學家詩歌對物與理的觀照把握〉，敏澤《中國文學理論批評史上冊》〈道學家的文論〉，張少康、劉三富作《中國文學理論批評發展史下卷》〈道學家的主理抑情文學觀及其影響〉，呂思勉作《宋代文學》，都能少許提到邵雍詩的特色，尤以周裕鍇的《宋代詩學通論》言之較詳。而台灣香港地區則有近人程兆熊作〈邵康節的無可主張〉及〈論邵康節的首尾吟及其詩學〉，陳郁夫作《邵康節學記》，趙玲玲作《邵康節觀物內篇之研究》，吳康的《邵子易學》，高懷民作《邵雍的歷史哲學》，張健的《邵雍詩研究》，郭玉雯作《邵雍的詩歌理念探析》，鄭雪花作《試析邵雍以物觀物的詩歌理念》，均是較有系統性地探討邵雍學術，所以今之成就遠勝古人。猶有值得一提的，徐紀芳撰《邵雍研究》博士論文，幾乎囊括一切古今有關邵雍的資料作全面性的研究，而多發明前人之所未發，堪為目前研究邵雍學術的殿軍。然而，至可惜的，他對《擊壤詩》集中詩學研究的深度與廣度，遠遠不及對《皇極經世》中易學的研究，此爲美中不足的地方，也是今天我樂於繼續系統性地研究《擊壤詩集》的主因。今就《擊壤詩集》研究，而定名爲《邵雍及其詩學研究》，是全盤從背景而內容而核心，徹頭徹尾的探究《擊壤詩集》，使後人對於邵雍詩歌的內涵有更具體的了解，方能重新評估邵雍在文學史上的形象和定位。

## 第三節　本篇研究的方向

邵雍詩集稱名爲《擊壤集》。詩人以「養志」的抱負和「樂天」的精神，寫出生活在北宋太平年間的詩歌，所以稱名爲《擊壤集》（註五）。本篇全就《擊壤集》所有詩歌作研究，而邵雍又無其他詩集，所以直書《邵雍及其詩學研究》即指《擊壤集》之研究也。

近代批評文學，多半綜合作品的背景研究和作品自身的內容研究最爲可取，因此本篇亦兼此兩者而爲之，希望既可照顧傳統詩話研究的資糧，又可擷採西方批評文學的長處。近人錢鍾書也是兼採東西方學問來研究詩話，其成就從《管錐篇》、《談藝錄》而易見。尤以《談藝錄》對邵雍詩最有卓識，洵爲良師。今步武前賢，綜合各類研究方法，將分爲雙線研究方式，首先從邵雍《擊壤集》的背景開始研究，了解其創作背景。繼而，深入探討他的詩歌內涵，務求語言、意象、音樂節奏和詩的境界都能曉暢，並期了解邵雍詩歌特色的延伸意義和思想。茲將研究方向細節彙述如後：

## 一、邵雍的背景與年譜

本書前三章係探討邵雍的時代、文學背景和家世年譜。第一章爲緒論。第二章是邵雍背景的析論，分四小節細述之。第一節邵雍時代背景。邵雍所處的時代及其處境，影響其詩學有必然性，理應明白交待，並儘可能詳考而了解，裨益詩意內涵的透澈探討。第二節邵雍的文學背景。北宋的文學觀，前承唐末，所以宋詩有晚唐詩的傾向。北宋又是宋詩本身開創的時代，宋詩散文化的現象蔚成特色。在以上的宋詩大環境中，邵雍自己「以物觀物」的看法，虛心空靈的「無可主張」，綜合這些特別的文學觀，實是「康節體」的成因，值得詳加闡析。第三節邵雍交遊。師友的交往，常是創作的動機和動力，所以我們簡擇詩集中常出現的師友，略作討論。第四節擊壤集的版本流傳並不複雜，尤以通行的四庫本、成化本加上北京大學出版的全宋本已相當完善，足敷參用，僅概述編輯狀況，且附及諸版本的書影和特色。通過以上四小節的探討，則邵雍詩的背景資料初構已得，至於第三章寫邵雍的家世與年譜，乃進一步探析其詩作和平生背景資料的連繫關係，特闢專章〈邵雍家世及年譜〉析論之。邵雍家出寒門，世系單純，可述者未多。至於年譜的撰寫可繁可簡，本文則力求其繁而條列分明，欲通過年譜而追索詩人生活、作品年代及其他種種關連性，務期綱目清晰，如此邵雍生平和背景，可達深度廣度兼顧的地步。

## 二、邵雍詩的內容研究

內容研究是本書研究的重點，從第四章至第七章，共有四個專章。分別針對邵雍詩的語言特徵、邵雍詩的意象、邵雍詩的音樂節奏、邵雍詩專用語助詞的特色、邵雍詩褒貶人物的思想、邵雍詩所涵書藝的思想、邵雍詩的境界來研究邵雍的詩學。如果再細分，則第四章有五小節將邵雍詩的語法、色彩、詞藻、用事、語義類型歸納分析，用來凸顯邵雍詩的語言特徵。第五章有四小節敘述邵雍詩的喜樂、幽默、恬淡、禪機理趣的意象，這是詩人建構意象的方式。第六章為了探究邵雍詩的音樂節奏，所以有四小節分析邵雍詩的平仄、用韻、句法和句式。第七章邵雍詩的境界，呈現出內省挫折、憂道和氣、養生安樂、閒靜恬淡、天機幽默、自然理趣的風貌。在有宋一代，所有理學詩和有理學傾向的詩，其風格皆在邵雍詩境界的籠罩下。換言之，邵雍詩有最純正的宋詩精神。

## 三、結論

邵雍在諸家文學史上，片言數語，十分單純，可說殊無地位。近代批評史上邵雍詩方初露頭角，也僅是萌芽而已。但是綜觀歷代詩話，他是個極好與極歹備受爭議的詩人，歸納研究結果，我們有倒吃甘蔗的感覺出現，可以讓世人對於它的詩體和內容逐漸了解而受到重視。他的詩作絕對是理學詩中一流作家之地位，並且世上固不可以缺少此類型態的詩人，我們希望讓他的詩回歸文學史上，回歸文學批評史上，得到應有而適當的地位。我們以「開創理學詩的新紀元」和「邵雍詩對後世的影響」兩小節文字來說明他曾經付出，也應有所收成。

本書將寫作過程中曾經著力的資料，錄於書後，以作附錄。附錄一〈邵雍親屬表及邵雍學案〉；附錄二〈邵雍詩專用語助詞的特色〉專門闡釋邵雍詩中語助詞大量運用的情形；附錄三〈邵雍詩褒貶人物的思想〉欲從邵雍詠史詩來探討詩人的歷史觀、人物觀；附錄四〈邵雍詩所涵書藝的思想〉剖釋邵雍的書藝所蘊涵的精神，邵雍詩中所蘊涵氣和神逸的基調和人格修養多半已與書藝結合，見書如見詩，見詩如見人。這些附錄有助於認識邵詩的全貌，故錄之備查。

【附註】

註一：鄭振鐸，《中國文學史》〈西崑體及其反動〉，第三十四章四五九頁至四六八頁，台北，盤庚出版社，民六七年十二月，第一版。

註二：羅根澤，《中國文學批評史》〈第六篇兩宋文學批評史〉，邵雍的詩以垂訓說，十九頁倒四行，台北，學海出版社，民六七年九月，初版。

註三：定國案：邵雍關懷史事方面的詩作近百首，蘊藏家國之憂。經深入研究，他的史詩的表層意義在評論歷史人物，喟嘆史跡，事實上深寓家國之憂，尤凜於國勢不振，政治不安，非我們所知邵雍只是幽閒過日，心無家國之憂的道學家。

註四：《安樂窩吟》乃《兩宋名賢小集》之一部份，在三八〇卷。

註五：稱名詳細情形，參見拙作「探討邵雍詩集擊壤之真義」一文。鄭定國，民八七年九月，《邵雍詩心》，初版，雲院書城有限公司，一至九頁，雲林。另可參見拙作「邵雍《擊壤集》命名之探討」，一九九九年七月，鵝湖月刊二八九期。

# 第二章　邵雍背景的析論

## 第一節　邵雍的時代背景

邵雍生於北宋大中祥符四年（西元一〇一一年），卒於神宗熙寧十年（西元一〇七七年），享壽六十七歲。生平經歷真宗、仁宗、英宗、神宗四朝，正值北宋強盛久安之時。

真宗朝內有賢相畢士安、寇準，朝外有名噪千古御駕親征之澶淵和盟。宋帝一向偏安柔弱，澶淵和盟爲宋盛世順延百餘年。宋真宗爲人尙稱忠厚仁恕，能以義善待寇準，然其製造天青，崇信神道，恐非真正英明之主，惟守國守成則尙有餘力矣。

澶淵盟後，形成長期和平之局。於是文風昌盛，至仁宗朝，濟濟多士，人才鼎旺。前有呂夷簡、李迪，後有韓琦、范仲淹、歐陽修、文彥博、富弼、王安石等，凡此謀臣泰半以書生形態問政，行事多有激切深刻，放言高論之情形。遂自仁宗朝慶曆黨爭，綿延至英宗朝之濮議，神宗朝變法，皆書生論爭而導致外無法禦強敵，內滋生無數呂惠卿、章惇、蔡京等小人。

欲深知邵雍所處之時代背景，實不離北宋由虛盛而至實弱的關鍵時期。邵氏之所以不能在政壇上或吏治上有所作爲，可從兩方面申述。其一，客觀的時代背景因素。北宋初年仍不失清平，非有亂世需奇臣的必要，因此未遇明君，實有無從著力之慨。其二，主觀的家世才學因素。此尚可分幾方面來闡析：首先，是邵雍之才學並未專力於科舉。在社會普遍重視科舉出身的環境，捨此徑，欲仕途騰達，勢必難能。次者，邵氏家世，清寒至極，內無顯赫祖先庇蔭，外無朝廷親友提攜，可說其盛年因緣不及科名仕途。第三，邵氏青壯年時期，與政壇諸公，毫無淵源，以致「時不我予」，失去人生中最佳施展抱負的時機。

邵雍四十五歲以後逐漸藉著民間輿論的喧騰和交游官宦而享盛名，但身體狀況日漸孱羸，爲民爲國出力的可能性早已降低，是故婉拒出仕，反而容易在民間左右民風，進而影響政風。

詩文學者的個人文學觀念固然受到時代背景大環境的左右，同時也被當代文學背景情境所支配，非有豪傑之士不易脫離此一藩籬。縱使偶能突發新見，獨創新文學觀念，仍需處處兼容並蓄，與時代文學思潮共存共榮，而後方能率領風騷。

北宋太祖、太宗、真宗年間文學理論家，先有柳開、王禹偁、僧智圓等倡議破除六朝唐末形式主義的文風，以文道合一的理論，領導宋朝走向理學之路。理學，其實就是新儒學。其特色是吸收佛道兩家的思想成分，去發揚儒家的倫理學和政治哲學。仁宗、神宗以後，穆修、尹洙、蘇舜欽、孫復、梅堯臣、石介、歐陽修，反復的推動反模擬詞章體勢的詩文革新運動。這種詩文革新與政教同步配合的痕跡是很明顯的。是時，邵雍、周敦頤、二程、張載實踐其道學派的詩文，李覯、王安石、司馬光、富弼、韓琦等擅揚政治派的詩文。蘇軾、黃庭堅等強調瘦硬風格，以俗為雅，再造文人化的江西詩派。觀宋代詩文的殊途並進，各領風騷之一端，實亦糾纏不清，互有因襲。如果我們翻閱宋代詩話，可以發現，各言其是，殊無定見。這種的北宋文學背景的繽紛，正滋潤著宋詩，也漸行漸遠地摒棄唐詩的重要質素，使宋詩得到獨特風格發展的環境。

宋代私人講學之風氣盛行，有私相授受的個人傳承和私塾，也有著名的書院培養傑出學者，反而研究真正學問者許多都不在學校。這種現象，使宋明理學融合儒釋道思想而整合成一個完整的體系。這些理學思想，滲入詩文作品，便形成宋詩特有的面貌。

# 第二節　邵雍的文學背景

## 一、邵雍的學術傳承和創作理念

文學背景包含文學傳承和文學觀念是詩文寫作的動機，如果不分析其文學背景，則對作品的理解和方向捉摸不清，不容易解析其詩文的成就。古今文人的作品都有其文學演進的軌跡和文學觀念的形成來支柱，以提升作品的深度和廣度。邵雍的《皇極經世》書用易數來說明宇宙現象，推演人類歷史過程，並將古今治亂興廢格律化，這是其政治思想的展現。雖然沒有機遇在實務上作應用，但能以科

學觀點，融合道德移風易俗來開展治亂之方，也足稱政治哲學的異葩。（註一）

至於邵雍的《擊壤集》和〈觀物內外篇〉所顯現的「理語成詩」的文學觀念是有一套周密的詩論系統規畫而成。或云理語成詩很有理趣，或云理語成詩是理障，這些文字批評和詮釋，都不能妨礙他成為偉大理學詩人的地位和事實。下文便分析邵雍文學傳承和邵雍文學觀念的各種主張，也就是他文學背景的理論。

## （一）儒道兼顧的學術傳承和出身

邵雍之先人系出邵公，故世為燕人。曾祖父邵令進，以軍職事宋太祖，始家衡漳。雍之祖父邵德新，父邵古皆隱德不仕，邵雍幼從父徙河南共城，晚遷洛陽。觀上文可知邵雍的家世寒微，出身環境實不利於儒業。據年譜所知，自十二歲開始求學。又據〈百源學案〉：「…自雄其才，又慕高遠，謂先王之事必可致，居蘇門山百源之上。布裘蔬食，躬爨養父之餘，刻苦自勵者有年。已而嘆曰：昔人尚友千古，吾獨未及四方，於是踰河汾，涉淮漢，周流齊、魯、宋、鄭之墟而始還。」這一段十二歲至十九歲策勉自勵和游學天下的經歷，並未深染道家思想，應該還是儒家思想為本色。〈百源學案〉又說：「時北海李之才攝共城令，授以圖書先天象數之學。先生探賾索隱，妙悟神契，多所自得，蓬篳甕牖，不蔽風雨，而怡然有以自樂，人莫能窺也。」從此邵雍接受道家的傳承而深入易經象數之學。雍師承李之才，李之才師承穆修，穆修又師承种放，而种放師承陳摶，這個道家傳承淵源清楚可信，無庸置疑地影響邵雍以後的思想至鉅。

邵雍〈安樂窩中自訟吟〉自述：「不向紅塵浪著鞭，唯求寡過尚無緣。虛吏蘧瑗知非日，謬歷宣尼讀易年。……」（《擊壤集》卷八）顯然這是宣示儒家的思想。而其後〈安樂窩中吟〉卻說：「安樂窩中甚不貧，中間有榻可容身。儒風一變至於道，和氣四時長若春。……」（《擊壤集》卷十）這裡很清楚地說明由儒轉道的心境和走向。由於邵雍學術傳承的改變，進而引導思想的轉變和創作作風的演變，故知其詩風已兼含儒道思想。

## (二) 汲取前賢創作的理念

### 1、融滲六經諸史學（註二）

六經諸史是儒家精神的根柢，自古至今幾乎沒有任何一位中國文學家不深受其感染而薰陶的。邵雍少習孔孟經學思想，尤其是對於孔子的思想接受最多。我們從他的詠史詩可以看出詩人對春秋經和諸史所根植功夫的深厚，這些六經諸史的思想淵源我們從詩集中可以引文以證的。何況邵雍曾說：「欲為天下屠龍手，肯讀人間非聖書」（註三），可見他對聖人之道是鑾堅持的。六經一向是儒士學問的基礎，邵雍游學各地時受習經史典籍，後來從李之才力學易經。平日不廢作詩，深明詩經之學。詩作中又有許多詠史之作，表現出熟習諸史的功力，因此詩人匯通經史諸學已是不爭的事實。

仲尼生魯在吾先，去聖千餘五百年。今日誰能知此道，當時人自比于天。

皇王帝伯中原主，父子君臣萬世權。河不出圖吾已矣，脩經意思豈徒然。（〈仲尼吟〉，卷十二）

堯夫非是愛吟詩，詩是堯夫贊仲尼。大事既去止可歎，皇綱已墜如何追。由茲春秋無義戰，所以定哀多微辭。絕筆獲麟之一句，堯夫非是愛吟詩。（〈首尾吟之三十八〉，卷二十）

史筆善記事，長于炫其文。文勝則實喪，徒憎口云云。詩史善記事，長於造其真。真勝則華去，非如目紛紛。……百千萬億年，其事長如新。可以辨庶政，可以齊黎民。可以述祖考，可以訓子孫。……可以移風移，可以厚人倫。可以美教化，可以和疏親。……可以贊天地，可以感鬼神。……（〈詩史吟〉，卷十八）

史筆善記事，畫筆善狀物。……詩史善記意，詩畫善狀情。狀情與記意，二者皆能精。……（〈史畫吟〉，卷十八）

堯夫非是愛吟詩，詩是堯夫無必時。或讓或爭時既往，相因相革事雖齊。羲軒堯舜前規矩，湯武桓文舊範圍。一筆寫成還抹了，堯夫非是愛吟詩。（〈首尾吟之一一七〉，卷二十）

堯夫非是愛吟詩，詩是堯夫用奋時。史籍始終明治亂，經書表裏見安危。

庖犧可作三才主，孔子當為萬世師。不止前言與往行，堯夫非是愛吟詩。

（〈首尾吟之九七〉，卷二十）

堯夫非是愛吟詩，詩看春秋後語時。七國縱横如破的，九州吞吐若枰棋。

君臣自作逋逃主，將相無非市井兒。篆入草書猶不誤，堯夫非是愛吟詩。

（〈首尾吟之九九〉，卷二十）

堯夫非是愛吟詩，詩是堯夫覺老時。不動已求如孟子，無言又欲學宣尼。

能知同道道亦得，始信先天天弗違。六十三年無事客，堯夫非是愛吟詩。

（〈首尾吟之五〇〉，卷二十）

堯夫非是愛吟詩，詩是堯夫代記時。官職固難稱太史，文章卻欲學宣尼。……

（〈首尾吟之六三〉，卷二十）

仲尼豈欲輕辭魯，孟子何嘗便去齊。儀鳳不來人老去，堯夫非是愛吟詩。

（首尾吟之六七，卷二十）

堯夫非是愛吟詩，詩是堯夫憑式時。亂法奈何非獨古，措刑安得見於茲。

當時既有少正卯，今日寧無孔仲尼。時世不同人一也，堯夫非是愛吟詩。

（〈首尾吟之一一五〉，卷二十）

宋朝方岳《深雪偶談》和明朝何孟春《餘冬詩話》錄載：「西山公云：近世評詩：…康節之辭若卑，

其旨則原於六經。…」（註四）《擊壤集．四庫全書提要》云：「邵子抱道自高，亦顏子陋巷之志。…」同時代的人，因爲時空的接近，彼此熟悉，所以從宋人口中了解詩人的學術淵源，自然是最真確的，因此上述詩話所云正是邵雍以儒家六經爲本的證明。至於他擴展學術領域，也曾著染道家色彩，實不過思想、詩作之幻變增益而已。

## 2、融滲陶淵明詩

隔空異代之間的文學家彼此吸引的原因，可能係時代背景類似，可能爲身世背景類似，可能因社會環境背景類似，甚至也可能是個人氣質作爲的類似，以上四項，陶淵明與邵雍都有共通點。兩位詩人都是處在國力不強，外敵侵陵，戰爭威脅的時代背景之下。兩人身世皆農儒兼作的情況，且力耕且勵學，致使兩人的社會環境俱不利施展抱負；而最神似的地方是兩人皆好酒、樂道、又作詩。由於兩人具有「貧不責書留子讀，老猶栽竹與人看」（註五）的隱士風格，因此邵雍詩的創作意識頗受陶淵明的影響。

整個宋朝詩壇因爲傾向平淡特質的關係，非常愛慕陶詩，所以邵雍也受此影響。明朝何孟春《餘冬詩話》引「向薌林家藏邵康節寫陶詩一冊…」（註六）姑不論是否康節親筆，但流傳康節好抄陶詩，也足證其受陶詩之熏染實深。

歸去來兮任我真，事雖成往意能新。何嘗不遇如斯世，其那難逢似此人。

近暮特嗟時翳翳，向榮還喜木欣欣。可憐六百餘年外，復有閑人繼後塵。

（〈讀陶淵明歸去來〉，卷七）

年來得疾號詩狂，每度詩狂必命觴。樂道襟懷忘檢束，任真言語省思量。

賓朋疑密過從久，雲水優閒興味長。始信淵明深意在，北窗當日比羲皇。

（〈後園即事之三〉，卷五）

## 3、融滲韓愈詩

韓愈是唐朝古文改革的大將，當時韓愈、柳宗元身體力行以散文、散文化詩歌大肆扭轉六朝、唐人綺美浮華的駢體文風，似卓然有立。而異代之後，在宋朝更經歐陽修、曾鞏、蘇東坡、王安石等推波助瀾，蔚爲真正的改革風潮，對宋朝詩、文的演變關係最大。宋詩之所以異於唐朝，除了宋朝文人的自覺外，韓愈等早已埋伏造句技巧等變化的因子。邵雍詩中大量存在著韓愈散文詩的思想和句法，自然可說邵詩有若干成分出入韓愈詩歌，下文援引韓、邵詩兩兩對照，參看彼此詩作略有關連。例如：

斷送一生惟有酒，尋思百計不如閒。莫憂世事兼身事，須看人間比夢間。

（韓愈，〈遣興〉。東雅堂昌黎集註，四庫本卷九）

堪嘆五霸爭周爐，可笑三分拾漢餘。何似不才閒處坐，平時雲水遶衣裾。

（邵雍，〈十三日遊上寺及黃澗之二〉，卷五，詩意學韓，參見註六）

洛陽城下清明節，百花寥落梨花發。今日相逢瘴海頭，共驚爛熳開正月。

（韓愈，〈梨花下贈劉師命〉，東雅堂昌黎集註，四庫本，卷九）

人間佳節唯寒食，天下名園重洛陽。金谷暖橫宮殿碧，銅駝晴合綺羅光。
橋邊楊柳細垂地，花外鞦韆半出牆。白馬蹄輕草如翦，爛遊於此十年強。

（邵雍，〈春遊之四〉，卷二）

## 4、融滲杜甫詩

《清詩話》〈一瓢詩話〉薛雪云：「老杜善用『自』字，如『村村自花柳』、『寒城菊自花』、『故園花自發』、『風月自清夜』、『虛閣自松聲』之類，下一『自』字，便覺其奇身離亂感時傷事之情，掬出紙上。…」（註七）而邵雍喜用語助字，其詩用「自」字者也不少。譬如：「一片雲自飛」（卷九，和雲），「慮少夢自少」（卷十一，省事吟），「紅日已高猶自眠」（卷十三，天津敝居蒙諸公共為成買作詩以謝），「庭院無風花自飛」（卷十三，暮春吟），「竹雨侵人氣自涼」（卷四，閒居述事），「林間車馬自稀到」（卷二十，首尾吟之十二），「三盃五盃自勸酒」〈首尾吟之十五〉…等等句法有學自杜甫之處。邵雍〈首尾吟〉之一二四云：「…早是小詩無檢束，那堪大字更狂迷。既貪李杜精神好，又愛歐王格韻奇。…」這裡很明白的表示，他對李白、杜甫詩的愛好。《清詩話》之〈野鴻詩的〉黃子雲說：「…康節手抄少陵藍田崔氏詩：…一時咸稱善…」（註八）觀此邵雍雅好杜甫詩恐是已到時時撫卷把玩的地步。所以我們說邵詩源自杜甫並非虛言。

明代陶望齡《水天閣集》說：「白沙子曰：『子美詩之聖，堯夫更別傳。』予謂子美詩即聖矣，譬之猶以甜說蜜者也，堯夫蜜說甜者也。梧桐月照，楊柳風吹，人耶？詩耶？此難以景物會而言語解也。」這裡表示邵雍在作詩方法上有某些技巧是得自杜甫的。又明代李鼎《李長卿集》說：「水流雲在，想子美千載高標。月到風來，憶堯夫一時雅致。」（註九）此處把邵雍與杜甫相提並論，固然是褒美邵雍的詩，其實也有兩者比較之意，顯然明代這兩位文學家共同發覺邵雍詩的特質與杜甫詩有類似處。這種現象可以了解邵雍已將詩作中融滲了杜甫詩的特質。明朝萬事和在〈重刻擊壤集序〉云：「陳白沙子始以匹杖，然猶曰別傳也。而余師荊川先生（唐順之）乃贊其法之兼乎少陵。」（明《文海》卷二百六十六），皆可見明朝人對邵雍詩法學杜有共同的體認。

### 5、融滲白居易詩

文學史敘述元稹、白居易的詩多作「元輕白俗」一筆之判定，其實這屬不公允的批評方式。同理，許多詩話認爲邵雍詩類涉佛家偈子，或如學究語錄，像白居易詩一樣的通俗，實在是看輕了兩位大詩人。至於邵詩是否以白詩爲法，尚可研究，邵詩的基調與白詩相去較遠，但是郡雍詩閒適中有領會語，恬靜中有理趣，正爲長處，何可輕忽。

《四庫全書》〈擊壤集提要〉：「邵子之詩，其源亦出白居易。而晚年絕意世事，不復以文字為長，意所欲言，自抒胸臆，原脫然於詩法之外。……」此提要所說乃就北宋初年整體的文學背景就是厭棄五代的佻薄之弊而尋求返樸還淳，所以文風傾向白居易《長慶集》的風潮。我們同意邵雍詩風受當代文風的左右，而且錢鍾書曾云邵雍喜歡將文字翻筋斗，這也許受到白居易〈長恨歌〉、〈琵琶行〉

等長篇詩歌的影響。但是，《擊壤集》並未特重白居易的文字，所以邵雍作詩技巧自有主意，並非全然效法白詩詩法。邵詩俚語、口語處、幽默感俱夥，雖然詩的表象通俗，但其質素與白詩不同，白詩平易中仍有官場高雅的氣象，邵雍詩表現出詩語吸收民間眾生的情懷。明朝安磐《頤山詩話》說邵詩「安閑弘闊」（《四庫珍本初集》第一四八二冊第四五九頁），直見邵雍詩擊壤而歌的氣象。

### 6、融滲伏羲、陳摶、莊子等道家思想

由於傳承自陳摶、种放、穆修，李之才道家學術系統的淵源，邵雍自壯年後一改純然儒風而轉向親近道家思想。六十歲以後更著道服，一派道士模樣。其思想之轉變，由內而外，有軌跡可尋。而其詩歌所表現的自然主義和恬淡悠閒的人生觀念，正是道家思想的一環。尤以莊子用道心寂照萬物自身和觀懷自身所在之世界的觀點，接近邵雍觀物以理的詩歌理論。《莊子》〈人間世〉云：「一若志，無聽之以耳，而聽之以心。無聽之以心，而聽之以氣。聽止於耳，心止於符。氣也者，虛而待物者也。唯道集虛；虛者，心齋也。」這種「徇耳目而內通」的過程，與邵雍《皇極經世》〈觀外內篇之十二〉云：「夫所以謂之觀物者，非以目觀之也。非觀之以目，而觀之以心也。非觀之以心，而觀之以理也。」可謂宗旨一致，概見邵雍之思想軌跡。（註十），下文略舉數例以明其對道家的嚮往。

范邵居洛陽，希夷居華山。陳邵為逸人，忠獻為顯官。
邵在范之後，陳在范之前。三人貌相類，兩人名相連。
（卷十四，題范忠獻公真）

未見希夷真，未見希夷蹟。止聞希夷名，希夷心未識。
及見希夷蹟，又見希夷真。始知今與古，天下長有人。
希夷真可觀，希夷墨可傳。希夷心一片，不可得而言。

（卷十二，觀陳希夷先生真及墨跡）

何處是仙鄉，仙鄉不離房。眼前無冗長，心下有清涼。
靜處乾坤大，閑中日月長。若能分得安，都勝別思量。

（卷十三，何處是仙鄉）

邵雍的學術思想因師承關係，故從儒家而轉化爲道家，兩者影響其詩風則觀察詩作自然可以查覺。陳寅恪在《元白詩箋證稿》附錄載〈白樂天之思想行爲與佛道關係〉一文，論及白居易思想受佛道影響甚深，尤以受道家處世觀物的思想最深，常「忘榮知足委天和」，這樣的觀點若移釋邵雍行事也允稱恰當。（註十一）

綜本節所述，可知邵雍的文學背景傳承自儒，且又能汲取前賢創作的理念，融滲而自創新法，遂有特殊的風貌。

## 二、邵雍的文學觀念

## （一）以物觀物的主張

邵雍爲了掃除北宋當代文學上沈溺於「一身休慼」和「一時否泰」的弊端，主張「以道觀道，以性觀性，以心觀心，以身觀身，以物觀物」〈擊壤集自序〉。簡言之，即以物觀物，脫離哀傷樂淫的情好，脫離個人和時代的現實，走入任運自然的發展。邵雍之所以能像孔門曾點一般從游舞雩之下，享受了三十年浴沂詠歸的閑適生活，就是由此「以物觀物」的想法所造成。這種「天下爲公」大宇宙的觀點，原本也是他想康濟世人，實行抱負的觀點，他認爲這樣才能解決社會上一切以人情爲導向的蔽障。他看不慣歐陽修、蘇舜欽、梅堯臣等君子黨，以吟詩戲謔度日的作法（註十二），而走向道學家理學獨樹一幟的文學觀而提出「以物觀物」的主張。這種主張勢必走到〈擊壤集序〉所說的「以家觀家，以國觀國，以天下觀天下」的寫詩態度。

時有代謝，物有枯榮。人有盛衰，事有廢興。（卷十四，〈觀物吟〉）

物不兩盛，事難獨行。榮瘁迭起，賢愚並行。（卷十四，〈觀物吟〉）

地以靜而方，天以動而圓。既正方圓體，還明動靜權，靜久必成潤，動極遂成然。潤則水體具，然則火用全。水體以器受，火用以薪傳。體在天地後，用起天地先。（卷十四，〈觀物吟〉）

利輕則義動，利重則義輕。利不能勝義，自然多至誠。義不能勝利，自然多忿爭。（卷十六，〈觀物吟〉）

一氣才分，兩儀已備。圓者為天，方者為地。變化生成，動植類起。人在其間，最靈最貴。（卷十七，〈觀物吟〉）

如鸞如鳳，意思安詳。所生之人，非忠則良。如鼠如雀，意思驚躩。所生之人，不凶則惡。（卷十七，〈觀物吟〉）

畫工狀物，經月經年。軒鑑照物，立寫于前。鑑之為明，猶或未精。工出人手，平與不平。天下之平，莫若于水。止能照表，不能照裏。表裏洞照，其唯聖人。察言觀行，罔或不真。盡物之性，去己之情。有德之人，而必有言。能言之人，未必能行。（卷十七，〈觀物吟〉）

居暗觀明，居靜觀動。居簡觀繁，居輕觀重。所居者寡，所觀則眾。匪居匪觀，眾寡何用。（卷十八，〈觀物吟〉）

見物即謳吟，何嘗曾用意。閒將箧笥詩，靜看人間事。（卷十八，〈見物吟〉）

水雨霖，火雨露，土雨濛，石雨雹。水風涼，火風熱，土風和，石風冽。
水雲黑，火雲赤，土雲黃，石雲白。水雷泫，火雷虩，土雷連，石雷霹。
（卷十九，〈觀物吟〉）

千萬年之人，千萬年之事，千萬年之情，千萬年之理，惟學之所能，坐而爛觀爾。
（卷十八，〈觀性吟〉）

以道觀物，有道家任運自然的想法，不僅可觀「家至天下」的轉變局勢，亦可移作個人修養的方法。馮友蘭《中國哲學史》說：『聖人無我而任物，故能無為而無不為。此道家之說，而康節亦持之。無我而任物，亦為個人修養之方法，康節云：『以物觀物，性也，以我觀物，情也。性公而明，情偏而暗。』（註十三）又云：『任我則情，情則蔽，蔽則昏矣。因物則性，性則神，神則明矣。』（註十四），又云：『心一而不分，可以應萬變，此君子所以虛心而不動也。』（註十五），又云：『以物喜物，以物悲物，此發而中節者也。』（註十六），又云：『為學養心⋯⋯由直道，任至誠，則無所不通。天地之道，直而已，當以直求之。若用智數，由徑以求之，是屈天理而徇人欲也，不亦難乎？』（註十七），『以物觀物』見可喜者喜之；見可悲者則悲之，率性直行，而心虛不動。此與濂溪所云『無欲則靜虛動直』正同。』（註十八）其實邵雍個人修養的方法是雜揉儒、道兩家的，與邵雍詩晚期的寫作內容息息相關。

## （二）詩以垂訓的主張

〈邵雍擊壤集序〉云：「《擊壤集》，伊川翁自樂之詩也。非唯自樂，又能樂時，與萬物之自得也。……一身之休戚則不過貧富貴賤而已，一時之否泰則在夫興廢治亂者焉。是以仲尼刪詩十去其九……蓋垂訓之道，善惡明著者存焉。」邵雍這段文字，主張詩有「垂訓」的功能，即有「垂訓之道」。

垂訓之道，原是儒家思想，然而邵雍是以道家的「無爲而無不爲」的觀點引入詩的功能中。邵雍說：「近世詩人，窮感則職於怨憝，榮達則專於淫泆，身之休戚發於喜怒，時之否泰出於愛惡，殊不以天下大義而為言者，故其詩大率溺於情好也。……予自壯歲業於儒術，謂人世之樂何嘗有萬之一、二，而謂名教之樂固有萬萬焉。」由於「垂訓之道」使命感的驅使，《擊壤集》的編輯受此影響而學孔子刪詩，將三千多首詩刪去與此想法不同的，今詩遂僅賸一半。此所謂「窮理以盡性，放言而遺辭」（卷一，〈觀棋大吟〉）。爲了達到垂訓的主張，邵雍乃結合前項「以道觀物，以物觀物」的觀點，擺脫「情」的因素，而以「以家觀家，以國觀國，以天下觀天下」的方式寫詩，而使「垂訓之道」的目的在「善惡明著」。

## (三)反對歌詠一身休慼和一時否泰的主張

詩爲言志，爲心聲，因此詩人多半會吟詠一身休慼喜怒，或一時否泰的情形，但是邵雍對此強力反對。他認爲「一身之休慼，則不過貧富貴賤而已；一時之否泰，則在夫興廢治亂者焉。……身之休慼，發於喜怒；時之否泰，出於愛惡。」這兩種情況都不能以「天下大義而爲言」。邵雍的詩學觀從崇儒而有重大轉向，不只是師承關係而改變思想，最重要的因素可能是反對當時詩壇一味歌詠私情與淫靡的詩風。當時邵雍居西北文風純樸的洛陽，而江南的經濟、文化環境所造就的風花雪月詩風，概被邵雍所厭惡唾棄。像他自作「半記不記夢覺後，似愁無愁情倦時。擁裘側臥未忺起，窗外落花撩亂飛。」（卷十，〈懶起吟〉又名〈安樂窩〉），非不能為，實不欲多為，就是為了貫徹此種中晚年的詩風。

總之，邵雍的三種文學觀和其文學背景的主張，互為因果，所匯聚而成的文學主張，正是有一套完整的理論支持，像他詩歌有幽默機趣、淡泊閒適的基調，他詩歌之所以像五七字語錄，句法類轆轤變化，內容似理學偈子，遣詞專用語助，自成路數，蓋皆輔助發揮其文學背景罷了。

【附註】

註一：楊幼炯，《中國政治思想史》，第九章第二節宋代學者之政治思想，二三〇頁，台四版，台灣商務印書館，台北，一九七七。

註二：融滲一詞，即融入滲透之意。近數年由教育學者推動通識等各項教學，希望將各項教學融入於受教者生活當中，以收潛移默化之功。故知「融滲」是「融入」的另一精準的代替詞。文學家的創作淵源，固然有軌跡可尋，但有時是與前代或當代渾然一體的，析肉析骨未必容易釐清，倒不如以「融滲」一詞，滋味較覺渾然，故採用之。

註三：邵雍（宋），《擊壤集》，〈閑行吟〉，卷七，七頁，初版，台灣商務，台北，一九八六。

註四：方岳（宋），《深雪偶談》，《古今詩話叢編本》，第一頁，初版，廣文書局，台北。

何孟春（明），《餘冬詩話上》，《古今詩話叢編本》，第十一、十二頁，初版，廣文書局，台北，一九七一。
註五：羅青，《詩人之燈》，〈詩的欣賞與評論〉，虞景星的對聯中，一六八頁，初版，東大公司出版，台北，一九九二。
註六：何孟春（明），《餘冬詩話上》，《古今詩話叢編本》，頁十八、十九，初版，廣文書局，台北，一九七一。
註七：葉廷秀（明），《詩譚上》，〈閒處坐〉，卷五，三九六頁，初版，廣文書局，台北，一九七三。
註八：黃子雲（清），《野鴻詩的》，第十五條，清詩話本，八五〇頁，初版，明倫出版社，台北，一九七一。
註九：陶望齡（明），《水天閣集》，〈明德詩集序〉，卷三。又李鼎（明），《李長卿集》，卷二十。
註十：參見鄭雪花，〈試析邵雍以物觀物的詩歌理念〉，《孔孟月刊》第三十七卷第五期第二十九頁，台北，一九九九。
註十一：陳寅恪，《陳寅恪先生全集下冊補編》，〈元白詩箋證稿〉之附錄「白樂天之思想行爲與佛道關係」，九八八頁，修訂三版，九思出版社，台北，一九七七。
註十二：羅根澤，《中國文學批評史》，〈兩宋文學批評史章〉，八〇頁，初版，學海出版社，台北，一九七七。
又魏恭（宋），《臨漢隱居詩話》，頁四，引「歐陽永叔晚節蓋縱酒落魄，文章尤狂。…」參見《古今詩話本》（一），廣文書局，台北，一九七三。
註十三：邵雍（宋），《皇極經書世》，〈觀物外篇下〉，三五七頁，初版，廣文書局，台北，一九八八。
註十四：邵雍（宋），《皇極經書世》，〈觀物外篇下〉，三五五初版，廣文書局，台北，一九八八。
註十五：邵雍（宋），《皇極經書世》，〈觀物外篇下〉，三六〇版，廣文書局，台北，一九八八。
註十六：邵雍（宋），《皇極經書世》，〈觀物外篇下〉，三五三，初版，廣文書局，台北，一九八八。

註十七：邵雍（宋），《皇極經書世》，〈觀物外篇下〉，三八一，廣文書局，台北，一九八八。
註十八：馮友蘭，《中國哲學史》，第十一章〈邵康節條〉，八三〇頁，無出版局（疑明倫出版社印行），台北，一九七二。

# 第三節　邵雍的交遊

邵雍爲宋初名處士，不僅聲名動京都，且及於一般販夫走卒之間。因其好於詩，詩集中尋得詩歌交往者百五十餘人。經徐紀芳所撰《邵雍研究》博士論文錄記邵雍之弟子行有二十餘位，總計雍之交遊約可得近二百人，謂其交遊闊廣，尚可居之無愧。但其著作缺乏散文體裁，故其交遊資料實難詳考，然其詩集猶有數事可說：

第一、《擊壤集》所有詩作，幾乎皆出於雍三十七歲之後，顯然盡棄舊作，以彰顯選詩之方向在配合《皇極經世》「以物觀物」的易理和詩論中徑路寬廣的「無可」等主張。

第二、邵氏中年以前作品經刻意刪除，對詩作和交遊之瞭解損失甚鉅。雍年產詩作近百首，以此比例逆推十五年，則雍從及冠之年到三十七歲，其間至少有一五〇〇首詩被毀去，大約半生作品未能傳世，至可惜也。

第三、自古詩人多應酬之作，而雍之應酬作品，混似自吐心意，絲毫不落應酬的窠臼，此點十分難得。

究其故，疑與雍之個性及處士生涯之行徑有關，可謂真率至極，吾以為其詩後人既學不好又學不得也。

今錄其交遊至好二十六人，取其在詩篇中出現多次，或與雍交往密切，或影響邵雍詩風行事之內涵者，都臚列於後，細作析論，觀其交往，觀彼此詩風之激盪。

## 邵雍交遊小錄

一、司馬光（君實）

二、富弼（彥國，鄭公）

三、王尚恭（安之）、王尚吉（松齋）

四、王拱辰（君貺）

五、宋郎中（商守）

六、王益柔（勝之）

七、李復圭（審言）

八、王慎言（謹言、不疑）、王慎行、王慎術

九、祖無擇（擇之）

十、程珦、程顥、程頤（顥字伯淳，明道先生

十三、邵　睦

十四、秦　玠（伯鎮）

十五、王贊善

十六、李希淳

十七、李中師（君錫）

十八、呂公著（晦叔）、呂希哲（原明）

十九、邢　恕（和叔）

二十、陳　侗（成伯）

二十一、陳　摶（希夷）

二十二、陸剛叔

；頤字正叔，伊川先生）

十一、任逵（開叔）

十二、吳充（沖卿）、吳安詩（傳正）

二十三、張景伯（元伯）

二十四、張　嶠（子望）、張　峋（子堅）

## 一、司馬光（司馬君實）

司馬光（一〇一九至一〇八六），字君實，號迂夫，晚號迂叟，世稱涑水先生。陝州夏縣人（今山西人）。宋神宗熙寧二年王安石爲相，後二年司馬光與王安石議新法不合，於是退居洛陽獨樂園，作資治通鑑，並與邵雍遊。由於雍略長光八歲，光以兄事雍。在洛陽六、七年的時光，兩人詩作往來，攜手同遊過從甚密。

司馬光的晚年既戒酒又染目疾，生活的趣味從紛華權位轉向逍遙清閑，所保留的興趣，恐怕只有暖日讀書之樂和暇日登山之樂（〈司馬光上元書懷〉卷九）。這一點追求平淡生活的想法促使光與雍能相互往來的原因之一。至於第二個原因，我認爲是個性相容。司馬光的個性耿直多拘，與王安石權巧多變的個性難以相處，但是與邵雍的平和包容的性格絕不會抵牾。因此之故邵雍與權高位重的韓琦、富弼、文彥博、韓絳等能交遊，與個性尖銳耿率的程頤、張載能交遊，甚至與投機多巧的章惇、邢恕也能應酬。若以司馬光、王安石、邵雍三者行事相較，司馬光保持傳統，王安石求新求變，而邵雍最守中庸之道，然而三者仍有共同的特徵，即皆固執己見，立場分明。司馬光的立場固然表現在執政上面，邵雍的思想生平也未嘗一刻輕易放棄。這一點司馬光最清楚，所以司馬光說：「…古道白頭無處用，今時青眼幾人知。…筋力雖衰才思壯，遞年比較未嘗虧」（〈司馬光和堯夫首尾吟〉卷二十）。將邵雍的出身、才學、行事總括詮釋，可見司馬光真乃邵雍之知己也。邵雍以其平昔所行純真之事，賦之於詩，意無所愧，所以辭無所愧。不知司馬光〈溫公詩話〉何以未評邵詩？難道以至交故而避嫌。

自然天物勝人為，萬葉無風碧四垂。
猶恨簪紳未離俗，荷衣蕙帶始相宜。
（司馬光〈花庵詩二章拜呈堯夫之一〉卷八）

洛陽四時常有花，雨晴顏色秋更好。
誰能相與共此樂，坐對年華不知老。
（司馬光〈花庵詩二章拜呈堯夫之二〉卷八）

不用丹楹刻桷為，重重自有翠陰垂。
後人繼取天真意，種蒔增華非所宜。

庵後庵前盡植花，花開番次四時好。
主人事簡常燕休，不信歲華能換老。
（邵雍〈和君實端明花庵二首之一〉卷八）

荒園才一畝，意足以為多。雖不居丘壑，嘗如隱薜蘿。
忘機林鳥下，極目塞鴻過。為問市朝客，紅塵深幾何。

（邵雍〈和君實端明花庵二首之二〉卷八）

靜坐養天和，其來所得多。耽耽同廈宇，密密引藤蘿。
忘去貴臣度，能容野客過。繫時休戚重，終不道如何。

（司馬光〈花庵獨坐呈堯夫先生〉卷九）

家雖在城闕，蕭瑟似荒郊。遠去名利窟，自稱安樂巢。
雲歸白石洞，鶴立碧松梢。得喪非吾事，何須更解嘲。

（邵雍〈和君實端明花庵獨坐〉卷九）

曾不見磽磽，城中類遠郊。雖無千里馬，卻有一枝巢。
月出雲山背，風來松竹梢。頑然何所得，豈復避人嘲。

（司馬光〈贈堯夫先生〉卷九）

家雖在城闕，蕭瑟似山阿。遠去名利窟，自稱安樂窩。
雲歸白石洞，鶴立碧松柯。得喪非吾事，何須更寤歌。

（邵雍〈和君實端明見贈〉卷九）

（司馬光〈別一章改韻同五詩呈堯夫〉卷九）

浮雲一消散，星斗燦長天。碧蘚墜丹果，清香生白蓮。
體涼猶衣葛，耳靜已無蟬。坐久群動息，秋空唯寂然。

（司馬光〈秋夜〉卷九）

晴空碧於水，那得片雲飛。映日成丹鳳，隨風變白衣。
去來皆絕跡，隱顯兩忘機。天理誰能測，終然何所歸。

（司馬光〈雲〉卷九）

閑來觀萬物，在處可逍遙。魚為貪鉤得，蛾因赴火焦。
碧梧饑鸑鷟，白粒飽鵂鶹。帶索誰家子，行歌復采樵。

（司馬光〈閑來〉卷九）

望遠雲凝岫，粧餘黛散鈿。縹囊承曉露，翠蓋拂秋煙。
嚮慕非葵比，雕零在槿先。才供少頃玩，空廢日高眠。

（司馬光〈花庵多牽牛…不能留賞〉卷九）

司馬光與王安石議政不合，乞判西京留司御史臺，居洛與邵雍交游，時雍六十一歲。光對於雍能拋去名利閒居安樂窩稱羡不已。而自居獨樂園的司馬光，心憂天下，居閒之間仍著《資治通鑑》，實未脫紅塵染也。邵雍以其平昔所行純真之事，賦之於詩，意無所怍，是以行無所愧。不知司馬光《溫公詩話》何以未評邵詩？難道以至交故而避嫌之。

久畏夏暑日，喜逢秋夜天，急雨過修竹，涼風搖晚蓮。
豈謂敗莎蛩，能繼衰柳蟬，安得九皋禽，清唳一灑然。

（邵雍〈和秋夜〉卷九）

萬里幙四垂，一片雲自飛。秖知根抱石，不為天為衣。
既來曾無心，卻去寧有機。未能作霖雨，安用帝鄉歸。

（邵雍〈和雲〉卷九）

以身觀萬物，萬物理非遙。馬為乘多瘦，龜因灼苦焦。
能言謝鸚鵡，易飽過鷦鷯。伊洛好煙水，願同漁與樵。

（邵雍〈和閑來〉卷九）

葉鬧深如幄，花繁翠似鈿。瀼瀼零曉露，羃羃蔽晴煙。
謝既成番次，開仍有後先。主人凝佇苦，長是廢朝眠。

（邵雍〈和花庵上牽牛花〉卷九）

初晴僧閣一憑欄，風物淒涼八月間。欲盡上層嘗腳力，更於高處看人寰。
秋深天氣隨宜好，老後心懷只愛閑。為報遠山休斂黛，這般情意久闌珊。

（邵雍〈秋霽登石閣〉卷九）

飛簷危檻出林端，王屋嵩丘咫尺間。獨愛高明遊佛閣，豈知憂喜滿塵寰。
目窮蒼莽纖毫盡，身得逍遙萬象閑。暇日登臨無厭數，悲風殘葉已珊珊。
（司馬光，和堯夫先生秋霽登石閣，卷九）

雨霽景自好，秋深天未寒。可能乘興否？夏圃上盤桓。
（邵雍〈招司馬君實遊夏圃〉卷九）

野迥秋光滿，逕微朝露寒。登高與行遠，餘力尚桓桓。
（司馬光〈和堯夫先生相招遊夏圃〉卷九）

老去春無味，年年覺病添。酒因脾積斷，燈為目痾嫌。
勢位非其好，紛華久已厭。唯餘讀書樂，暖日坐前簷。
（司馬光〈上元書懷〉卷九）

養道自安恬，霜毛一任添。且無官責咎，幸免世猜嫌。
蓬戶能安分，藜羹固不厭。一般偏好處，曝背向前簷。
（邵雍〈和君實端明〉卷九）

安樂窩中自在身，猶嫌名字落紅塵。醉吟終日不知老，經史滿堂誰道貧。
長掩柴荊避寒暑，只將花卉記冬春。料非閑處打乖客，乃是清朝避世人。
（司馬光〈和安樂窩四長吟〉卷九）

從司馬光眼中看邵雍是快活人，是愛閑人，是藏書經史滿堂的學者，是清朝避世的隱者。而從邵雍眼中看到的司馬光，不過是天邊無心飛來的一片雲，暫時無官無嫌猜，怎知那一天又跑去高處看人寰，繼續政治生涯這是實情。但不影響兩人布衣卿相之交，暫時同漁樵之樂，此種友情亦難能可貴也。

極目千里外，川原繡畫新。始知平地上，看不盡青春。

（司馬光〈二月六日登石閣〉卷九）

平地雖然遠，那知物物新。危樓一百尺，別有萬般春。

（邵雍〈和君實端明登石閣〉卷九）

紅櫻零落杏花開，春物相催次第來。莫作林間獨醒客，任從花笑玉山頹。

（司馬光〈二月六日送京醞二壺上堯夫〉卷九）

洛陽花木滿城開，更送東都雙榼來。遂使閑人轉狂亂，奈何紅日又西頹。

（邵雍〈和君實端明副酒之什〉卷九）

年老逢春春莫咍，朱顏不肯似春迴。酒因多病無心醉，花不解愁隨意開。

荒徑倦遊從碧草，空庭慵掃任蒼苔。相逢談笑猶能在，坐待牽車陌上來。

（司馬光〈和堯夫先生年老逢春三首〉卷十）

年老逢春無用驚，對花弄筆眼猶明。不嫌貧舍舊來燕，喚起醉眠何處鶯。

一僕相隨幅巾出，群童聚看小車行。人間萬事都捐去，莫遣胸中氣不平。

（司馬光〈和堯夫先生年老逢春三首〉卷十）

年老逢春猶解狂，行歌南陌上東岡。晴雲高鳥各自得，白日遊絲相與長。

草色無情盡眼綠，林花多思麗人香。吾儕幸免簪裾累，痛飲閑吟樂未央。

（司馬光〈和堯夫先生年老逢春三首〉卷十）

淡日濃雲合復開，碧嵩青洛遠縈迴。林端高閣望已久，花外小車猶未來。

（司馬光〈崇德久待不至〉卷十）

君家梁上年時燕，過社今年尚未迴。請罰誤君凝佇久，萬花深處小車來。

（邵雍〈和崇德久待不至〉卷十）

天啟夫君八斗才，野人中路必須迴。神仙一句難忘處，花外小車猶未來。

（邵雍〈和崇德久待不至〉卷十）

樓外花深礙小車，難忘有德見思多。欲憑桃李為之謝，桃李無言爭奈何。

（邵雍〈和崇德久待不至〉卷十）

賞花高閣上，負約罪難迴。若許將詩贖，何時不可陪。

（邵雍〈和崇德久待不至〉卷十）

拜表歸來抵寺居，解鞍縱馬罷傳呼。紫花金帶盡脫去，便是林間一野夫。

（司馬光〈正月二十六日獨步至洛濱……〉卷十）

草軟波晴沙路微，手攜筇竹著深衣，白鷗不信忘機久，見我猶穿岸柳飛。

（司馬光〈正月二十六日獨步至洛濱〉卷十）

冠蓋紛紛塞九衢，聲名相軋在前呼。獨君都不將為事，始信人間有丈夫。

（邵雍〈和君實端明洛濱獨步〉卷十）

風背河聲近亦微，斜陽淡泊隔雲衣。一雙白鷺來煙外，將下沙頭又卻飛。

（邵雍〈和君實端明洛濱獨步〉卷十）

牡丹一株開絕倫，二十四枝嬌娥顰。天下唯洛十分春，邵家獨得七八分。

牡丹一株開絕奇，二十四枝嬌娥圍。滿洛城人都不知，邵家獨占春風時。

（邵雍〈東軒前添色牡丹一株開二十四枝成兩絕呈諸公〉卷十）

君家牡丹深淺紅，二十四枝為一叢。不唯春光占七八，才華自是詩人雄。

（司馬光〈酬堯夫招看牡丹〉卷十）

君家牡丹今盛開，二十四枝為一栽。主人果然青眼待，正忙亦須偷暇來。

（司馬光〈酬堯夫招看牡丹〉卷十）

熙寧六年，京中送酒來，司馬光轉送二壺給詩人，詩人家中牡丹一株開了廿四朵大牡丹，招光共賞，兩人情誼殊好。春天，光約詩人在崇德閣郊遊，久候不至，望著路上揚起的灰塵，雙目欲穿，當時以萬人之上的宰相貴寵地位，卻邀不到布衣來訪，心中一定懊惱。改日，邵雍連寫四首詩道歉，光竟能一笑諒解，想見宰相之肚量，亦可爽聞詩人之不屈和見識。

安樂窩中職分修，分修之外更何求。滿天下士情能接，遍洛陽園身可遊。行已當行誠盡處，看人莫看力生頭。因思平地春言語，使我嘗登百尺樓。

（邵雍〈安樂窩中吟〉卷十）

靈臺無事日休休，安樂由來不外求。細雨寒風宜獨坐，暖天佳景即閑遊。松篁亦足開青眼，桃李何妨插白頭。我以著書為職業，為君偷暇上高樓。

（司馬光〈奉和安樂窩吟〉卷十）

曹王八斗才，今日為余催，錦繡佳章裏，芝蘭秀句開。煩痾熸軀體。溽暑爍樓臺，宜把君詩諷，清風當自來。

（邵雍〈別謝君實端明〉卷十一）

山人有山未嘗遊，俗客遠來仍久留，白雲滿眼望不見，可惜宜陽一片秋。

（司馬光〈遊神林谷寄堯夫〉卷十二）

占得幽棲一片山，都離塵土利名間，四時分定所遊處，不為移文便往還。

（邵雍〈答君實端明遊壽安神林〉卷十二）

林下雖無憂可消，許由聞說掛空瓢，請君呼取孟光飲，共插花枝煮藥苗。

（司馬光〈送酒堯夫先生因戲之〉卷十三）

大凡人意易為驕，雙榼何如水一瓢；亦恐孟光心漸侈，自茲微厭紫芝苗。

（邵雍〈和君實端明送酒〉卷十三）

春風吹雪亂飄颻，林下如何更寂寥，霜憲威稜正難犯，小人當貺是難消。

（邵雍〈依韻和君實端明惠酒〉卷十三）

洛陽相望盡名園，牆外花勝牆裏看，手摘青梅供按酒，何須一一具盃盤。

（司馬光〈看花四絕句呈堯夫〉卷十三）

洛陽相識盡名流，騎馬遊勝下馬遊，乘興東西無不到，但逢青眼即淹留。

（司馬光〈看花四絕句呈堯夫〉卷十三）

洛陽春日最繁華，紅綠陰中千萬家，誰道群花如錦秀，人將錦秀學群花。

（司馬光〈看花四絕句呈堯夫〉卷十三）

南園桃李近方栽，澆水未乾花已開，山果野蔬隨分有，交遊不厭但頻來。

（司馬光〈看花四絕句呈堯夫〉卷十三）

洛陽最得中和氣，一草一木皆入看，飲水也須無限樂，況能時復舉盃盤。

（邵雍〈和君實端明洛陽看花〉卷十三）

洛陽花木誇天下，吾輩遊勝庶士遊，重念東君分付意，忍於佳處不遲留。

（邵雍〈和君實端明洛陽看花〉卷十三）

洛陽交友皆奇傑，遁賞名園只似家，卻笑孟郊窮不慣，一日看盡長安花。

（邵雍〈和君實端明洛陽看花〉卷十三）

南園一色栽桃李，春到且圖花早開，多謝主人情意厚，天津客不等閑來。

（邵雍〈和君實端明洛陽看花〉卷十三）

八品山蔬盡藥萌，何山採得各標名，山翁驚受霜臺貺，即命山妻親自烹。

（邵雍〈謝君實端明惠山蔬八品〉卷十三）

霜臺何處得奇葩，分送天津小隱家，初訝山妻忽驚走，尋常只慣插葵花。

（邵雍〈謝君實端明惠牡丹〉卷十三）

堯夫非是愛吟詩，安樂窩中無所為，古道白頭無處用，今時青眼幾人知。

嵩山洛水長相見，秋月春風不失期，筋力雖衰才思壯，遞年比較未嘗虧。

（司馬光〈和堯夫首尾吟〉卷二十）

曉知詩人愛牡丹喜山蔬好茗酒，司馬光不時惠賜一些，以司馬光的立場，以為「交遊不厭但頻來」，所謂卿相之家少真友。從詩人這方面的立場，則往往受惠若驚，無以回報之餘，只有「多謝主人情意厚」。兩友之間，因為沒有心機的往來，無所謂利害可言，所以兩人君子之交洵是人生中最令人忘憂的友誼。

## 二、富弼（富彥國，鄭公）

富弼（一〇〇四至一〇八三），字彥國，河南洛陽人。至和二年與文彥博並爲相；英宗時，封鄭國公。熙寧間再入相，與王安石不合，稱疾求退，歸洛養疾。後進封韓國公致仕。元豐六年，年八十卒。卒後又封魏國公。

富弼曾於熙寧初年薦舉雍出仕朝廷，邵雍表示壯心消磨殆盡，此身生涯甘老在漁樵。其後弼養病洛陽時，園宅甚廣沃，植有班筍，並惠贈予雍，雍園小較隘，雖有種植之心，卻無生產之地。弼之個性較司馬光尤柔和，然弼、光與雍之情誼相若也，想是布衣卿相總有距離之故。光與雍能共游山水之樂，弼與雍多半紙上詩酬往來，偶有相訪，雍之禮數更周到。原因是弼年長於雍，雍又年長於光之故。然富弼對於邵雍之相知，與司馬光固同等也。

相招多謝不相遺，將謂胸中有所施。若進豈能禁吏責，既閒安用更名為。
願同巢許稱臣日，甘老唐虞比屋時。滿眼清賢在朝列，疾夫無以繫安危。
（邵雍〈謝富丞相招出仕二首之一〉卷二）
欲遂終焉老閒計，未知天意果如何，幾重軒冕酬身貴，得似雲山到眼多。

好景未嘗無興詠，壯心都已入消磨，鵷鴻自有江湖樂，安用區區設網羅。

（邵雍〈謝富丞相招出仕二首之二〉卷二）

開闢而來世教敷，其間雄者號真儒，修身有道名先覺，何代無人達奧區。

煥若丹青經史義，明如日月聖人途，甿生涵泳雖云久，天下英才敢厚誣。

（邵雍〈答人語名教〉卷二）

經時不見意何如，重出新詩笑語初，物理悟來添性淡，天心到後覺情疏。

已全孟樂君無限，未識蘧非我有餘，大率空名如所論，此身甘老在樵漁。

（邵雍〈答人放言〉卷二）

何事教人用意深，出塵些子索沉吟，施為欲似千鈞弩，磨礪當如百煉金。

釣水誤持生殺柄，著棋閒動戰爭心，一盃美酒聊康濟，林下時時或自斟。

（邵雍〈何事吟寄三城富相公〉卷三）

名園不放過亞飛，相國如今遂請時，鼎食從來稱富貴，更和花筍一兼之。

承將大筍來相詫，小圃其如都不生，雖向性情曾著力，奈何今日未能平。

應物功夫出世間，豈容人可強躋攀，我儂自是不知量，培塿須求比泰山。

（邵雍〈戲謝富相公惠班筍三首〉卷九）

富弼的推薦，是不忍不世之才空處江湖，無奈詩人早自名利窟抽身。因爲已非奇世不能奇用，若循依官秩而出仕，殊非詩人所望，且等閒小職，也不足以救國，反倒是跌進官場是非圈，當無必要也。然詩人所云「此身甘老在樵漁」，恐亦非本意也。

初晴僧閣一憑欄，風物淒涼八月間，欲盡上層嘗腳力，更於高處看人寰。
秋深天氣隨宜好，老後心懷只愛閑，為報遠山休斂黛，這般情意久闌珊。

（邵雍〈秋霽登石閣〉卷九）

高閣岧嶢對遠山，雨餘愁望不成歡，擬將斂黛強消遣，卻是幽思苦未闌。

（富弼〈堯夫先生示秋霽登石閣之句病中聊以短章戲答〉卷九）

天下繫休戚，世間誰擬倫，三朝為宰相，四水作閑人。
照破萬古事，收歸一點真，不知緣底事，見我卻慇懃。

（邵雍〈贈富公〉卷九）

氣候隨時應，初寒雪已盈，乾坤一色白，山水萬重清。
是處人煙合，無窮鳥雀驚，忻然不成下，連把玉罍傾。

（富弼〈十月二十四日早始見雪登白雲臺閑望亂道走書呈堯夫先生〉卷九）

壬子初逢雪。未多仍卻晴。人間都變白。林下不勝清。
寒士痛遭恐。窮民惡著驚。盃觴限新法。何故便能傾。

（邵雍〈奉和十月二十四日初見雪呈相國元老〉卷九）

密雪終宵下，晨登百尺端，瑞光翻怯日，和氣不成寒。
天未無纖翳，雲頭未少乾，四郊聞擊壤，農望已多歡。

（富弼〈臺上再成亂道走書呈堯夫〉卷九）

崇臺未經慶，瑞雪下雲端，雖地盡成白，而天不甚寒。
有年豐可待，盈尺潤難乾，畎畝無忘處，追蹤擊壤歡。

（邵雍〈和相國元老〉卷九）

人生七十古來稀，今日愚年已及期，從此光陰猶不測，只應天道始相知。

（富弼〈歲在癸丑年始七十正旦日書事之一〉卷九）

親賓何用舉椒觴，已覺閑中歲月長，不覺香山醉歌舞，只將吟嘯敵流光。

（富弼〈歲在癸丑年始七十正旦日書事之二〉卷九）

先聖明明許從心，山川風月恣遊尋，此中若更論規矩，籍外閑人不易禁。

（富弼〈歲在癸丑年始七十正旦日書事之三〉卷九）

今年始是乞骸年，我向年前已掛冠，都為君王憐久疾，肯教先去養衰殘。

正旦四篇詩，緣忻七十期，請觀唐故事，未放晉公歸。
（富弼〈歲在癸丑年始七十正旦日書事之四〉卷九）

通衡選地半松筠，元老辭榮向盛辰，多種好花觀物體，每斟醇酒發天真。
（邵雍〈答富鄭公見示正旦四絕〉卷九）

清朝將相當年事，碧洞神仙今日身，更出新詩二十首，其間字字敵陽春。
（邵雍〈謝富相公見示新詩一軸之一〉卷九）

文章天下稱公器，詩在文章更不疏，到性始知真氣味，入神方見妙功夫。
閑將歲月觀消長，靜把乾坤照有無，辭比離騷更溫潤，離騷其奈少寬舒。
（邵雍〈謝富相公見示新詩一軸之二〉卷九）

出入高車耀縉紳，從來天幸喜逢辰，道孤常恐難逃悔，性拙徒能不失真。
風雨坐生旡妄疾，林泉歸作自由身，歲寒未必輸松柏，已見人間七十春。
（富弼〈承索近詩復貺佳句次元韻奉和，詩以語志不必更及乎詩也……之一〉卷九）

賦分蕭條只自如，生平常向宦情疏，亡功每歎孤明主，得謝何妨作老夫。
官品尚叨三事貴，世緣應信一毫無，病來髀肉消幾盡，尤覺陰陽繫慘舒。
（富弼〈承索近詩復貺佳句次元韻奉和，詩以語志不必更及乎詩也……之二〉卷九）

富弼居洛以疾之故，司馬光居洛主要是沈潛待發，猶有壯志。兩者之情況稍有不同，故光之詩多豪氣，弼之詩多蕭散氣。弼在年過七十之後，真情告老。而邵雍也真情告以「才能養不才」，這是反語，藉用莊子的心來自達己心。邵雍和莊子都是不甘於蟄伏，有康濟之心的奇才。世人不知，唯知己可對言，雍之心，從詩集觀察，恐怕只有富弼與司馬光得知。

安樂窩中好打乖，打乖年紀合挨排，重寒盛暑多閉戶，輕暖初涼時出街。
風月煎催親筆硯，鶯花引惹傍樽罍。問君何故能如此，秖被才能養不才。

（邵雍〈安樂窩中好打乖吟〉卷九）

先生自衛客西畿，樂道安閑絕世機，再命初筵終不起，獨甘窮巷寂無依。
貫穿百代常探古，吟詠千篇亦造微，珍重相知忽相訪，醉和風雨夜深歸。

（富弼〈和安樂窩中好打乖吟〉卷九）

道堂閑話儘多時，塵外盃觴不浪飛，初上小車人已靜，醉和風雨夜深歸。

（邵雍〈謝彥國相公和詩用醉和風雨夜深歸〉卷十一）

和詩韓國老，見比以宣尼，引彼返魯事，指予來西畿。
日星功共大，麋鹿分同微，華袞承褒借，將何答所知。

（邵雍〈別謝彥國相公三首之一〉卷十一）

仲尼天縱自誠明，造化功夫發得成，見比當初歸魯事，堯夫才業若為情。

嘗走狂詩到座前，座前仍是洞中仙。無涯風月供才思，清潤何人敢比肩。

（邵雍〈別謝彥國相公三首之二〉卷十一）

黎民於變是堯時，便字堯夫德可知，更覽新詩名擊壤，先生全道略無遺。

（邵雍〈別謝彥國相公三首之三〉卷十一）

（富弼〈觀罷走筆書後卷〉卷二十）

詩人邵雍在春秋之際，常坐小車出門，偶去訪問足有疾而不便出門的富弼，二人相談甚歡，往往長聊至上燈時分，尚不能盡興，所以富弼曾告家人，堯夫來，無論何時即請入，交深交淺從這裡便可知曉。弼在觀罷《擊壤集》後所作絕句，評云：「先生全道略無遺」。蓋對堯夫深入相交相知之後所得的允論也。

## 三、王尚恭（王安之）、王尚吉（王松齋）

尚恭字安之（一〇〇七至一〇八四），其先萬年人，後家梁州，再遷河南。尚恭與弟尚吉，同登景祐元年進士。歷知芮城、陽武、緱氏諸縣，官至朝議大夫致仕。元豐七年卒，年七十八歲。

龍山或稱龍門山，在山西省河津縣西北，陝西省韓城縣東北，分跨黃河兩岸，形如門闕。由於兩岸石壁峭立，故風景秀美。邵雍和王尚恭在熙寧初年曾多次同遊。

觀《擊壤集》，最見邵雍對尚恭之真誠。對於他不爲官的真正緣故，尚恭是明白的，邵雍並非不願出仕，而是受推薦的時機不對。少年的邵雍，本願意出仕一展鴻圖，但苦無機緣。結果晚至年近六十才被富弼、司馬光、王拱辰等舉薦，面對衰柳之軀，已有時不我予之憾。是故邵雍說：「貧時與祿是可受，老後得官難更爲。」（卷七）而他藉故推卻之理由通常有二，其一「林泉安素志」，其二「無才」。這二種理由，尙恭曾以知己的心情說「安是道梯階」，所以「林泉安素志」的「安」其實是雍培養道業的根基，是另一種成就的要素。至於「無才」恐是假藉莊子「介於才與不才」之論免除落入人間世的陷阱。所以邵雍一生的安樂和閑適正是從令人捉摸不清的才華而來。另外還有一個私人的理由恐怕也是他早年未能出仕的因素，即邵雍自述：「曩日慈闈貪眷戀，多年官路不追求。」（卷十一）這些種種世情，多半是世人誤落塵網的理由，而邵雍毫不涉入，這不得不佩服他的遠見。至於王尙恭、富弼、司馬光等或致仕、或養病、或退隱而後方能體會邵雍的「靜中觀物動，閑處看人忙」（〈依韻和王安之六老詩〉卷十三）的心境。

尙恭致仕後居洛，與邵雍過從甚密，凡賞花、薦酒、飲茶、登山、文會，均頻頻偕伴。尙恭天津家也有小園一區，多種藥草，想必邵雍也曾去遊。

卻恐鄉人未甚知，相知深後又何疑。貧時與祿是可受，老後得官難更為。
自有林泉安素志，況無才業動丹墀。荀楊若守吾儒分，免被韓文議小疵。

（邵雍〈和王安之少卿韻〉卷七）

生平有癖好尋幽，一歲龍山四五遊。或往或還都不計，蓋無榮利可稽留。

（邵雍〈和王安之少卿同遊龍門之一〉卷八）

數朝從疑看伊流，夜卜香山宿石樓。會有涼風開遠意，更和煙雨弄高秋。

（邵雍〈和王安之少卿同遊龍門之二〉卷八）

乘興龍山訪盡幽，恰如人在畫圖遊。恨無美酒酬佳景，正欲留時不得留。

（邵雍〈歸城中再用前韻之一〉卷八）

初秋微雨造輕寒，倚遍東岑閣上欄。不謂是時煙靄裏，松齋人作畫圖看。

（邵雍〈歸城中再用前韻之二〉卷八）（松齋，安之弟）

窩名安樂已詼諧，更賦新詩訟所乖。豈以達為賢事業，自知安是道梯階。

權門富室先藏跡，好景良朋亦放懷。應照先生純粹處，肯揮妙墨記西齋。

（王尚恭〈和安樂窩中好打乖吟〉卷九）

疊巘如屏四面開，可堪虛使亂雲堆。已曾同賞花無限，須約共遊山幾迴。

未老秋光詩擁筆，乍涼天氣酒盈盈。輕風早是得人喜，更向芰荷深處來。

（邵雍〈依韻答安之少卿〉卷十）

上巳觀花花意穠，今年正與昔年同。當時同賞知何處，把酒猶能對遠風。

（邵雍〈上巳觀花思友人〉卷十一）

近年好花人輕之，東君惡怒人不知。直與增價一百倍，滿洛城春都買歸。
一株二十有四枝，枝枝皆有傾城姿。又恐冷地狂風吹，盛時都與籍入詩。
（邵雍〈戲呈王郎中〉卷十一）

窩名安樂直堪咍，臂痛頭風接續來。恰見安之便安樂，始知安是道梯階。
（邵雍〈謝安之少卿用始知安是道梯階〉卷十一）

人行一善已為優，何況夫君百行修。曩日慈闈貪眷戀，多年官路不追求。
官纔少列章清德，職異上庠尊白頭。洛社逾時阻相見，許多歡意卻還休。
（邵雍〈依韻和王安之判監少卿〉卷十一）

安之殊不棄堯夫，亦恐傍人有厚誣。開叔當初言得罪，希淳在後說無辜。
（邵雍〈依韻和王安之少卿見戲…〉卷十二）

悄然情意都如舊，剗地盃盤又見呼。始信歲寒心未替，安之殊不棄堯夫。
（定國案：開叔、希淳即任開叔、李希淳）

邵雍屢被薦舉，卻絕意仕進，朝廷內外頗有謗言雜音，即令好友鄉人，也頗不以為然，此處已經看出謠言四起，諸多責難的景況。詩人打定主意，不為所動，否則以衰老之軀難免遭受官場的折磨。另外宋朝中葉文字獄屢起，邵雍雖有富弼、司馬光等好友庇護，但為此無端受疑似無必要，所以詩人總是以詩闢謠解謗，行事穩重謹慎態度，致使詩意用筆亦常有婉轉含蓄的情形。

六老皤然鬢似霜，從心年至又非狂。園池共避何妨勝，樽俎相歡未始忙。
杖履爛遊千載運，衣巾湛惹萬花香。過從見率添成七，況復秋來亦漸涼。
六老相陪卿與郎，閑曹饒卻不清狂。過從無事易成樂，職局向人難道忙。
煙柳嫩垂低更綠，露桃紅裛暖仍香。乘春醉臥花陰下，恰到花陰別是涼。
六翁誰讓少年場，老不羞人任意狂。同向靜中觀物動，共於閑處看人忙。
天心月滿蟾蜍動，水面風微菡萏香。肯信人間有憂事？新醅正熟景初涼。
六人相聚會時康，著甚來由不放狂。遍地園林同己有，滿天風月助詩忙。
文章高摘漢唐艷，騷雅濃薰李杜香。水際竹邊閑適處，更無塵事只清涼。
六客同遊一醉鄉，又非流俗所言狂。追遊共喜清平久，唱和爭尋驚策忙。
薦酒月陂林果熟，發茶金谷井泉香。千年松下塵談塵，襟袖無風亦自涼。

見率野人成七老，野人惟解野疏狂。編排每日清吟苦，趁辨遞年閑適忙。
夏末喜嘗新酒味，春初愛嗅早梅香。問君何故須如此，不奈心頭一點涼。

林下狂歌不帖腔，帖腔安得謂之狂。小車行處鶯花鬧，大筆落時神鬼忙。
門掩柴荊閬閬遠，牆開甕牖薜蘿香。一般天下難尋物，洛浦清風拂面涼。

（邵雍〈依韻和王安之少卿六老詩，乃見率成七首〉，卷十三）

寵辱見多惡足驚，出塵還喜自誠明。閑中氣象乾坤大，靜處光陰宇宙清。
素業經綸無少愧，全功天地不虛生。野人何幸逢昌運，一百餘年天下平。

（邵雍〈依韻和王安之少卿、謝富相公詩〉卷十三）

焦勞九夏餘，一雨物皆蘇。蛙鼓不足聽，蚊雷未易驅。
非唯仰歲給，抑亦了官輸。林下閒遊客，何妨儘自愉。

（邵雍〈和王安之少卿雨後〉卷十六）

春夏而來可作詩，雖然可作待何為。屢空濫得同顏子，歷物固難如惠施。
風月情懷無奈處，雲山意思不勝時。一歌一詠聊酬唱，敢拒安之與靜之。

（邵雍〈和王安之少卿秋遊〉卷十六）

後房深出會親賓，樂按新聲妙入神。紅燭盛時翻翠袖，畫橈停處占青蘋。

早年金殿舊遊客，此日鳳池將去人。宅冠名都號蝸隱，邵堯夫敢作西鄰。

（邵雍〈和王安之同赴府尹王宣徽洛社秋會〉卷十六）

升沈惡足論，事體到頭均。一片蓬蒿地，千年雲水身。

收成時正好，寒暖氣初勻。自此過從樂，諸公莫厭頻。

（邵雍〈依韻和王安之少卿秋約吟〉卷十六）

小園新葺不離家，高就崗頭低就窊。洛邑地疑偏得勝，天津人至又非賒。

宜將閬苑同時語，莫共桃源一道誇。聞說一軒多種藥，只應猶欠紫河車。

（邵雍〈和王安之小園五題〉卷十九）

邵雍所稱「林下狂歌不帖腔」就是指寫詩不願受制於格律。此處的格律，以爲不是講音韻，而是詩體的拘範。我們分析《擊壤集》頻見新體，雖平仄偶有扞隔，押韻大抵合宜，足見詩人最想要改變的地方是創新體例。從王尙恭兄弟與詩人往來的唱和看來，數量極多，交情與交游一如富弼和司馬光之深。詩人這些應酬詩，行筆採用大量俚語俗字，呈現出自然清爽的詩歌風采。

## 四、王拱辰（王君貺）

王拱辰（一〇一二至一〇八五），字君貺，河南開封人，仁宗天聖八年進士。慶曆元年爲翰林學士，知審官院。皇祐間出知鄭州，徙澶、瀛、并諸州。至和三年拜三司使。英宗治平二年，知大名府。神宗熙寧四年判河陽。元豐八年卒，年七十四歲，文集七十卷已佚。拱辰科名為進士第一人，自應熱衷名利。雍集中只有一首拱辰詩，其中一句「少微今已應星文」是策勵功名的應酬話。而另有二句「了心便是棲真地，何必煙霞臥白雲。」雖說是真實語言，但顯得其與雍的心性不是十分貼切契心。所以從雍給拱辰的作品也同樣地反映出交情非厚之感。熙寧中，拱辰曾以河南府尹身份薦舉雍為遺逸，而雍也多次赴府尹所主持之洛社聚會，兩人交往，多具有官民應酬的味道。

嘉祐壬寅歲，新巢始孱功。仍分道德里，更近帝王宮。
檻仰端門峻，軒迎兩觀雄。窗虛響瀍澗，臺迥瞭伊嵩。
好景尤難得，昌辰豈易逢。無才濟天下，有分樂年豐。
水竹腹心裏，鶯花淵藪中。老萊歡不已，靖節興何窮。
嘯傲陪真侶，經營賀府公。丹誠徒自寫，匪報是恩隆。

（邵雍〈天津新居成謝府尹王君貺尚書〉卷四）

林下居雖陋，花前飲卻頻。世間無事樂，都恐屬閒人。

（邵雍〈寄三城王宣徽二首之一〉卷八）

路上塵方坌，壺中花正開。何須頭盡白，然後賦歸來。

（邵雍〈寄三城王宣徽二首之二〉卷八）

自有吾儒樂，人多不肯循。以禪為樂事，又起一重塵。

（邵雍〈再答王宣徽之一〉卷八）

大達誠無礙，人人自有家。假花猶入念，何者謂真花。

（邵雍〈再答王宣徽之二〉卷八）

安樂窩中好打乖，打乖年紀合挨排。重寒盛暑多閉戶，輕暖初涼時出街。
風月煎催親筆硯，鶯花引惹傍樽罍。問君何故能如此，秖被才能養不才。

（邵雍〈安樂窩中好打乖吟〉卷九）

安樂窩中名隱君，腹藏經笥富多聞。一廛水竹為生計，三徑琴觴混世紛。
婉畫舊嘗辭幕府，少微今已應星文。了心便是棲真地，何必煙霞卧白雲。

（王拱辰〈和安樂窩中好打乖吟〉卷九）

一室可容身，四時長有春。何嘗無美酒，未始絕佳賓。
洞裏賞花者，天邊泛月人。相逢應有語，笑我太因循。

（邵雍〈一室吟〉卷十）（原注「天邊泛月人」：君貺也，宅中有樓。）

一字詩中義未分，少微今已應星文。閑人早是無憑據，更與閑人開後門。

（邵雍〈謝君貺宣徽用少微今已應星文〉卷十一）

自得花枝向遠鄰，只憂輕負一番春。無何寵貺酒雙榼，少室山人遂不貧。

留都三判主人翁，大第名園冠洛中。又喜一年春入手，萬花香照酒梔紅。

（邵雍〈謝判府王宣徽惠酒〉卷十三）

（邵雍〈王宣徽席上作之一〉卷十五）

紛紛又過一年春，牢落情懷酒漫醇。滿眼暄妍都去盡，樽前惟憶舊交親。

（邵雍〈王宣徽席上作之二〉卷十五）

## 五、宋郎中（商守）

宋郎中，來歷不詳，頗疑是宋綬之子，宋敏求或宋敏修；曾爲商州太守。商山又名南山，在商州。商州在陝西商縣附近。嘉祐五年雍五十歲與商守宋郎中共遊南山和天柱山。雍以五十歲的壯年仍然深喜遊山玩水，而商守對待「不將生殺奏嚴宸，卻抱煙嵐竹學隱淪（卷二）」的邵雍十分真心招待，盡情盡意，使得雍回洛城後猶寄詩致候。《擊壤集》又有宋都官、宋推官不知是否同一人，古人詩題如此模棱，今後來研究的人，辛苦不已。如果前後係同一人，則二者之情誼非薄，似經得起時間和名勢的考驗。這裡有幾首詠物詩，邵雍寫得十分出色。他以「角中飄去淒於骨，笛裡吹來妙入神」詠梅花的風神卻借角笛爲媒介，寫法新穎。又詠雪以「形如玉屑依還碎，體似楊花又更輕」白描雪花的觸感相當具象。可惜集中詩歌都是邵雍唱和之作，而不見宋郎中的原作，難窺宋氏之詩之妙，茲可惜也。最可愛的是惠贈邵雍白牛的宋推官，相信詩人以白牛駕小車而出的情形是蠻驚世駭俗的。

山南地似嶺南溫，臘月梅開已浹辰，恥與百花爭俗態，獨殊群艷占先春。
角中飄去淒於骨，笛裏吹來妙入神，秀額粧殘黏素粉，畫梁歌暖起輕塵。
宰君惜艷獻州牧，太守分香及野人，手把數枝重疊嗅，忍教芳酒不濡唇。

（邵雍〈和商守宋郎中早梅〉卷二）

西樓賞雪眼偏明，次第身疑在水晶，千片萬片巧粧地，半舞半飛斜犯楹。
形如玉屑依還碎，體似楊花又更輕，誰謂天下有羇客，一般對酒兩般情。

（邵雍〈和商守登樓看雪〉卷二）

大雪初晴日半曛，高樓何惜上仍頻，數峰巑岏劍鋩立，一水縈紆冰縷新。
崑嶺移歸都是玉，天河落後盡成銀，幽人自恨無佳句，景物從來不負人。

（邵雍〈和商守西樓雪霽〉卷二）

殘雪已消冰已開，風光漸覺擁樓臺，旅人未遂日邊去，春色又從天上來。
況是樽中常有酒，豈堪嶺上卻無梅，若非太守金蘭契，誰肯傾心重不才。

（邵雍〈和商守雪殘登樓〉卷二）

雪滿群山霜滿庭，光寒月碾一輪輕，羇懷殊少鄉時樂，皓彩空多此夜明。
竹近簾櫳饒碎影，風涵臺榭有餘清，恨無好句酬佳景，徒自淒涼夢不成。

（邵雍〈和商守雪霽對月〉卷二）

百尺危樓小雪晴，晚來閒望逼人清，山橫暮靄高還下，水隔竦林淡復明。
天際落霞千萬縷，風餘殘角兩三聲，此時此景真堪畫，只恐丹青筆未精。
（邵雍〈和商守雪霽登樓〉卷二）

衰軀在旅逢新歲，因感平生鬢易凋，飲罷襟懷還寂寞，歡餘情緒卻無聊。
望仙風月情偏好，抹綠簾櫳夜正遙，對此塊然唯土木，降茲未始不魂銷。
（邵雍〈和商守新歲〉卷二）

商於飛到一符新，遂已平生分外親，尤喜紫芝先入手，西南天柱與天鄰。
（邵雍〈謝商守宋郎中寄到天柱山戶帖仍依原韻之一〉卷二）

初心本欲踐臣鄰，帝里司回斗柄春，今日得居天柱下，不憂先有夜行人。
（邵雍〈謝商守宋郎中寄到天柱山戶帖仍依原韻之二〉卷二）

不將生殺奏嚴宸，卻抱煙嵐學隱淪，多謝使君虛右席，重延天柱一山人。
（邵雍〈謝商守宋郎中寄到天柱山戶帖仍依原韻之三〉卷二）

一簇煙嵐鎖亂雲，孤高天柱好棲真，從今便作西歸計，免向人間更問津。
（邵雍〈謝商守宋郎中寄到天柱山戶帖仍依原韻之四〉卷二）

無成麋鹿久同群，占籍恩深荷使君，萬古千今名與姓，得隨天柱數峰存。
（邵雍〈謝商守宋郎中寄到天柱山戶帖仍依原韻之五〉卷二）

初返洛城無限事，閒人體分似相違，如今一向覺優逸，卻類商顏嘯傲時。

（邵雍〈寄商守宋郎中〉卷二）

小園雖有四般梅，不似江南迎臘開。長恨東君少風韻，先時未肯放春來。

（邵雍〈和宋都官乞梅〉卷八）

洛邑從來號別都，能容無狀久安居。眾蚊多少成雷處，一拂何由議掃除。

（邵雍〈依韻和宋都官惠稷拂子〉卷九）

毛如霜雪眼如朱，耳角方齊三尺餘。狀異不將耕曠土，性馴宜用駕安車。
水邊牧處龍能擾，月下牽時兔可驅。從此洛陽圖幀上，丹青人更著功夫。

（邵雍〈謝宋推官惠白牛〉卷十三）

## 六、王益柔（王勝之）

益柔，字勝之（一〇一五至一〇八六）河南洛陽人。以蔭爲官，久之，官至開封府推官，兩浙及京東西轉運使。神宗朝累官至龍圖閣直學士，知蔡、揚、亳州、江寧府、應天府。哲宗元祐元年卒。益柔爲王曙之子，家世顯赫。從二人交往過程，見益柔所惠贈萊石製成之玻璃茶器、酒器、文房四寶、金雀石硯等物，多係珍品，見惠賜之重。對於益柔出兵衛土之功，雍固深深欽羨。至益柔任官河南，與雍往來，有洛陽西園共賞芍藥之舉。分析兩人互讚之詞，益柔云：「愛君居貧趣閑放，一語不涉青雲梯。」（卷七），而雍云：「國士有詩偏雅處，晴窗氣暖墨花春。」倒見彼此有相當程度的了解，交情非泛泛也。

寶刀切石如春泥，雕剜成器青玻璃，吾嘗閱視得而有，惜不自用長提攜。
前時過君銅駝陌，門巷深僻無輪蹄，呼兒烹茶酌白酒，陶器自稱藿與藜。
愛君居貧趣閑放，一語不涉青雲梯，蹉予都城走塵土，日遠樽杓愁鹽齏。
緘封不啟置墻角，頓撼時作瓊瑤嘶，爭如特寄邵高士，書帙几杖同幽棲。
荷鋤勝治田間穢，抱甕勤灌園蔬畦，明年春酒或共酌，為我掃石臨清溪。

（王益柔〈萊石茶酒器寄邵先生作詩代書〉卷七）

東山有石若瓊玖，匠者追琢可盛酒，君子得之惜不用，慇懃遠寄林下叟。
林叟從來用瓦盞，驚惶不敢擎上手，重誡兒童無損傷，緘藏復以待賢友。
未知賢友何時歸，男子功名未成就，朝廷先從憂者言，方今急務二敵首。
漢之六郡限遼西，唐之八州隔山後，自餘瓜沙甘與涼，中原久而不能有。
奈何更餌以金帛，重困吾民猶掣肘，若非堂上出奇兵，安得閫外拉餘朽。
直可逐去此曹輩，西出玉門北逾口，城下狐狸既不存，路上豺狼自無走。
太陽烜赫耀天衢，氛妖接變匿塵垢，功成不肯受上賞，印解黃金大于斗。
乞洛辭君出國門，歸鞍暖拂天街柳，千官如壁遮道留，仰面弄鞭不回首。

鄉人夾路迎大尹，醉擁旌幢錦光溜，下車拜墓還政餘，不訪公門訪親舊。
始知此器用有時，吾當為君獻眉壽。

（邵雍〈代書謝王勝之學士寄萊石茶酒器〉卷七）

此物揚州素所聞，今于洛汭特稱珍。雅知國色善移物，更著天香暗結人。
欲殿群芳仍占夏，得專奇品不須春。日斜立馬將歸去，再倚朱欄看一巡。

（邵雍〈同王勝之學士轉運賞西園芍藥〉卷九）

銅雀或常聞，未嘗聞金雀，始愧林下人，識物不甚博。
金雀出何所，必出自靈嶽，剪斷白雲根，分破蒼岑角。
既為之巨硯，遂登于綸閣，水貯見溫潤，墨發知瀺灂。
窗下喜鑑開，案前驚月落，見贈何慇懃，欲報須和璞。
胡為不且留，洪化用斟酌，胡為不且留，賢人用選擢。
胡為不且留，姦人用誅削，胡為不且留，生靈用安泊。
則予何人哉，拜貺徒驚矍，須是筆如椽，方能無厚怍。

（邵雍〈王勝之諫議見惠文房四寶內有巨硯尤佳因以謝之〉卷十四）

硯名金雀世難倫，用報慚無天下珍，國士有詩偏雅處，晴窗氣暖墨花春。

（邵雍〈再用晴窗氣暖墨花春謝王勝之諫議惠金雀硯〉卷十四）

固窮終不悔沉淪，滿腹深藏上古珍，手寫新詩成幾卷，亦教餘事照千春。

（王益柔〈奉和堯夫〉卷十四）

般陽有山名金雀，山發清輝產奇璞，望氣嘗言玉寶藏，賈胡幾遣良工度。
金剛寶鑽競窮搜，百里青蒼困鑱鑿，瓊瑰未獲得研材，溫潤還將六美學。
有若玉徽琴面瑩，有如金彈陶輪著。規天矩地形制觚，中或辟流外圭角。
晴窗氣暖墨花春，戕擘毫奔光照灼，吾生嗜好惟四物，累載裒鳩盈機格。
先生閉戶日著書，朝餐每不饜藜藿，高閣梁肉雖有餘，孰敢就門賙隱約。
先生固自嘗有言，不忍將身作溝壑，先生崖岸高莫攀，持此謂宜無見卻。
一留為惠固已多，敢冀新詩旋踵作，精深雅健迫風騷，使我憂荒忽驚矍。
還如甘露醒心昏，更以神篦除眼膜，先生精義已入神，準易時容見涯略。

（王益柔〈奉答堯夫先生金雀石硯詩〉卷十四）

## 七、李復圭（李審言）

復圭，字審言，徐州豐縣人。仁宗康定二年（一〇四一）賜同進士出身。歷知桐州涇州、湖北、兩浙、淮南、河南、陝西、成都轉運使。熙寧初知慶州，後謫保靜軍節度副使，知光代軍。五年，權制吏部流內銓，出知曹、蔡、滄州。元豐年間卒於知荊南任上。復圭臨事敏決，與人交不較利害，惟輕率急躁。獨受知於王安石，旋起旋廢。

邵雍對復圭云：「唯有前軒堪靜坐，臨風想望舊知音。」足見邵雍之深情。但在雍之晚年是否二人曾有誤會，不得詳知。惟見雍所作〈蒼蒼吟〉（卷八）和〈寄曹州李審言詩〉（卷十二）曾提及今昔是非之論。以邵雍個性之豁達，實無欲與人結怨，但此處不得不懷疑雍作此詩頗有辨白兩人之間是非糾葛的作用。

年年長是怕春深，每到春深病不任。傷酒情懷因小會，養花天氣為輕陰。
歲華易華向來事，節物難迴老去心。唯有前軒堪靜坐，臨風想望舊知音。
（邵雍〈暮春寄李審言龍圖〉卷六）

萬樹瓊花一夜開，都和天地色皚皚。素娥腰細舞將徹，白玉堂深曲又催。
甕牖書生方挾策，沙場甲士正銜枚。幽人骨瘦欲清損，賴有時時酒一盃。
（邵雍〈和李審言龍圖大雪〉卷八）

一般顏色正蒼蒼，今古人曾望斷腸。日往月來無少異，陽舒陰慘不相妨。
迅雷震後山川裂，甘露零時草木香。幽暗巖崖生鬼魅，清平郊野見鸞鳳。
千花爛為三春雨，萬木凋因一夜霜。此意分明難理會，直頭賢者入清詳。
（邵雍〈蒼蒼吟寄答曹州李審言龍圖〉卷八）

碧落青嵩刮眼明，馬頭次第似相迎。天街高士還知否，好約南軒醉一觥。

萬里秋光入坐明，交情預喜笑相迎。菊花未服重陽過，如待君來泛巨觥。

（李復圭〈行至龍門先寄堯夫先生〉卷九）

（邵雍〈和李審言龍圖行次龍門見寄〉卷十二）

曏日所云我，如今卻是伊。曏日所云是，如今卻是非。

安知今日是，不起後來疑。不知今日我，又是後來誰。

（邵雍〈寄曹州李審言龍圖〉卷十二）

## 八、王慎言（王謹言，王不疑）；王慎行、王慎術

王慎言（一〇一一至一〇八七）、慎行、慎術三兄弟皆從邵雍遊。雍自三十八、九歲遷洛之後，對人世紛如、宦場恩怨毫不動心。所以雍云：「人間浪憂事，都不到心頭。」（卷七）雍每天的生活是「食罷有時尋蕙圃，睡餘無事訪僧家。」雍與王氏三兄弟交遊的情形，往往有寓教於遊的味道，故詩篇中亦友亦師的訓誨之詞經常可見。如：「忘形終夕樂，失腳一生休。」又如：「以平爲樂忝知分，待足求安恐未涯。」均顯示有教導的用心。雖說如此，「長是思君共煮」、「白首交情重」，仍見許多友誼的情分。

二十年來住洛都，眼前人事任紛如。形同草木何勝野，心類鍾彝不啻虛。

已沐仁風深骨髓，更驚詩思劇瓊琚。莊周休道虧名實，自是無才悅眾狙。

不把憂愁累物華，光陰過眼疾如車。以平為樂忝知分，待足求安恐未涯。

（邵雍〈和王不疑郎中見贈〉卷六）

食罷有時尋蕙圃，睡餘無事訪僧家。天津風月勝他處，長是思君共煮茶。

（邵雍〈依韻和王不疑少卿見贈〉卷六）

經難憶浮邱，吾鄉足勝遊。風前驚白髮，雨後喜新秋。

仕宦情雖薄，登臨興未休。人間浪憂事，都不到心頭。

（邵雍〈依和王不疑少卿招飲〉卷七）

乍涼天氣好，何處不堪遊。鴻雁來賓日，鷹鸇得志秋。

忘形終夕樂，失腳一生休。多少江湖上，舟船未到頭。

（邵雍〈再和王不疑少卿見贈〉卷七）

洛中詩有社，馬上句如神。白首交情重，黃花節物新。

見過心可荷，知愧道非淳。寂寞西風裏，身閑半古人。

（邵雍〈依韻和三王少卿同過敝廬〉，王安之、王不疑、王中美，卷七）

## 九、祖無擇（祖擇之）

祖無擇（一〇一一至一〇八五），字擇之。河南上蔡人。仁宗景祐五年進士，歷知海州、袁州、陝府，遷湖北轉運使、中書舍人。英宗治平二年加龍圖閣直學士，權知開封府，又知鄭、杭二州。熙寧三年謫忠正軍節度副使，元豐六年分司西京御史台。八年卒，年七十六。祖氏與雍同甲申，且略長雍二十七日。在祖氏中進士之前（景祐三年）兩人曾在海東相逢共飲，十年後一人官場得意一人清閒自在。再二十年，祖氏過嵩洛，與雍同遊洛社。邵雍說：「無怨可低眉，有歡能抵掌。交情日更深，道義久相尙。」正是二人交情的明白寫照。

記得相逢否，尙時在洛東。別望千里外，倏忽十年中。
跡異名尤異，心同齒更同。終期再清會，交酒樂無窮。

（邵雍〈寄陝守祖擇之舍人〉卷五）

恩深骨髓謂慈親，義重邱山是故人。歸過嵩陽舊遊地，白雲收得薜蘿身。

（邵雍〈歸洛寄鄭州祖擇之龍圖〉卷五）

吾家職分是雲山，不見雲山不解顏。遊興亦難拘日阻，夢魂都不到人間。
煙嵐欲極無涯樂，軒冕何嘗有暫閒。洛社交朋屢相約，幾時曾得略躋攀。

（邵雍〈和祖龍圖見寄〉卷五）

三十年交舊，相逢各白頭。海壖曾共飲，洛社又同遊。
脫屣風波地，開懷松桂秋。兩眉從此後，應不著閑愁。

（邵雍〈代書寄祖龍圖〉卷九）

祖兄同甲申，二十七日長。無怨可低眉，有歡能抵掌。
交情日更深，道義久相尚。但欠書丹人，黃金八百兩。
（邵雍〈代書戲祖龍圖〉卷十）

## 十、程珦、程顥（程伯淳；明道先生）、程頤（程正叔；伊川先生）

程氏父子三人與雍交往甚久。程珦（一〇〇六至一〇九〇），河南人。熙寧法行，珦抗議未便，即移疾歸，元祐五年卒，年八十。長子程顥（一〇三二至一〇八五），字伯淳。顥資性過人，而充養有道，待人和氣，門人交友從遊數十年，未嘗見其忿厲之容，惜年壽未永，元豐八年卒，年五十四。顥之弟，程頤，字正叔。頤容色過於端莊，邵雍臨死前以手勢勸其心胸徑路要寬廣，後頤活至七十五歲，卒於大觀元年，應已受教矣。程氏父子三人，性格大差異。程珦，豁達開朗，雍以兄事之（聞見前錄卷十五）。其子程顥，為人清和。弟程頤則嚴峻，屢遭非議。顥與頤同師事周敦頤，且皆與雍遊，每有議論，顥心相契，苦無所問，而頤則言詞機鋒，時有往復，故雍嘗謂顥曰：「非助我者。」（聞見前錄卷十五）可見雍殊喜顥，故雍之葬，長子伯溫獨請顥作墓誌銘焉。

以彼此皆為理學家而言，雍之思想、行誼程氏父子最是明瞭。熙寧六年秋天雍與程氏父子月陂上閑步，雍一改素日優游之態，細述平生學術出處，程頤以為豪傑之論，惜無所用於世。顥又將雍比作顏回、伯夷，而說：「陋巷一生顏氏樂，清風千古伯夷貧。」（《擊壤集》卷九）又說：「時止時行皆有命，先生不是打乖人。」（《擊壤集》卷九）真乃雍之知音也。

年年時節近中秋，佳水佳山熳爛遊。此際歸期為君促，伊川不得久遲留。

（邵雍〈思程氏父子兄弟因以寄之一〉卷五）

氣候如當日，山川似舊時。獨來還獨往，此意有誰知。

（邵雍〈思程氏父子兄弟因以寄之之二〉卷五）

草軟沙平風細溜，雲輕日淡柳低萎。狂言不記道何事，劇飲未嘗如此盃。

景好只知閑信步，朋歡那覺太開懷。必期快作賞心事，卻恐賞心難便來。

（邵雍〈同程郎中父子月陂上閑步吟〉卷十二）

先生相與賞西街，小子親持几杖來。行處每容參極論，坐隅還許侍餘盃。

檻前流水心同樂，林外青山眼重開。時泰心閑難兩得，直須乘興數追陪。

（程顥〈和堯夫先生〉卷十二）

月陂堤上四徘徊，北有中天百尺臺。萬物已隨秋色改，一樽聊為晚涼開。

水心雲影閑相照，林下泉聲靜自來。世事無端何足計，但逢嘉日約重陪。

（程顥〈和堯夫先生〉卷十二）

打乖非是要安身，道大方能混世塵。陋巷一生顏氏樂，清風千古伯夷貧。

客求妙墨多攜卷，天為詩豪剩借春。儘把笑談親俗子，德容猶足畏鄉人。

聖賢事業本經綸，肯為巢由繼為塵。三幣未回伊尹志，萬鍾難換子輿貧。
且因經世藏千古，已占西軒度十春。時止時行皆有命，先生不是打乖人。
（程顥〈和安樂窩中好打乖吟之一〉卷九）

經綸事業須才者，燮理功夫有巨臣。安樂窩中閒偃仰，焉知不是打乖人。
（程顥〈和案樂窩中好打乖吟之二〉卷九）
（邵雍〈謝伯淳察院用先生不是打乖人〉卷十一）

彥國之言鋪陳，晦叔之言簡當；君實之言優游，伯淳之言調暢。
四賢洛陽之名望，是以在人之上；有宋熙寧之間，大為一時之壯。
（邵雍〈四賢吟〉卷十九）（定國案：第五句「名望」之「名」字衍。）

先生非是愛吟詩，為要形容至樂時。醉裏乾坤都寓物，閒來風月更輸誰？
死生有命人何預，消長隨時我不悲。直對希夷無事處，先生非是愛吟詩。
（程顥〈和首尾吟〉卷二十）

嚴親出守劍門西，色養歡深世表儀。唐相規模今歷歷，蜀民遨樂舊熙熙。
海棠洲畔停橈處，金雁橋邊立馬時。料得預憂天下計，不忘君者更為誰？
先生高臥洛城中，洛邑簪纓幸所同。顧我七年清渭上，並遊無侶又春風。
（邵雍〈代書寄程正叔〉卷八）

病肺支離恰十春，病深樽俎久埃塵。人憐舊病新年減，不道新添別病新。

（張載〈詩上堯夫先生兼寄伯淳正叔之一〉卷十九）

（張載〈詩上堯夫先生兼寄伯淳正叔之二〉卷十九）

邵雍雖以開懷閒樂安身陋巷，但並不是真的要隱居，而是怡養道業，奠定濟世的修爲，所以程顥說：「道大方能混世塵」。顥又說：「時止時行皆有命」真的了解邵雍的處境，其實也體悟到自家兄弟的處境。在有宋一世時空氣數已定，事實上已經不容易有奇才的發展餘地。

## 十一、任逵（任開叔）

任逵，字開叔，官司封、郎中。熙寧六年，任逵昆仲聯轡訪邵雍於天津竹林安樂窩宅，這是邵雍詩集中送給任氏兄弟文字敘述較詳細的一首詩。然而詩中感激謝任氏兄弟給予之寵褒，如：「寵莫兼金比，褒逾華袞多」實爲客套之言。還不如晚年給任逵的另一首詩，直抒「更上一層情未快，思君不見見喬嵩。」更具真摯情感。而任逵看待邵雍又如何？任逵說：「有名有守同應少，無事無求得最多。⋯⋯能拋憂責忘勞外，不縱逍遙更待何？」觀此數句，知逵對於雍之了解仍然不深，猶存皮相之見也。而且任氏兄弟與邵雍之間疑曾有謗毀牽連，但是觀察後續的詩篇，已知邵雍性格寬容，似誤會冰釋，應已絲毫不計較是也。

安樂先生醉便歌，莊篇徒爾說焚和。有名有守同應少，無事無來得最多。勝處林泉供放適，清時風月助吟哦，能拋憂責忘勞外，不縱逍遙更待何。

（任逵〈和安樂中好打乖吟〉卷九）

客問人間事若何？堯夫對曰不知它。居林之下行林下，無事無求得最多。

（邵雍〈謝開叔司封用無事無求得最多〉卷十一）

竹影戰棋罷，閑思安樂窩。曠時稱不見，聯轡幸相過。寵莫兼金比，褒逾華袞多。從來有詩癖，使我遂成魔。

（邵雍〈答任開叔郎中昆仲相訪〉卷十）

王侯貴盛不勝言，圖畫中山得一觀。不似夫君行坐看，貪嵩又更愛天壇。

（邵雍〈依韻和任司封見寄吟之一〉卷十五）

高樓百尺破危空，天淡雲閑看帝功。更上一層情未快，思君不見見喬嵩。

（邵雍〈依韻和任司封見寄吟之二〉卷十五）

辭麾來此住雲霄，聞健登臨肯憚勞。紫陌事多都不見，家山圍遶是嵩高。

（邵雍〈依韻和任司封見寄吟之三〉卷十五）

夫君惠我逍遙枕，恐我逍遙蹟未超。形體逍遙終未至，更知魂夢與逍遙。

（邵雍〈依韻謝任司封寄逍遙枕吟〉卷十六）

## 十二、吳充（吳沖卿），吳安詩（吳傳正）

吳充（一〇二一至一〇八〇），字沖卿，建州浦城人。進士出身，熙寧中代王安石爲相，因乞召還司馬光等十餘人。元豐三年，年六十，卒。充長子吳安詩（一〇四八？至一一〇三？）字傳正。有賢行。以蔭入官，曾任左藏寺丞、禮部員外郎、右司諫、天章閣待制、中書舍人、起居舍人等職，熙寧元年入黨籍。吳充位高權重，對於邵雍也有憐才之眷，只是雍對於得失之心早已無動於衷。世人之得失，非雍之得失，是故邵雍說得十分明白：「失即肝脾爲楚越，得之藜藿是膏粱。」此聯確爲警世之箴言。而雍處人間世的態度爲何？雍曾答：「爭如自得者，與世善浮沈。」只是「與世善浮沈」尚須器識要高，橫在心中有把尺，否則不當浮而浮，不當沈而沈，皆非確理。

吳傳正弱冠即與邵雍遊，那時「敦篤情懷世所稀」，但是傳正在東都襲官之後，二人僅能詩酬往來，要見面畢竟不容易，所謂「昔年今日事難追」，誠不虛也。邵雍云：「因思偶女忘今古，遂悟輪人致疾徐」這裡暗用莊子天道篇天運篇的典故，偶女不能應時而變，輪扁不徐不疾方是待機應時之道。君臣若不得，萬端皆枉然。

（吳傳正，卷五）

從此天津南畔景，不教都屬邵堯夫

非有非無是祖鄉，都來相去一毫芒。人人可到我未到，物物不妨誰與妨。

失即肝脾為楚越，得之藜藿是膏梁。一言千古難知處，妙用仍須看呂梁。

（邵雍〈和吳沖卿省副見贈〉卷六）

上陽光景好看書，非象之中有坦途。良月引歸芳草渡，快風飛過洞庭湖。

不因赤水時時往，焉有黃芽日日娛。莫道天津便無事，也須閒處著功夫。

（邵雍〈丁未八月二十五日依韻和左藏吳傳正寺丞見贈〉卷五）

敦篤情懷世所稀，昔年今日事難追。雪霜未始寒無甚，松桂何嘗色暫移。

洛邑士人雖我信，天津風月只君知。夢魂不悟東都遠，依舊過從似舊時。

（邵雍〈代書寄吳傳正寺丞〉卷七）

天津風月一何孤，似我經秋相憶無。每仗晴波寄聲去，不知曾得到東都。

（邵雍〈寄吳傳正寺丞〉卷七）

五十年來讀舊書，世人應笑我迂疏。因思傌女忘今古，遂悟輪人致疾徐。

道業未醇誠可病，生涯雖薄敢言虛。時和受賜已多矣，安有胸中不晏如。

（邵雍〈依韻和吳傳正寺丞見寄〉卷九）

洛陽城裏一愚夫，十許年來不讀書。老去情懷難狀處，淡煙寒月映松疏。

（邵雍〈答和吳傳正贊善二首之一〉卷十八）

樂靜豈無病，好賢終有心。爭如自得者，與世善浮沈。

（邵雍〈答和吳傳正贊善二首之二〉卷十八）

## 十三、邵睦

邵睦（一〇三六至一〇六八），邵雍之異母弟，兄弟二人年齡相去二十四歲，但情義深篤。熙寧元年初夏四月八日，睦無疾而終，年三十二歲。雍爲之一改平素平和心性，遂陷入一段淒苦心境。雍睦手足情深平居出入常留一人顧家。邵家稚子四人，經常相逐，在爺爺奶奶跟前戲娛綵衣。雍僅有二子伯溫、仲良，疑睦亦遺有二子。雍與睦平居常迎風晚步，去年初夏尚同聽杜鵑啼鳴，今年夏天往事頓成空，並肩行處今已影單形孤，難怪邵雍要說：「不知腸有幾千尺，不知淚有幾千斛。斷盡滴盡無奈何，曏日恩光焉可贖？」睦死，是年雍五十八歲，有頭風的毛病，而睦在幼年時與兄長曾共同經歷一段苦難艱難的歲月，今日家境小康，手足方才情多。不料，雍父年前除夕甫遭物化，而睦弟今年也物故，前後繼仆，萬般親情皆落空。邵雍難得悲傷，父死固然情傷，弟壽不永，更是傷心也。

不知何鐵打成針，一打成針只刺心，料得人心不過寸，刺時須刺十分深。

（邵雍〈傷心行〉卷六）

手足深情不可忘，割心猶未比其傷，急難疇昔爾相濟，終鮮如今我遂當。

韡韡棣開無並萼，邕邕鴈去破初行，自茲明月清風夜，蕭索東籬看斷腸。

（二弟殯東籬下，後得渠重九詩云：「衣如當月白，花似昔年黃，擬問東籬事，東籬事渺茫」語類讖。）

腸斷東籬何所尋，東籬從此事沉沉，並肩行處皆成往，弔影傷時無似今。

（邵雍〈傷二舍弟無疾而化二首之一〉卷六）

清淚已乾情莫極，黃泉未到恨非深，不知何日能銷盡，三十二年雍睦心。

（邵雍〈傷二舍弟無疾而化二首之二〉卷六）

兄既名雍弟名睦，弟兄雍睦情何足，居常出入留一人，奉親教子如其欲。

慈父享年七十九，四人稚子常相逐，其間同戲綵衣時，堂上愉愉歡可掬。

慈父前生忽傾逝，爾弟今年命還促，獨予奉母引四子，日對几筵相向哭。

不知腸有幾千尺，不知淚有幾千斛，斷盡滴盡無奈何，曏日恩光焉可贖。

（邵雍〈傷二舍弟無疾而化又一首〉卷六）

手足恩情重，塤篪歡樂長，要知能忘處，墳草兩荒涼。

（邵雍〈又一絕〉卷六）

嘗憶去年初夏時，與爾同聽杜鵑啼，杜鵑今年又復至，還是去年初夏時。

禽鳥亦知人意切，一聲未絕一聲悲，腸隨此聲既已斷，魂逐此禽何處飛。

（邵雍〈聽杜鵑思亡弟〉卷六）

後乎吾來，先乎吾往，當往之初，殊不相讓。

（邵雍〈書亡弟殯所〉卷六）

南園之南草如茵，迎風晚步清無塵，不得與爾同歡欣，又疑天上有幾雲

一片世間來作人，飄來飄去殊無因。

（邵雍〈南園南晚步思亡弟〉卷六）

天無私覆古今同，手足情多驟一空，五七年來併家難，六十歲許更頭風。

常情不免順世俗，私計固難專僕童，安得仙人舊槎在，伊川雲水樂無窮。

（邵雍〈自憫〉卷六）

## 十四、秦玠（秦伯鎮）

秦玠，字伯鎮。從邵雍遊。元符初，爲朝奉郎知濦州，歷官至尙書刑部郎中、兵部郎中。邵雍寄秦伯鎮的六首詩，似有教誨之意。第一首詩表達「好花無吝十分芳」的哲理。第二首詩勸告「萬般計較頭須白」。第三首詩闡說「自生疑阻」是造成利害的根本原因。第四首詩，表示深得「鍛鍊物情」之精要，故萬事不憂。第五首詩在探討「空境」，頗有「非空非有」的境界。第六首詩，寫「天和」與「太初」的滋味。從這六首詩可見到雍對於玠的指導情份。可惜，不見秦氏之作，無法詳知其他情形。

三川地正得中陽，氣入奇葩亦自王。善識好花人不遠，好花無吝十分芳。

（邵雍〈寄亳州秦伯鎮兵部六首之一〉卷八）

人事紛紛積有年，何煩顰蹙向花前。萬般計較頭須白，饒了胸中不坦然。

（邵雍〈寄亳州秦伯鎮兵部六首之二〉卷八）

無限有情風月間，好將醇酒發酡顏。奈何人自生疑阻，利害嫌輕更設關。

（邵雍〈寄亳州秦伯鎮兵部六首之三〉卷八）

雖貧無害日高眠，人不堪憂我自便。鍛鍊物情時得意，新詩還有百來篇。

（邵雍〈寄亳州秦伯鎮兵部六首之四〉卷八）

天心復處是無心，心到無時無處尋。若謂無心便無事，水中何故卻生金。

（邵雍〈寄亳州秦伯鎮兵部六首之五〉卷八）

酒涵花影滿卮紅，瀉入天和胸臆中。最愛一般情味好，半醺時與太初同。

（邵雍〈寄亳州秦伯鎮兵部六首之六〉卷八）

許大秦皇定九州，九州纔定卻歸劉。它人莫謾誇精彩，徒自區區撰白頭。

（邵雍〈別寄一首〉卷八）

芳酒一樽雖甚滿，故人千里奈思何。柳拖池閣條偏細，花近簷楹香更多。

（邵雍〈思故人〉卷八）

## 十五、王贇善

治平四年，邵雍五十七歲。於八月雍出遊黃河支流的洛水，至福昌縣而結識福昌令王贇善。二人是道義相歡，一見如故。福昌縣在今河南省宜陽縣西六十里。福昌令王氏，官拜贇善。贇善一職爲東宮的屬官，掌侍從翊贊事；本是舊官名，此處借爲福昌令之虛銜。相信福昌風景必佳，邵雍遊至此地，多有山水作品。其中尤以「雲勢移峰緩」、「一潭冷浸崖根黑」和「洛川秋入景尤佳」三首詩絕好。其中尤以〈遊龍潭之一〉對潭水玄黑深沈顏色的描寫，和水溫浸涼寒冷的刻畫，相當鞭辟入裡，而尾句「長恐雷霆奮於側」也悚慄生動。

雲勢移峰緩，泉聲出竹遲。此時無限意，唯有翠禽知。

（邵雍〈十一日福昌縣會雨〉卷五）

一潭冷浸崖根黑，數峰高入雲衢碧。遊人屏氣不敢言，長恐雷霆奮於側。

（邵雍〈十二日同福昌令王贊善遊龍潭之一〉卷五）

水邊靜坐天將暮，猶自盤桓未成去。馬上迴頭更一觀，雲煙已隔無重數。

（邵雍〈十二日同福昌令王贊善遊龍潭之二〉卷五）

能休塵境為真境，未了僧家是俗家。不向此中尋洞府，更於何處覓藏花。

（邵雍〈十三日遊上寺及黃澗之一〉卷五）

堪嗟五霸爭周爐，可笑三分拾漢餘。何似不才閒處坐，平時雲水遶衣裾。

（邵雍〈十三日遊上寺及黃澗之二〉卷五）

洛川秋入景尤佳，微雨初過徑路斜。水竹洞中藏縣宇，煙嵐塢裏住人家。

霜餘紅間千重葉，天外晴排數縷霞。溪淺溪深清瀲灩，峰高峰下碧查牙。
鳥因擇木飛還遠，雲為無心去更賒。蓋世功名多齟齬，出群才業足咨嗟。
浮生日月仍須惜，半老筋骸莫強誇。就此巖邊宜築室，樂吾真樂樂無涯。

（邵雍〈十四日留題福昌縣宇之東軒〉卷五）

連昌宮廢昌河在，事去時移語浪傳。下有荒祠難問處，古槐枝禿竹參天。

（邵雍〈十五日別福昌因有所感〉卷五）

道義相歡豈易親，古稱難處是知人。文章不結市朝士，榮辱非關雲水身。
話入精詳皆物理，言無形跡盡天真。他時洛社過從輩，圖牒中添又一鄰。

（邵雍〈十六日依韻酬福昌令有寄〉卷五）

## 十六、李希淳

成都屯田李希淳是雍之舊識故友，因戀蜀中官，離鄉去未還。舊日，兩人曾於洛社論交，今天白首而分兩地，昔年交游存者日少一日，所以詩人不免有嘘唏之歎。此數首詩邵雍對於「時不我與」（逢時雖出欲胡爲…奈何花上露沾衣）的感慨和「及時行樂」（不縱歡遊待幾時）的無奈，一反素日平和的語調。二人相知之深，固可從詩意中見其端倪也。

逢時雖出欲胡為，其那天資智識微。弊性止堪同蠖屈，薄才安敢望鵬飛。

長因訪舊歡無極，每為尋幽暮不歸。花愛半開承露看，奈何花上露沾衣。

（邵雍〈答李希淳屯田〉卷九）

思君君未還，君戀蜀中官。白首雖知倦，清衷宜自寬。

花時難得會，蚕市易成歡。莫歎歸休晚，生涯若未完。

（邵雍〈依韻寄成都李希淳屯田〉卷九）

去歲嘗蒙遠寄詩，當時已歎友朋希。如今存者殆非半，不縱歡遊待幾時。

（邵雍〈答李希淳屯田三首之一〉卷十一）

竹間水際情懷好，月下風前意思多。洛社過從無事日，非吾數輩更誰何。

（邵雍〈答李希淳屯田三首之二〉卷十一）

胸中日月時舒慘，筆下風雲旋合離。老去無成尚如此，不知成後更何為？

（邵雍〈答李希淳屯田三首之三〉卷十一）

## 十七、李中師（李君錫）

李中師（一〇一五至一〇七五），字君錫，開封人。景祐元年進士。曾知澶州、河南府等，用法刻深，煩碎無大體。神宗即位，遷給事中，除龍圖閣直學士，充群牧使，兼知審官東院。從下列三首詩得知熙寧七年二月召李中師至汴京為官。熙寧八年權發遣開封府，卒，年六十一。雍與中師情泛泛未深交，又中師早邵雍而逝，是以往後交情不續。

磨湯漬酒重分攜，景霽和風二月時。莫忘天津別君處，黃梅庭下半離披。

（李中師〈奉別堯夫先生承見留數刻漬梅酒磨沈水飲別聊書代謝〉卷十一）

多情大尹辭春去，正是群芳爛漫時。自古英豪重恩意，群芳慎勿便離披。

（邵雍〈和大尹李君錫龍圖留別詩〉卷十一）

先生洛社坐忘機，大尹朝天去佐時。今日梅花浮別酒，青雲早晚重來披。

（司馬光〈走筆和君錫、堯夫〉卷十一）

## 十八、呂公著（呂晦叔）、呂希哲（原明）父子

呂公著（一〇一八至一〇八九），字晦叔，安徽壽州人。進士出身，神宗熙寧元年知開封府。二年為御史中丞，出知潁州。八年，入為翰林學士承旨，政知審官院，同知樞密院事。哲宗元年拜尚書右僕射，兼中書侍郎。三年，拜司空，同平章事。四年，卒，年七十二。

公著，在開封時多與雍遊。其子希哲因父之故也與邵雍遊。在百源學案中，呂公著係邵雍的侶友，而希哲執弟子之禮，所以父子兩世的交情使他們彼此相知頗深。

高齋曠望極三川，卻顧卑居不直錢，二室峰巒凝畫碧，萬家樓閣帶輕煙。

春濃繚繞環遊騎，地勝依稀寓列仙，唱發幽人丞相和，當時紙貴洛城傳。

碧瓦朱門將相居，見嵩臨洛百家無，登高此地還能賦，會老他年定入圖。

（呂公著〈楊郎中新創高居二首和堯夫先生韻之一〉卷十七）

花發四時排步障，鳥鳴終日勸提壺，何人遇賞偏留賞，退士清風激鄙夫。

（呂公著〈楊郎中新創高居二首和堯夫先生韻之二〉卷十七）

買宅從來重見山，見山今直幾何錢，奇峰環列遠隔水，喬木俯臨微帶煙。

行路客疑驚洞府，憑欄人恐是神仙，長憂暗入丹青手，寫向鮫綃天下傳。

（邵雍〈留題水北楊郎中園亭二首之一〉卷十七）

洛下誰家不買居，買居還得似君無，風光一片非塵世，景物四時成畫圖。

後圃花奇同閬苑，前軒峰好類蓬壺，人生能向此中老，亦是世間豪丈夫。

（邵雍〈留題水北楊郎中園亭二首之二〉卷十七）

先生不是閉關人，高趣逍遙混世塵，得志須為天下雨，放懷聊占洛陽春。

家無甔石賓常滿，論極錙銖意始新，任便終身臥安樂，一毫何費養天真。

（呂希哲〈堯夫安樂窩中好打乖吟〉卷九）

## 十九、邢恕（邢和叔）

邢恕（一〇三五？至一一〇五？），字和叔，鄭州陽武人。從程顥學，因遊公卿間，早致聲譽。登進士第，元祐間，累官至御史中丞，後遭奪職。久之，又復顯謨閣待制，卒年七十。恕自云受業於邵雍，奉親從仕，未能卒業。邵雍也視恕以弟子輩，屢有指導。然邢恕天性不定，反覆於司馬光、章惇、蔡京之間以謀官，非真正追求道德者，這一點邵雍是心肚知明的。成化本與四庫本等諸家《擊壤集》於書後皆有邢恕於元祐六年所作跋語，當是雍子伯溫於父親去逝重新編輯時所附加。邢恕為人雖然反覆，但從邵雍游，一向執弟子禮，恭謹有加，仍不失君子之道。觀跋語所說，也能發明師承之學術源流，頗有見識。

先生抱道隱墻東，心跡兼忘出處通，圯下每慚知孺子，床前曾憶拜龐公。
已將目擊存微妙，直把神交寄始終，此日離違限南北，蕭蕭班馬正依風。
（邢恕〈將還河北留別先生〉卷八）

世路如何若大東，相逢不待語言通，觀君自比諸葛亮，顧我殊非黃石公。
講道汙隆無巨細，語時興替有初終，出人才業尤須惜，慎勿輕為西晉風。
（邵雍〈和邢和叔學士見別〉卷八）

一片先天號太虛，當其無事見真腴，胸中美物肯自衒，天下英才敢厚誣。
理順是言皆可放，義安何地不能居，直從太宇收功後，始信人間有丈夫。
（邵雍〈先天吟示邢和叔〉卷十六）

## 二十、陳侗（陳成伯）

陳侗（一〇二四至一〇八八），字成伯，莆田人。仁宗嘉祐二年進士。調河南福昌縣主簿，歷知商洛，南陵縣。富弼守汝州，辟爲從事。神宗熙寧三年，除館閣校勘，知太常禮院。五年，改太子中允，判登聞鼓院。六年，爲集賢校理。後知湖州、陝府等。元祐三年卒，年六十五。有文集十五卷，已佚。由於陳侗歷官河南之故，與雍相識，常有玉札酬詩交往。邵雍和侗之詩云：「殘臘歲華無奈感…吾道如何必可行。」的確是邵雍藉以渲洩晚年之悲情。

此去暫期猶半歲，商山窮僻少醫名，感傷多後風防滯，暑濕偏時疾易生。
聖智不能無蹇剝，賢才方善處哀榮，斯言至淺理非淺，少補英豪一二明。
（邵雍〈代書寄商洛令陳成伯〉卷五）

瓊苑群花一夜新，瑤臺十二玉為塵，城中竹葉湧增價，坐上楊花盛學春。
時會梁園皆墨客，誰思姑射有神人，餘糧豈止千倉望，盈尺仍宜莫厭頻。
（邵雍〈依韻和陳成伯著作長壽雪會〉卷六）

竹遶長松松遶亭，令人到此骨毛清，梅梢帶雪微微折，水脈連冰湱湱鳴。
殘臘歲華無奈感，半醺襟韻不勝情，誰憐相國名空在，吾道如何必可行。
（邵雍〈依韻和陳成伯著作史館園會上作〉卷六）

## 二十一、陳摶（陳希夷）

陳摶（九一〇？九八九），字圖南，亳州人。後唐長興中舉進士不第，遂隱居武當山九室巖。後服氣辟穀，又移居華山雲臺觀，每寢處百餘日不起。太平興國中朝宋，宋太宗賜號希夷先生。陳摶雅好詩易，著作言及導養與還丹之事。陳氏人品行事每成爲道家的楷範，是以邵雍甚佩服其師祖，常有隔世希賢之意。由於師祖的行事態度進退有據，是以邵雍頗受影響。

行年六十有三歲，齒髮雖衰志未衰，恥把精神虛作弄，肯將才力妄施為。
愁聞刮骨聲音切，悶見吹毛智數卑，珍重至人嘗有語，落便宜是得便宜。

（邵雍〈六十三吟〉卷十）（注：陳希夷先生嘗有是言）

未見希夷真，未見希夷蹟，止聞希夷名，希夷心未識。
及見希夷蹟，又見希夷真，始知今與古，天下長有人。
希夷真可觀，希夷墨可傳，希夷心一片，不可得而言。

（邵雍〈觀陳希夷先生真及墨跡〉卷十二）

范邵居洛陽，希夷居華山，陳邵為逸人，忠獻為顯官。
邵在范之後，陳在范之前，三人貌相類，兩人名相連。

（邵雍〈題范忠獻公真〉卷十四）

## 二十二、陸剛叔

陸剛叔，江南人，嘉祐熙寧間，曾任洛陽主簿與秘書省校字，生平細節不詳。剛叔與邵雍相知甚短，洛陽官滿便還江南。二人從相識至鴻雁斷訊，至多往來數年耳。大約自別後剛叔志未得伸，從此消沈無跡可尋，而二人交游亦中斷矣。

一霎蕭蕭晚雨餘，鳳凰樓下偶驅車，郤詵片玉知能憶，樂廣青天幸未疏。相闊夏秋聞甚事，可親燈火讀何書，恨無束帛嘉程子，徒自悁悁返敝廬。

（邵雍〈二十九日依韻和洛陽陸剛叔主簿見贈〉卷五）

洛城官滿振衣裾，塵土何由浼遠途，道在幸逢清日月，眼明應見舊江湖。知行知止唯賢者，能屈能伸是丈夫，歸去何妨趁殘水，三吳還似嚮時無。

（邵雍〈代書寄前洛陽簿陸剛叔秘校〉卷七）

洛陽官滿歸吳會，男子雄圖志未伸，若到江山最佳處，舉盃無惜望天津。

（邵雍〈寄前洛陽簿陸剛叔秘校〉卷七）

## 二十三、張景伯（元伯）

張景伯（一〇一〇?至一〇六三），字元伯，襄邑人，師錫子。官至職方員外郎致仕。邵雍與景伯為洛社舊交，於嘉祐元年除夕，邵雍和其詩；既卒，雍又以詩哭之。雍與景伯年相若且有二代相識之交情，自是情分不同。景伯物化，雍忘情而哭云：「把酒酹君君必知，為君洒淚西風前。」足以呈現出詩人異乎常情的友誼。邵雍〈謝西臺張元伯雪中送詩〉，雖然明白如話，但是趣味昂然，句中「大如手」、「樽無酒」、「打門」遣字極有意象，聲情俱妙，沖淡中有甜味。

及正四十六，老去恥無才，殘臘方迴律，新春又起灰。非唯忘利祿，況復外形骸，白髮已過半，光陰任自催。

（邵雍〈依韻和張元伯職方歲除〉卷一）

清淡曉凝霜，宜乎殿顥商，自知能潔白，誰念獨芬芳。豈為瓊無艷，還驚雪有香，素英浮玉液，一色混瑤觴。

（邵雍〈和張二少卿丈白菊〉卷一）

當年曾任青春客，今日重來白雪翁，今日當年已一世，幾多興替在其中。

（邵雍〈和張少卿丈再到洛陽〉卷一）

洛城雪片大如手，爐中無火樽無酒，凌晨有人來打門，言送西臺詩一首。

（邵雍〈謝西臺張元伯雪中送詩〉卷二）

近年老輩頻凋落，使我心中又惻然，洛社掛冠高臥者，唯君清澈如神仙。
昔日與君論少長，今日與君爭後先，把酒酹君君必知，為君洒淚西風前。

（邵雍〈哭張元伯職方〉卷五）

## 二十四、張峿（張子望）、張㠄（張子堅）

張峿，字子望，滎陽人。兄張㠄，字子堅；二人俱從雍受學，皆登進士第。張㠄，曾爲鄞縣令，歷提舉兩浙路常平廣惠倉，兼管勾農田差役水利事，官至太常博士。張峿，官至太常寺主簿。邵雍在官場的影響力，常因弟子四處爲官，得到聲譽日隆的情形，也可能因此屢遭謗疑。在宋人軼事中曾載記張峿記錄先生之言，而述有《觀物外篇》二卷。顯示張氏兄弟受教之深。

> 平生自是愛花人，到處尋芳不遇真，秖道人間無正色，今朝初見洛陽春。（張峿〈觀洛城花呈先生〉卷六）

> 造化從來不負人，萬般紅紫見天真，滿城車馬空撩亂，未必逢春便得春。（邵雍〈和張子望洛城觀花〉卷六）

> 八載相逢恨未平，如何別酒又還傾，雖慚坦率珠多纇，卻識清和玉有聲。處世當為天下士，賞花須是洛陽城，也知今古真男子，造化功夫不易生。（邵雍〈依韻和張子堅太博〉卷十）

綜觀邵雍與侶友、弟子之交游範圍，除了表現出與理學家相互交往之外，一般情形大多爲參與洛陽等地書會、文社、詩社的聚會，其他則顯示與當代詩人、地方官員互有唱酬往來。從整體交游現象和詩作內容，已呈現出布衣與卿相、仕紳結交狀況和詩人影響民風的力量，這是一般文人與士族相交少有的情形。邵雍的年代新舊黨爭漸趨激烈，其門下弟子爲官者亦眾，而其終能脫身於黨爭之外，不得不佩服其待人接物之溫潤和處世之道的圓融。

# 第四節　擊壤詩集版本及編輯

## 一、擊壤詩集的版本及編輯

目前臺灣地區《擊壤集》最好的版本，是收藏在國立中央圖書館善本書室的南宋末期刊本。還有一本是南宋末期刊而配補明初仿宋刊及鈔本，也屬善本。前者除卷十抄配外，餘皆存宋刊模樣，並經于右任先生收藏。後者只剩宋本殘卷四卷，餘皆補配補抄，此本曾經明代多位藏書家鑒賞擁有（註一），又經清黃丕烈、孫原湘、胡靜之、邵淵耀、錢天樹、丁白曾等題記，因之抄配既佳，鑒賞又精，實不輸前者的精美。

另外中央圖書館尚有南宋末期刊本配補元翻宋刊本及中央研究院歷史語言所的元刊本，皆可爲上述善本的輔佐。但是，今日最通行的版本，卻是臺灣商務印書館出版的《四庫全書本擊壤集》及《四部叢刊》裏明成化乙未年畢亨所刊的《成化本伊川擊壤集》。

以上六種版本，將《擊壤集》自宋、元、明、清歷代文字刊刻的沿革歷歷展現。第一時期，包括南宋末期刊本、元翻宋刊本、明初仿宋刊本，能表現出較早期的《擊壤集》形式。第二時期，係明刊本、朝鮮刊本、道藏本，以成化本爲代表。第三時期，是清抄本，以《四庫全書》爲代表。其他康熙改編本和《安樂窩吟》選本，並非原刊，僅可作校對之參佐。

《四庫全書擊壤集》，已參考過宋、元、明、清各種刊本抄本，故多所修正，相信是屬於精善的抄本，且經臺灣商務印書館大量發行，成爲精善的通行本。如果一定要把四庫本與南宋末期刊本作一比較，我們仍以爲南宋本拔得頭籌，因爲南宋本除有最少錯誤的優點外，又保留了最早型態的《擊壤集》面貌。

大陸方面出版《全宋詩》，其中第七冊附《邵雍詩全集》。據其編輯曰：「以張蓉鏡、邵淵耀明初刻《伊川擊壤集》爲底本。校以一九七五年江西星子縣宋墓出土之《邵堯夫先生詩全集》九卷(簡稱宋本)、蔡弼重編《重刊邵堯夫擊壤集》六卷(簡稱蔡本)，及元刻本(簡稱元本)、明隆慶元年黃吉甫刻本(簡稱黃本)、影印清文淵閣《四庫全書》本(簡稱四庫本)。」云云。凡此諸本皆不出台灣地區的現有版本，惟一勝處，乃擁有宋墓出土九卷宋殘本，經核對尚無特別殊勝處。惟《全宋本邵雍詩》在第二十一卷，將散佚於各書中的零金片玉輯佚成篇，的確可以提供一些新資料。

## 二、擊壤詩集的編輯

### （一）擊壤詩集編輯經過

邵雍《擊壤吟》云：「擊壤三千首」（註二）。四庫全書擊壤集提要說：「集爲邵子（邵雍）所自編，而楊時《龜山語錄》所稱『須信畫前原有易，自從刪後更無詩』一聯，集中乃無之。知其隨手散佚，不復收拾。」據此邵詩似又不止於三千首。宋史論及邵氏詩集名稱爲《伊川擊壤集》，未及卷數與詩數。宋人晁公武《郡齋讀書志》始云邵堯夫有《擊壤集》二十卷，而後陳振孫《直齋書錄解題》及馬端臨的《文獻通考》都說邵集二十卷，然也未提到詩數。今欲探求邵集詩數，自當直接從《擊壤集》最早或最善的版本中研究爲佳。如果須側面研究，也可從《兩宋名賢小集》的《安樂窩吟》、《洛陽縣志》的輯詩等相關資料，作比對、爬梳。現經綜合所查各相關資料，大體得知散於各文獻中的邵詩，多半不出《擊壤集》範疇，是以就版本研究入手，大概可得《擊壤集》詩數的狀況。又《擊壤集》名義上雖邵雍之子伯溫所編，實際上邵雍早有主意且從旁指導，是故後人皆認定詩集乃邵雍所自編。

## （二）擊壤詩集善本的異同和詩歌的增刪

擊壤集中究竟有多少首？這個疑問據上述說明推知是需要分版本來研究的。現在我們先將邵集的善本選擇性的列出五種，從南宋末期刊本至大陸《全宋詩・邵雍詩全集》之間的共五種善本比較其異同，並探求詩數的統計總數，來觀察其詩歌增刪的過程和詩數。

南宋末期刊本（卷十係抄配）

卷三有〈何事吟〉一首，卷五有〈何事吟寄三城富相公〉一首；二者內容相同。卷八有〈人鬼吟〉一首，卷十二有「幽明吟」一首。二者內容相同。

卷十係抄配。其中有九首司馬光的和詩，因抄錄者認爲非邵雍作品而未錄。這九首詩的詩題是〈和堯夫先生年老逢春〉三首、〈崇德久待不至〉一首、〈正月廿六日獨步至洛濱成二詩呈堯夫先生〉二首、〈酬堯夫招看牡丹〉二首、〈奉和安樂窩吟一首。（註三）

卷十一有〈年老吟〉一首。卷十四，有〈天時吟〉一首，在〈義利吟〉與〈思義吟之間。（註四）。有〈偶書〉五首，分別爲〈美食無使饜〉、〈官小拜人喜〉、〈才高命寡〉、〈賢德之人〉、〈妻強夫殃〉。卷十六〈讀張子房傳吟〉與〈治亂吟五首之間，有「觀物吟」二首，詩題下有熙寧九年四字。另有〈思患吟〉一首，在〈三十年吟〉與〈有病吟〉之間。有〈浩歌吟〉二首，但無二首二字。有〈答甯秀才求詩吟〉一首，在〈書事吟〉與〈詩酒吟〉之間。卷十九有〈得天吟〉一首。以上是南宋末期刊本各卷與其他諸本不同的地方。

**詩歌總數邵雍詩一五二一首，重出二首，而存司馬光等人詩五十七首。**

| | |
|---|---|
| 南宋末期刊本配補明初仿宋刊及抄本（卷三、四、五、六卷係宋殘本） | 卷三、五、九、十二皆同右，惟〈幽明吟〉的詩題改成〈人鬼吟〉。卷十的九首詩皆存。卷十一〈年老吟〉改題名爲〈年平吟〉內容相同。卷十四，原書有缺頁，經比對本卷前後文及行款同宋本，應有〈天時吟〉一首在〈義利吟〉〈恩義吟〉之間（註五）。卷十六，全同右。卷十九〈得天吟〉詩題改爲〈得一吟〉（註六）。<br>**詩歌總數邵雍詩一五二一首，重出二首。存司馬光等人詩六十六首。** |
| 明成化本 | 卷三、五、八、十二皆同右。卷十的九首詩皆存。卷十一〈年老吟〉改題爲〈年平吟〉，內容相同。卷十四，缺〈天時吟〉一首，有〈偶書〉三首，內容與前本五首無異，只是〈美食無使饜〉與〈官小拜人喜〉、〈才高命寡〉連成一首，餘同右。卷十六，全同右。卷十，〈得天吟〉詩題改爲〈得一吟〉。<br>**詩歌總數邵雍詩一五一八首，重出二首。存司馬光等人詩五十七首。** |

清四庫全書本

卷三有〈何事吟〉一首，卷五刪去重出的〈何事吟寄三城富相公〉一首。卷八刪去重出的〈人鬼吟〉一首，卷十二出現有〈人鬼吟〉一首。

卷十的九首詩皆存。卷十一的〈年老吟〉改題爲〈太平吟〉，內容相同（註七）。卷十四，缺〈天時吟〉一首，有〈偶書〉三首，內容與前本五首無異，只是〈美食無使饜〉與〈官小拜人喜〉連成一首，而〈才高命寡〉另起一首，餘同右。又〈觀物吟〉二首連成一首，且詩題缺二首二字。而缺〈思患吟〉一首，在〈三十年吟〉與〈有病吟〉之間，補了〈答甯秀才求詩吟〉一首。原因係〈思患吟〉內容有「夷狄」二字，故刪原詩，而移動後面的答甯秀才求詩吟〉補入。卷十九，〈得天吟〉詩題改爲〈得一吟〉。但是詩題如作〈得天吟〉較符合詩意。

**詩歌總數邵雍詩一五一五首。而存司馬光等人詩六十六首。**

民全宋詩本

北京大學本《全宋詩》已刪除邵雍以外的詩作，所以全篇僅保留邵詩，集外詩獨立爲第廿一卷，如此眉目比較清楚是其優點，另外在《邵雍詩集》的二十一卷，除〈集外詩〉十三首之外，又輯佚了〈對花〉、〈芍藥〉四首，〈首尾體訓世孝第詩〉十首等凡四十六首全詩和散句三章，如此仍然只有一五四一首，邵雍前半生的作品疑是全部銷毀殆盡。

## （三）擊壤詩集的詩歌總數一五四一首

通過右文的表述，我們確知從宋迄今鄉《擊壤集》詩歌總數的變化不大，其中以南宋末期刊本的一五二一首最接近邵雍長子邵伯溫所編定擊壤集的原貌（其中有二首詩重出，實際上只見邵雍詩作一五一九首）大陸本的全宋詩保留宋詩最多，共一五四一首。至於曾與邵雍唱酬的詩有司馬光、富弼、程顥、呂公著、王勝之、張載等十數人的作品，共六十六首，歷經近千年，一直保存原樣。現在觀察《擊壤集》作品絕大多數係邵雍晚年的結集，少年中年之作肯定有不少散佚，甚或係邵氏自行毀去者，所以邵雍詩作，自是不僅一五一九首。然而，最早的《伊川擊壤集》畢竟只存這些詩數而已。邵雍自云的三千首詩，恐是其畢生所作大略的總數，而楊時《龜山語錄》所稱集外之詩，因已散佚，恐待我輩輯佚整理或多少可得一些，如欲恢復三千首的舊觀，自是不能。

【附註】

註一：見《標點善本題跋集錄》下冊別集類，頁四九五。國立中央圖書館編印。

註二：見《擊壤集》卷十七擊壤吟「擊壤三千首，行窩二十家」。

註三：本卷因係抄配，所缺九詩是司馬光的作品，故懷疑抄者以爲非邵雍作品而未錄，但是原刊本應有此九首詩。今查中央圖書館善本編號一〇〇八一《擊壤集南宋建本補配元刊本》的卷十係南末時期刊本，而且這九首詩皆存，則不待推知便確證南宋原刊是有的。

註四：所謂〈思義吟〉實是〈恩義吟〉的誤刻。

註五：參見中央圖書館善本編號一〇〇八一擊壤集南宋建本補配元刊本，其十四卷是末本，在〈義利吟〉與〈思義吟〉之〈間有天時吟〉可為證明。

註六：前述擊壤集南宋建本補配元刊本此處作〈得一吟〉，而本卷因係配補明初仿宋刊本，則可見元刊本及明初仿宋刊本在刻書時已逐漸改變南宋刊本的內容，然此種改變有時並不完全正確。

註七：卷十已有〈太平吟〉一首，內容與這首不同；以內容而論，詩題作〈年老吟〉較正確。

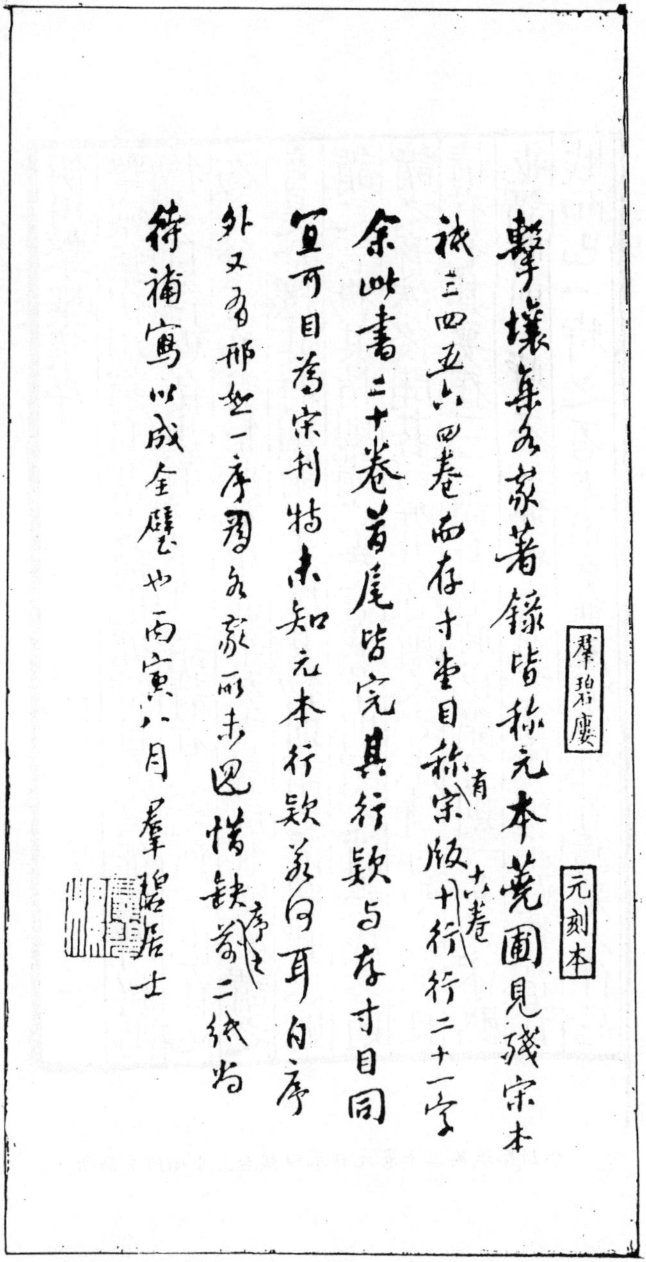

擊壤集各家著錄皆稱元本蕘圃見殘宋本
祇三四五六四卷而存寸葉目稱有宋版十六卷十行行二十一字
余此書二十卷首尾皆完其行款與存寸目同
宜可目為宋刊特未知元本行款若何耳自序
外又有邢恕一序為各家所未見惜缺前序之二紙尚
待補寫以成全璧也丙寅六月 羣碧居士

伊川擊壤集二十卷元刊本現藏台北中研院史語所

伊川擊壤集序

擊壤集伊川翁自樂之詩也非唯自樂又能樂時與萬物之自得也伊川翁曰子夏謂詩者志之所之也在心為志發言為詩情動於中而形於言聲成其文而謂之音是知懷其時則謂之志感其物則謂之情發其志則謂之言揚其情則謂之聲言成章則謂之詩聲成文則謂之音然後聞其詩聽其音則人之志情可知之矣且情有七其要在二二謂身也時也謂身則一身之休慼也謂時則一時否泰也一身之休慼則不過貧富貴賤而已一時之否泰則在夫興廢治亂者焉是以仲尼



伊川擊壤集二十卷元刊本現藏台北中研院史語所

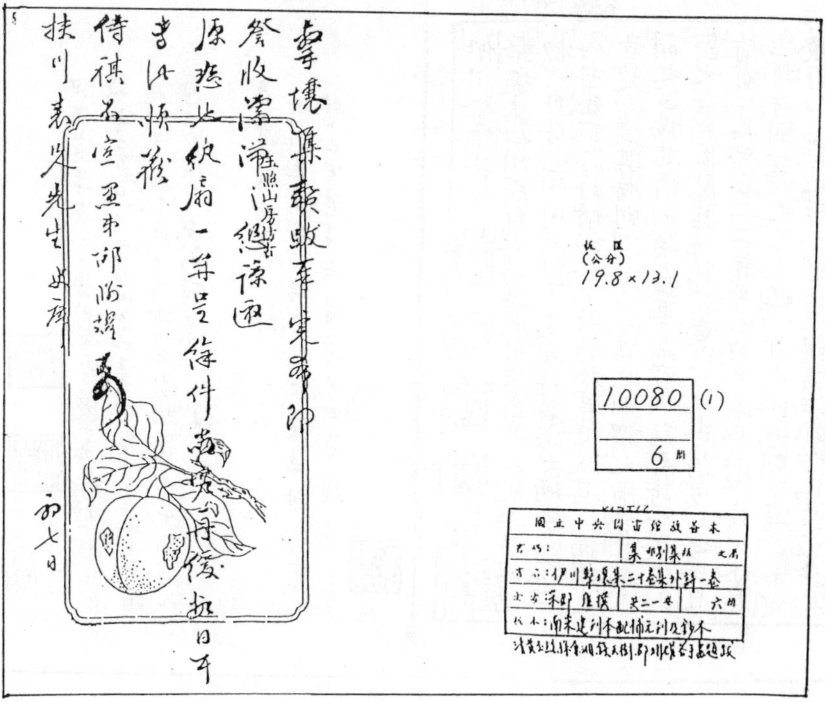


南宋建刊本配補元刊及鈔本
首尾附諸多板本學家題跋
台北國家圖書館館藏

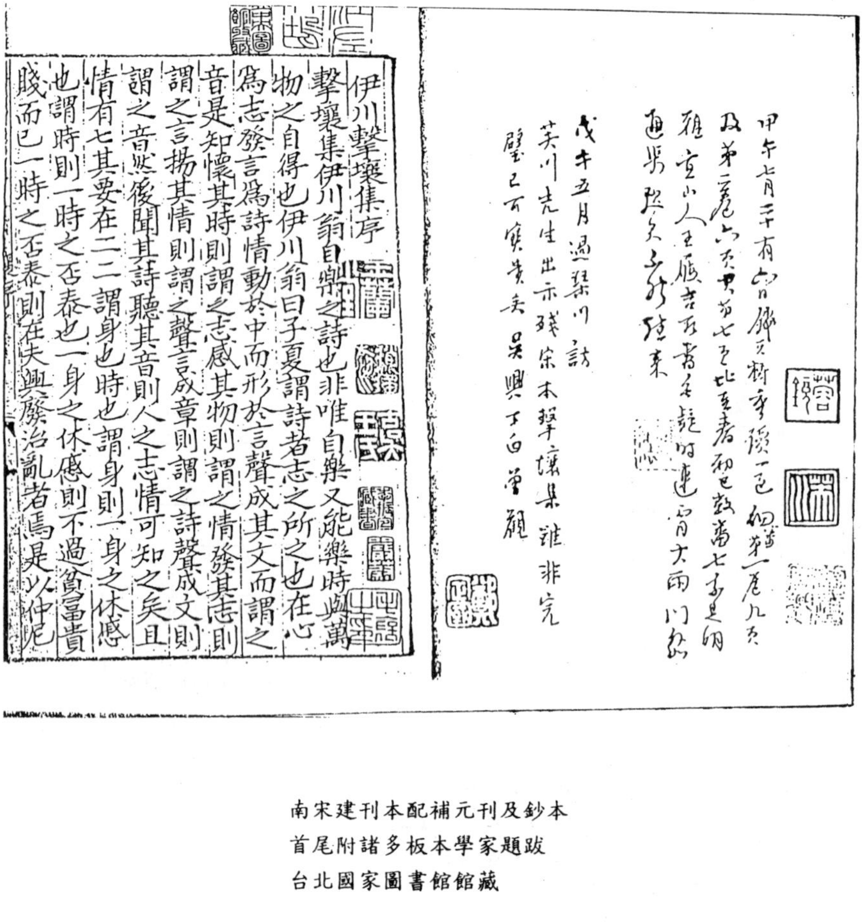

伊川擊壤集序

擊壤集伊川翁自樂之詩也非唯自樂又能樂時與萬物之自得也伊川翁曰子夏謂詩者志之所之也在心爲志發言爲詩情動於中而形於言聲成其文而謂之音是知懷其時則謂之志感其物則謂之情發其志則謂之言揚其情則謂之聲言成章則謂之詩聲成文則謂之音然後聞其詩聽其音則人之志情可知之矣且情有七其要在二二謂身也時也謂身則一身之休慼也謂時則一時之否泰也一身之休慼則不過貧富貴賤而已一時之否泰則在夫興廢治亂者焉是以仲尼

戊午五月過琹川訪
芙川先生出示殘宋本擊壤集雖非完
璧已可寶貴矣　吳興丁白曾觀

南宋建刊本配補元刊及鈔本
首尾附諸多板本學家題跋
台北國家圖書館館藏

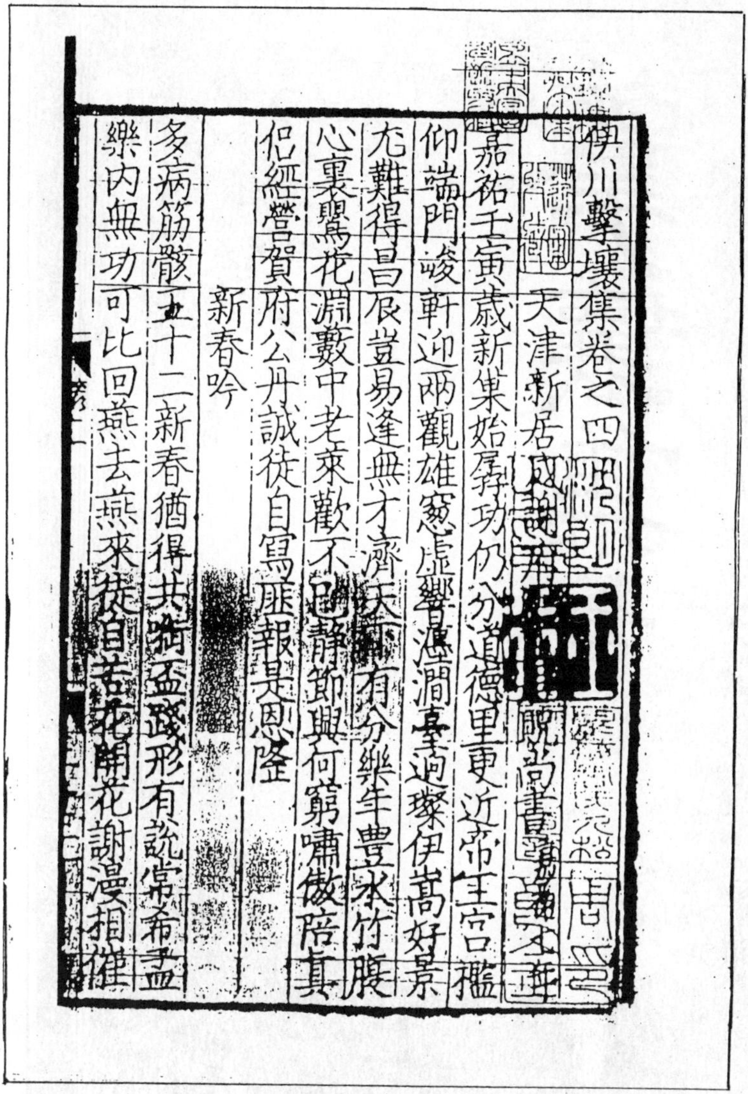

伊川擊壤集卷之四

天津新居成謝府尹王君貺尚書

嘉祐壬寅歲新巢始庰功仍分道德里更近帝王宮檻仰端門峻軒迎兩觀雄窻虛響瀍澗亭逈瞰伊嵩好景尤難得昌辰豈易逢無才濟天下有分樂年豐水竹腰心裏鶯花淵藪中老來歡不已靜節興何窮嘯傲陪真侶經營賀府公丹誠徒自寫厖報是恩隆

新春吟

多病筋骸五十二新春猶得共觴盃賤形有說常希盡樂內無功可比回燕去燕來徒自若花開花謝漫相催

南宋建刊本配補元刊及鈔本

台北國家圖書館藏

缺卷一至卷三存十七卷集外詩一卷

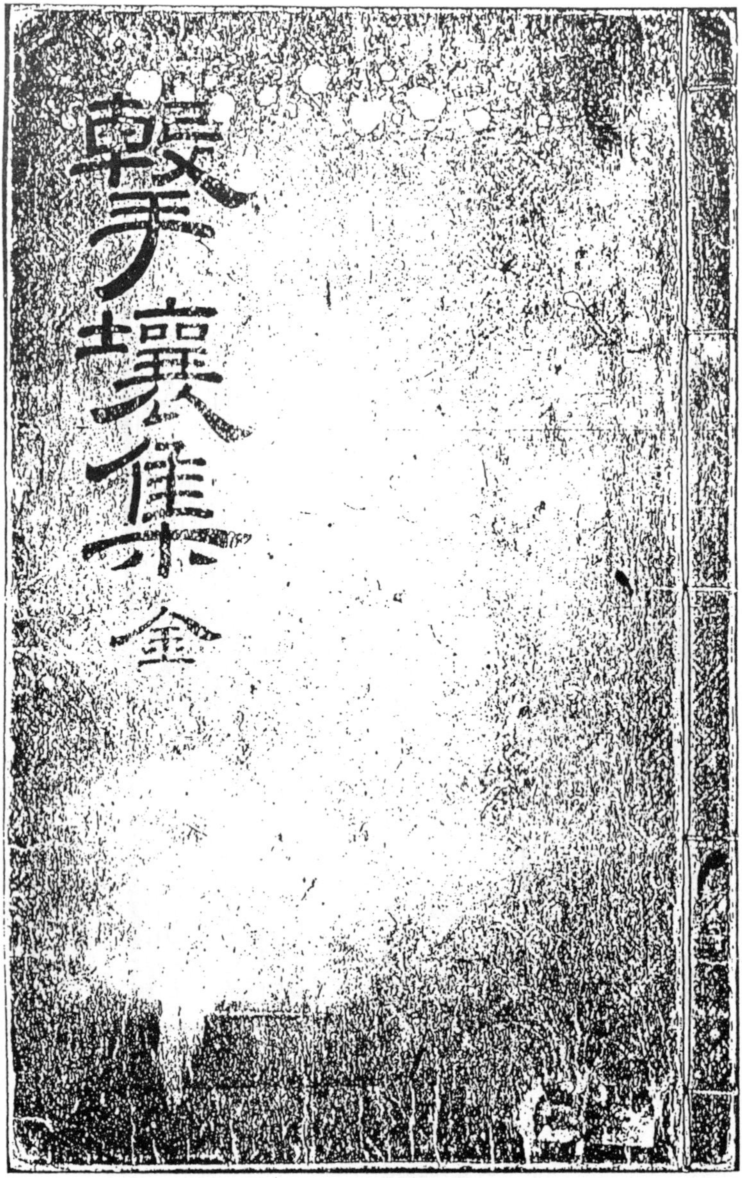


朝鮮舊刊本二十卷集外詩一卷
台北國家圖書館館藏

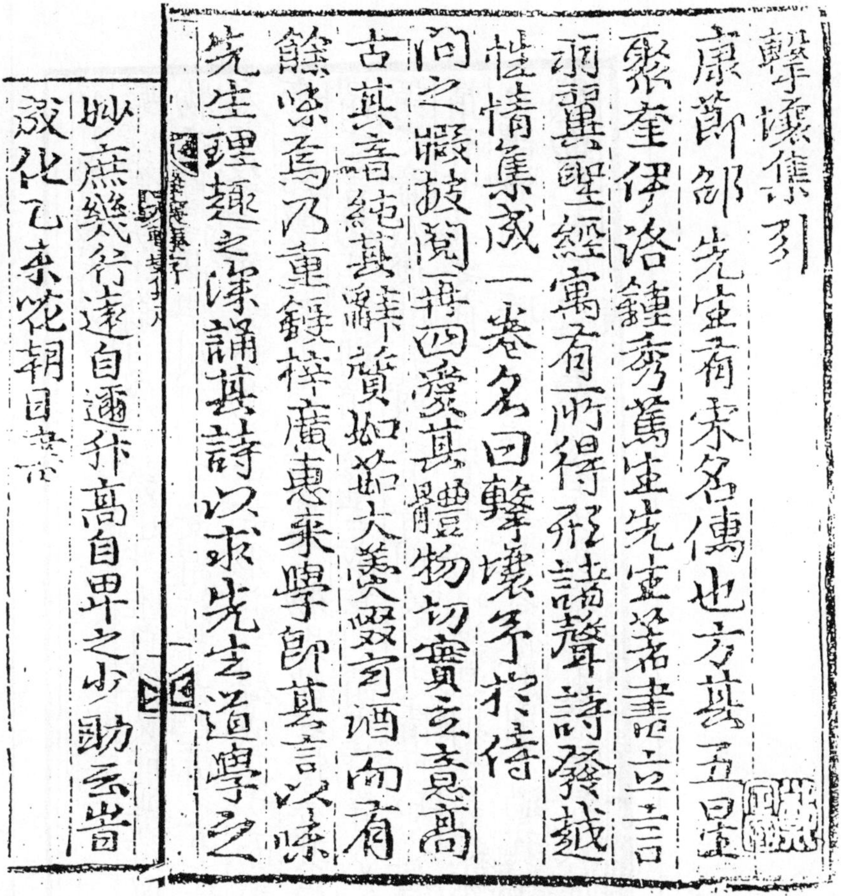

擊壤集引

康節邵先生有宋名儒也方其五星

聚奎伊洛鍾秀篤生先生著書立言

羽翼聖經寓有所得形諸聲詩發越

性情集成一卷名曰擊壤予於侍

問之暇披閱再四愛其體物切實立意高

古其音純其辭質如茹大羹啜玄酒而有

餘味焉乃重鋟梓廣惠來學卽其言以味

先生理趣之深誦其詩以求先生道學之

妙庶幾行遠自邇升高自卑之助云耳

成化乙未花朝日書

朝鮮舊刊本首列擊壤集引與成化本相同

伊川擊壤集序

擊壤集伊川翁自樂之詩也非唯自樂又能樂時與萬物之自得也伊川翁曰子夏謂詩者志之所之也在心爲志發言爲詩情動於中而形於言聲成其文而謂之音是知懷其時則謂之志感其物則謂之情發其志則謂之言揚其情則謂之聲言成章則謂之詩聲成文則謂之音然後聞其詩聽其音則人之志情可知之矣且情有七其要在二二謂身也時也謂身則一身之休慼也謂時則一時之否泰也一身之休慼則不過貧富貴賤而已一時之否泰則在夫興廢治亂者焉是以仲尼

南宋建刊二十一卷本　序

台北國家圖書館館藏

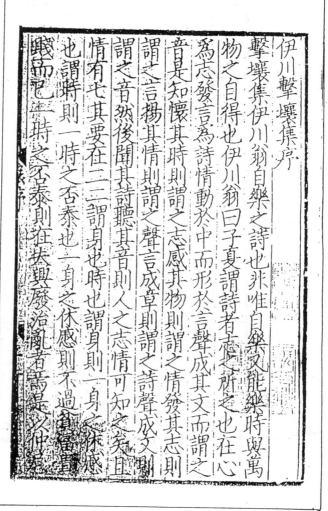

康節先生伊川擊壤集後序

聖人不作而士溺於成俗忽不自知日入於卑近有能
奮然拔起追古人於數千百年之上獨與之爲徒者傳
所謂豪傑之士康節先生是已先生之學以先天地爲宗
以皇極經世爲業揭而爲圖萃而成書其論世尚友乃
直以堯舜之事而爲之師其發爲文章者盖特先生之
遺餘至其形於詠歌聲而成詩者則又其文章之餘分
德人之言襟於中而著於外故其所撫者近而所託者
遠爲體小而推類大其始感發於性情之間乃若自其
生天下無事飽而食寒而衣不知帝力之何有於我闕

南宋建刊二十一卷本後序

台北國家圖書館館藏

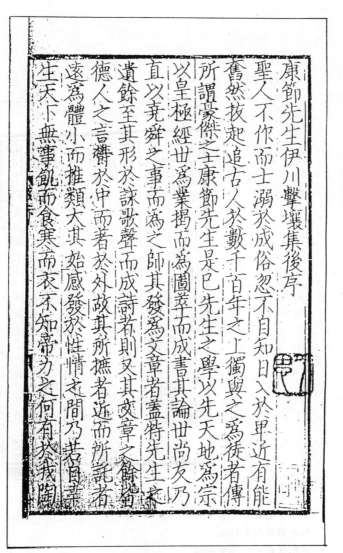

命及存歿賻恤贈謚無一或闕愈久而愈光者先生
人而已恕嘗從先生學而奉親從仕南北未之卒業然
於講聞其文章而次第其本末則或能之其子伯溫裒
類先生之詩凡若干篇先生固嘗自為序矣又屬恕以
系其後義可辭乎
元祐六年辛未夏六月
十有三日原武邢恕序
此藉後序久佚成化本有之每半葉十行行二十
一字猶未變宋刊行格辛酉九秋印據畢亨刊
本補錄於後　愛日館主曉霞父識

按此為元槧本英氏邵亭書目載昭文張氏藏
有元槧本即此本也又攷明成化乙未畢亨刊本
每半葉九行行十八字乃亨尹應天時所梓後以副
都御史致仕即取此版回洛末有庚子亨自跋稱
此集乃先生隱洛時所著置之於洛以為先生故物
郡守桂林劉公尚文既刱建安樂窩書院亨因以
此版授之其間殘缺者劉公洗補之為全集云據亨
自跋是洛陽書院藏版印修補非刊之殘缺者其
非另有刊本明甚今按成化本與此元槧所不同者
有三一卷口無壞上壞下字二葉數鐫於下魚尾

伊川擊壤集二十卷集外詩一卷
明初仿宋刊十行本
尾附徐鈞、徐鴻寶手跋

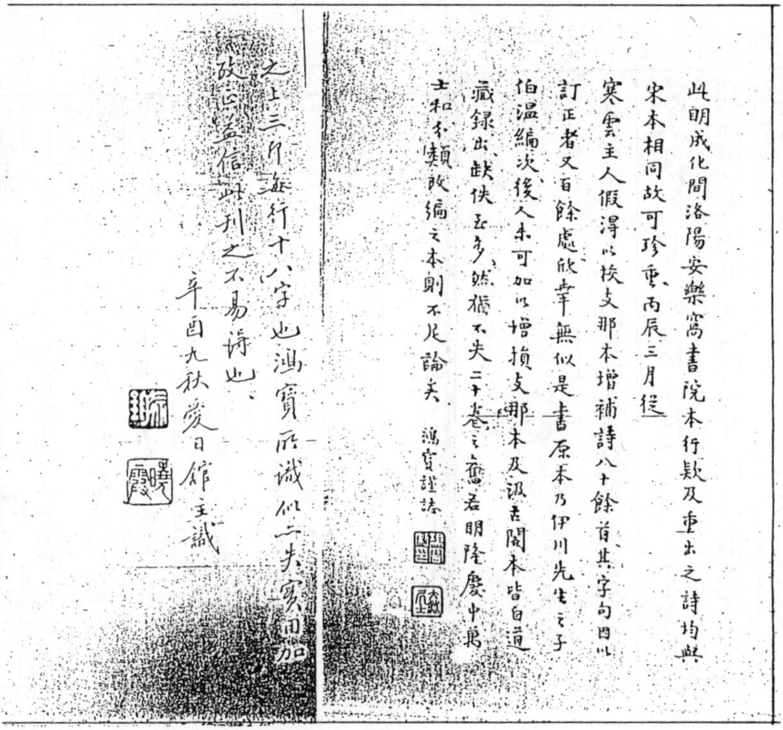
此明成化間洛陽安樂窩書院本行款及重出之詩均與
宋本相同故可珍重、丙辰三月徑
寒雲主人假得以校支那本增補詩八十餘首、其字句因以
訂正者又百餘處欣幸無似是書原本乃伊川先生之子
伯溫編次後人未可加以增損支那本及汲古閣本皆自道
藏錄出、缺佚丕多、然猶不失二十卷之舊若明隆慶中畢
亨和所類故編之本則不足論矣　鴻寶謹誌
之上三行每行十八字也鴻寶所識似亦失實因加
改正以益信此刊之不易得也
辛酉九秋愛日館主識

伊川擊壤集二十卷集外詩一卷
明初仿宋刊十行本
附近人徐鈞、徐鴻寶手跋

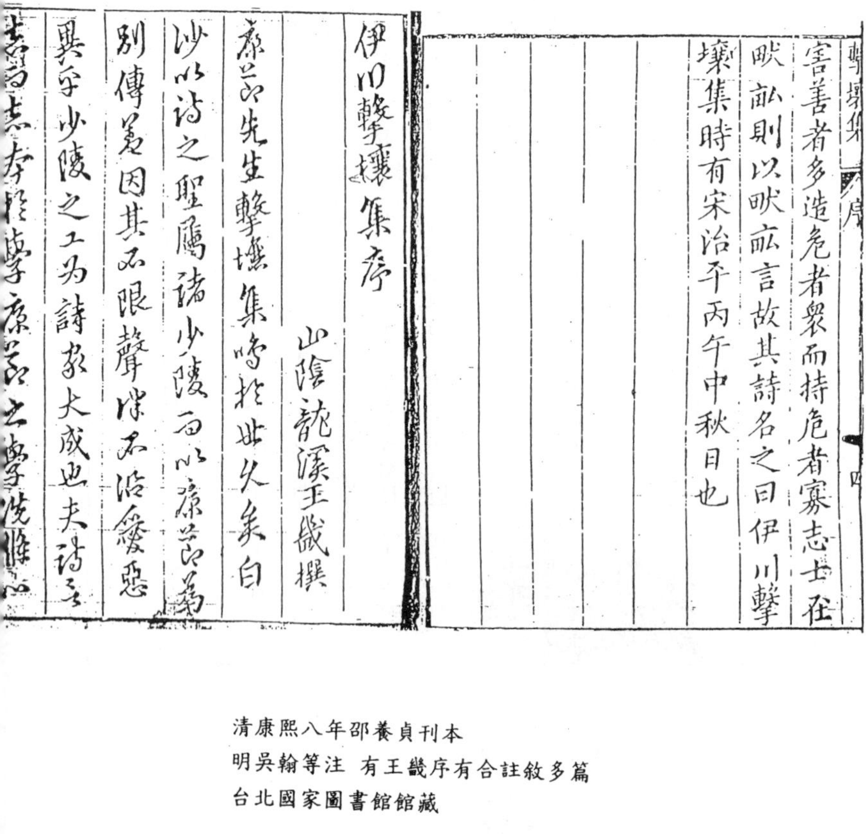

擊壤集 序 四

害善者多造危者衆而持危者寡志士在
畎畒則以畎畒言故其詩名之曰伊川擊
壤集時有宋治平丙午中秋日也

伊川擊壤集序
山陰龍溪王畿撰
康節先生擊壤集鳴於世久矣白
沙以詩之聖稱諸少陵而以康節為
別傳蓋因其不限聲律不沿愛惡
異乎少陵之工為詩家大成也夫詩之
者為志本於道學康節之學從悟入

清康熙八年邵養貞刊本
明吳翰等注 有王畿序有合註敘多篇
台北國家圖書館館藏

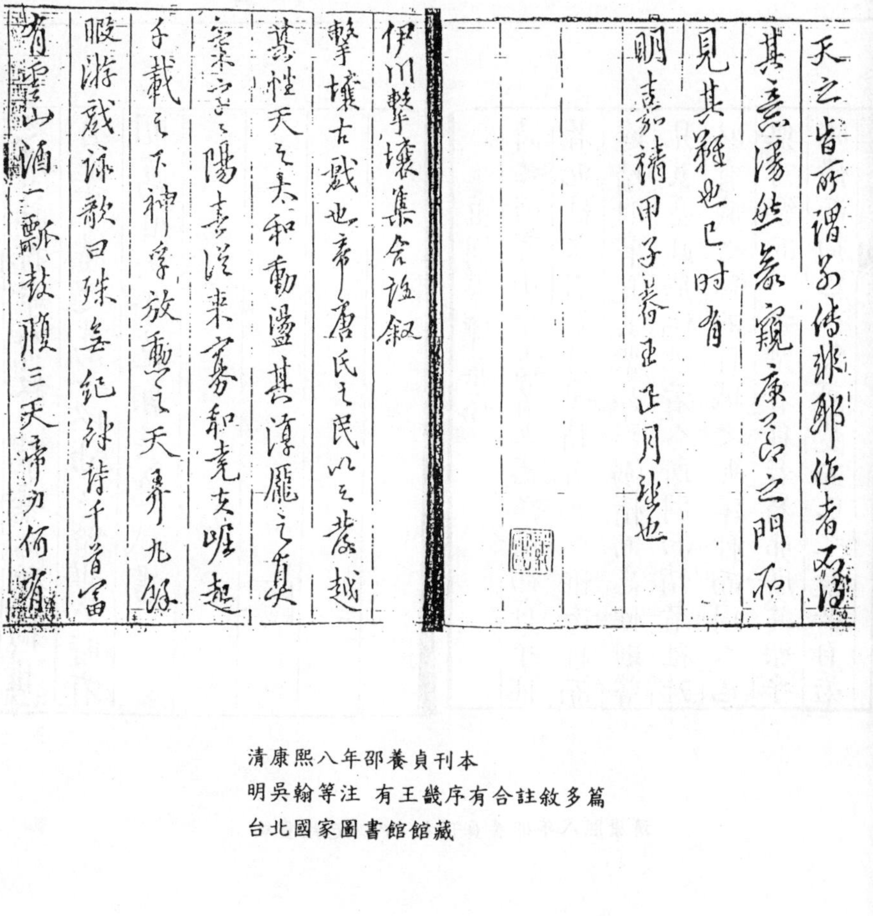

伊川擊壤集合註叙

清康熙八年邵養貞刊本
明吳翰等注　有王畿序有合註敘多篇
台北國家圖書館館藏

之增註特命余叙〻擊壤名〻竊其
自樂〻時之萬一以油〻偕世云時有
明萬曆丙午花朝吳應試書

重刻擊壤集序

詩之所言由乎志者也志之所向貞乎性者也性之所發見乎情者也人惟率性而達情則嘗見其樂如或溺情而忘性則嘗見其憂此無他性者人所同而情者往往以有我之私而自域之也率性而同人已無可樂而人之樂者自若曷弗廣其樂乎縱情而狥已人無可憂而已之憂者自若

清康熙八年邵養貞刊本　內容已經重編

康熙八年十月洛陽令秀水後學吳源起拜手撰

宋邵康節先生伊川擊壤集卷之一

明　江東吳　瀚　摘註

吳　泰　增註

吳元維　校閱

乾坤吟

用九見羣龍首能出庶物用六利永貞因乾以為利陽陰從四象以九成遂為三十六四象以六成遂為二十四如何九與六能盡人間事

陰陽吟

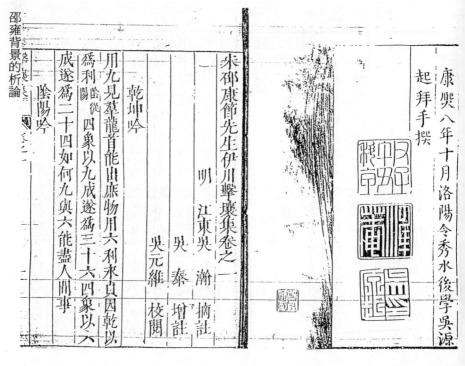

清康熙八年邵養貞刊本　內容已經重編

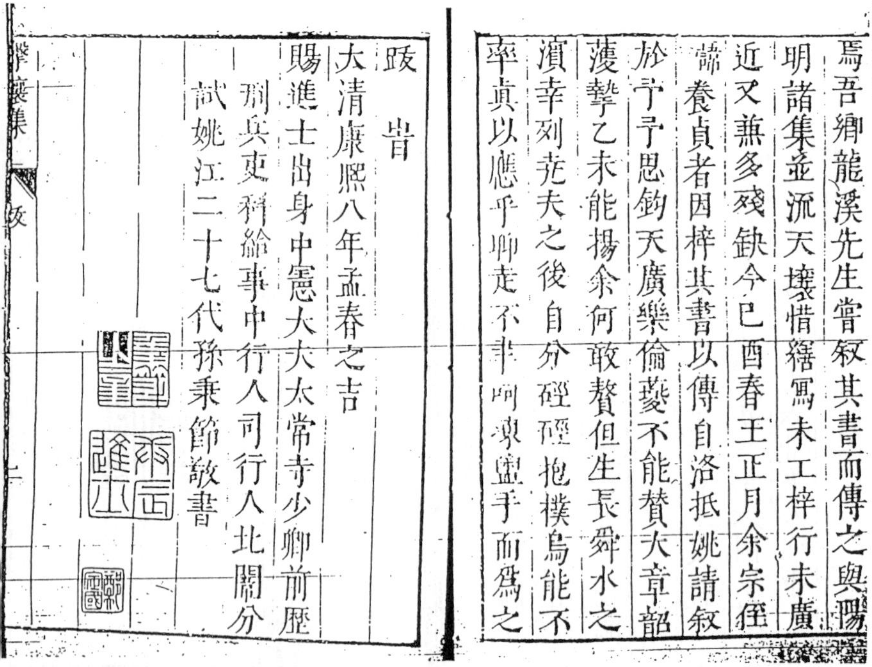

焉吾鄉龍溪先生嘗敘其書而傳之與陽
明諸集並流天壤惜繕寫未工梓行未廣
近又兼多殘缺今己酉春王正月余宗侄
諱養貞者因梓其書以傳自洛抵姚請敘
於予予思鈞天廣樂倫夔不能贊大章韶
濩摯乙未能揚余何敢贅但生長舜水之
濱幸列莊夫之後自分硜硜抱樸烏能不
率真以應乎聊走不非向漱盥手而爲之

跋　旹
大清康熙八年孟春之吉
賜進士出身中憲大夫太常寺少卿前歷
刑兵吏科給事中行人司行人北關分
試姚江二十七代孫秉節敬書

擊壤集　跋　二

清康熙八年邵養貞刊本有多篇後跋
台北國家圖書館館藏

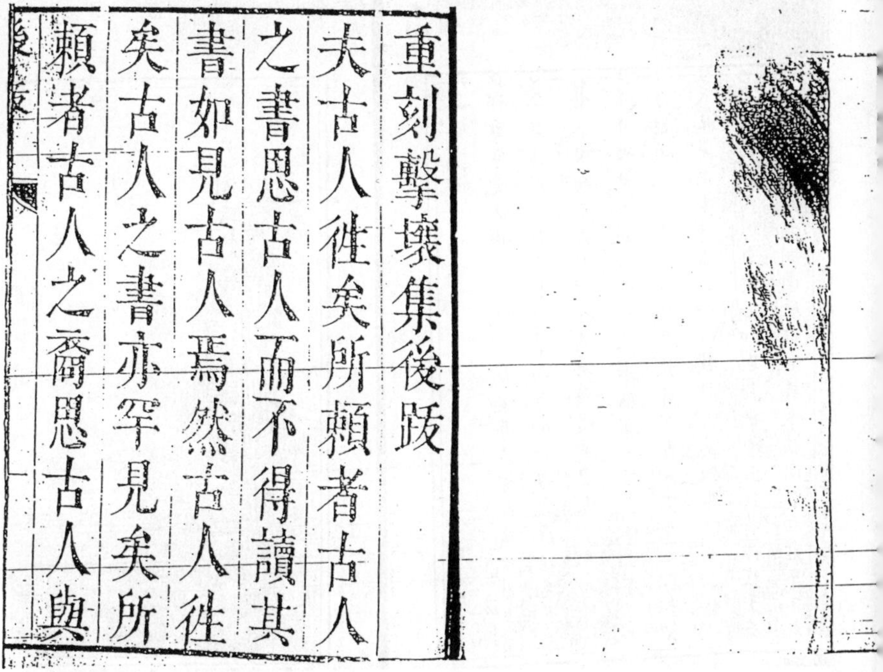

重刻擊壤集後跋
夫古人徃矣所賴者古人
之書思古人而不得讀其
書如見古人焉然古人徃
矣古人之書亦罕見矣所
賴者古人之裔思古人與

清康熙八年邵養貞刊本有多篇後跋
台北國家圖書館館藏

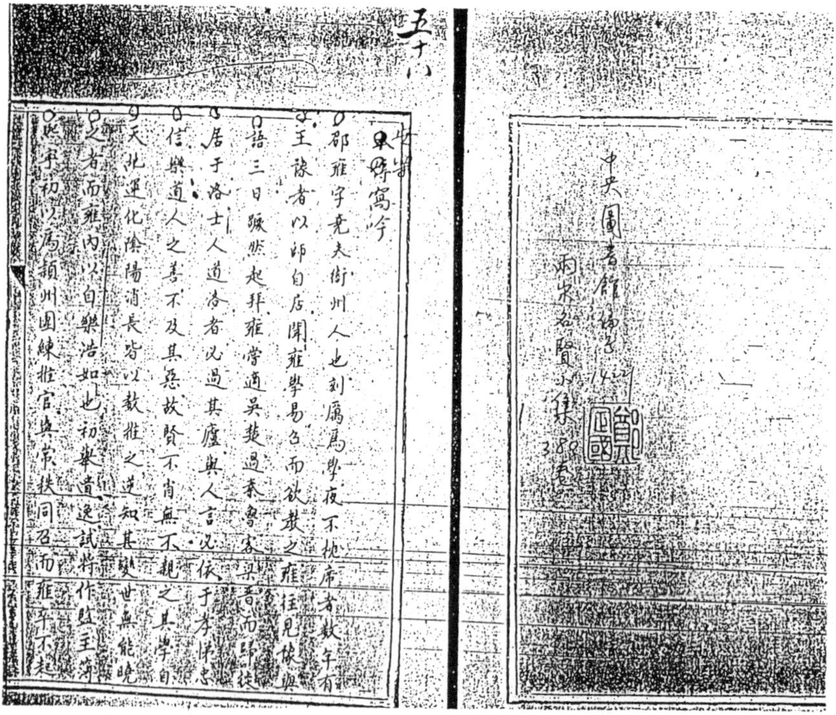

五十八

安樂窩吟

邵雍字堯夫衛州人也刻厲為學夜不就席者數年有
王豫者以師自居聞雍學易名而欲教之雍往見豫與
語三日豫然起拜雍嘗適吳楚過齊魯客梁晉而歸於
居于洛士人道洛者必過其廬與人言必依于孝悌忠
信樂道人之善不及其惡故賢不肖無不親之其學自
天地運化陰陽消長皆以數推之逆知其變世無能曉
之者而雍內以自樂浩如也初舉遺逸試將作監主簿
熙寧初以為潁州團練推官與常秩同召而雍辛不起

中央圖書館 編號 14
兩宋名賢小集 388卷

兩宋名賢小集中之〈安樂窩吟〉一卷　手鈔有兩種
本卷六十二詩完整無缺
台北國家圖書館館藏

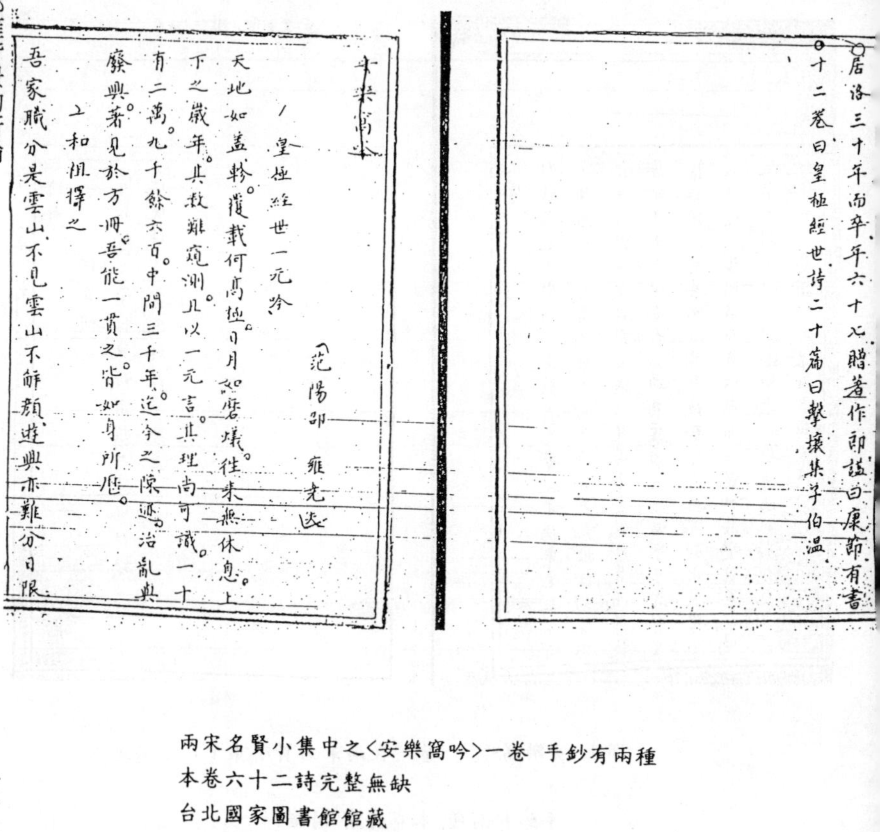

○居洛三十年而卒年六十七贈著作郎諡曰康節有書
○十二卷曰皇極經世詩二十篇曰擊壤集子伯溫

安樂窩

1 皇極經世一元吟

范陽邵雍堯夫

天地如蓋軫。覆載何高極。日月如磨蟻。往來無休息。上下之歲年。其數難窺測。且以一元言。其理尚可識。一十有二萬。九千餘六百。中間三千年。迄今之陳迹。治亂與廢興。著見於方冊。吾能一貫之。皆如身所歷。

2 和相擇之

吾家職分是雲山不見雲山不解顏遊興亦難分日限

兩宋名賢小集中之〈安樂窩吟〉一卷 手鈔有兩種
本卷六十二詩完整無缺
台北國家圖書館館藏

詩前

銅雀研

得自銅雀臺妝曉簇角堆四方依琉璃一片青
玟瑰煉盡沙石滓陶成金玉胚

本傳

邵雍字堯夫衛州人也刻厲為學夜不就席者數年有
王豫者以師自居聞雍學易名而欲教之雍往見豫與
語三日蹶然起拜雍嘗適吳楚過齊魯客梁晉而歸徙
居于洛士人道洛者必過其廬與人言必依于孝悌忠
信樂道人之善不及其惡故賢不肖無不親之其學自
天地運化陰陽消長皆以數推之逆知其變世無能曉
之者而雍內以自樂浩如也初舉遺逸試將作監主簿
[illegible]初以為潁州團練推官與常秩同[illegible]

邵雍〈安樂窩吟〉一卷　在兩宋名賢小集中

手鈔有兩種，本卷存詩44首

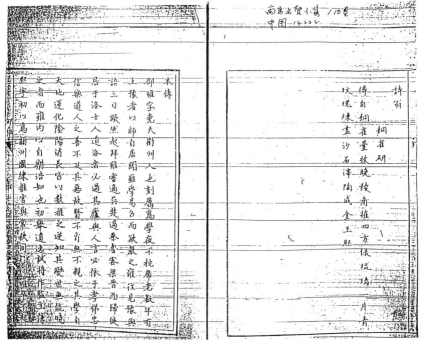

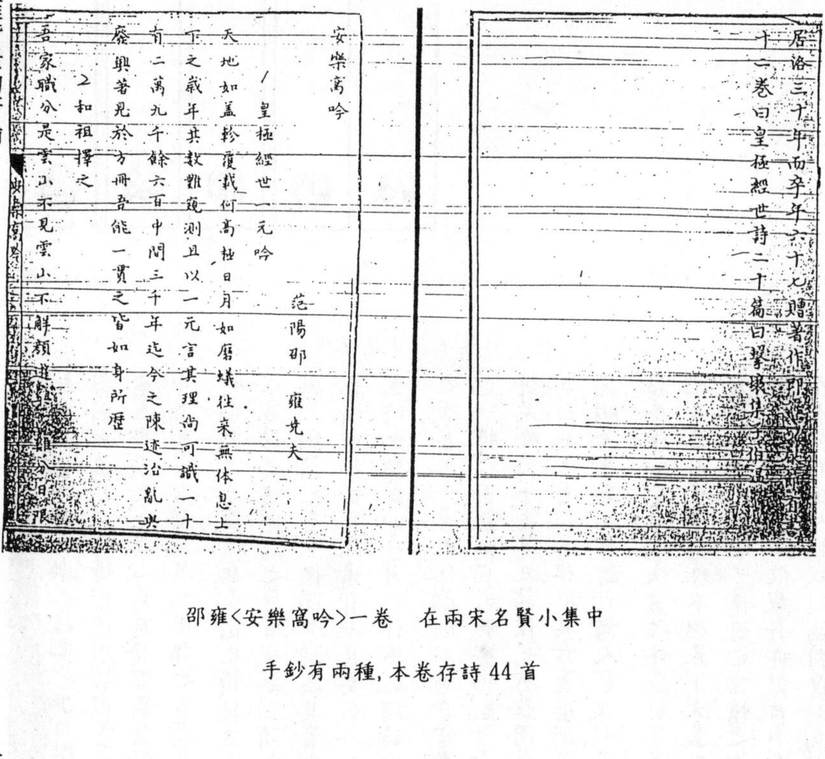
居洛三十年丙辛年六十七贈著作郎
十二卷曰皇極經世詩二十篇曰擊壤集

安樂窩吟
范陽邵雍堯夫
皇極經世一元吟
天地如蓋軫覆載何高極日月如磨蟻往來無休息上
下之歲年其數難窺測且以一元言其理尚可識一十
有二萬九千餘六百中間三千年迄今之陳迹治亂與
廢興著見於方冊吾能一貫之皆如身所歷
之和祖擇之
吾家職分是雲山不見雲山不解顏

邵雍〈安樂窩吟〉一卷　在兩宋名賢小集中

手鈔有兩種，本卷存詩44首

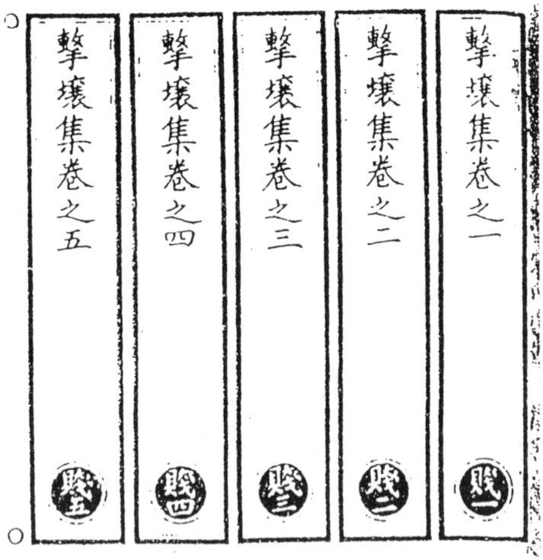


伊川擊壤集序

擊壤集伊川翁自樂之詩也非唯自樂又能樂時與萬物之自得也伊川翁曰子夏謂詩者志之所之也在心爲志發言爲詩情動於中而形於言聲成其文而謂之音是知懷其時則謂之志感其物則謂之情發其志則謂之言揚其情則謂之聲言成章則謂之詩聲成文則謂之音然後聞其詩聽其音則人之志情可知之矣且情有七其要在二二謂身也時也謂身則一身之休慼也謂時則一時之否泰也一身之休慼則不過貧富貴賤而已一時之否泰則在夫興廢治亂者焉是以仲尼刪詩十去其九諸侯千有餘國風取十五西周十有二王雅取其六蓋垂訓之道善惡明著者存焉耳近世詩人窮慼則職于怨憝榮達則專于淫泆身之休慼發于喜怒時之否泰出于愛惡殊不以天下大義而爲言者故其詩大率溺于情好也噫情之溺人也甚于水古者謂水能載舟亦能覆舟是覆載在水也不在人也載則爲利覆則爲害是利

伊川擊壤集　序　第一

道藏本二十卷無集外詩

# 第三章　邵雍家世及年譜

## 第一節　邵雍的家世

邵雍既無顯赫的官職，又係寒門出身，所以就現在資料欲探究雍之家世十分艱難。另外雍的學問行事，頗類似北宋初年易學神祕人物陳摶，更使得雍之家世陷於撲朔迷離之景況。再說，理學是宋代之學術主流，易學則不見得是當代學術主流。就易學而言，研究易理有程顥、程頤、張載、朱熹等學者，研究易數、易圖的，僅有陳摶、种放、穆修、李之才這一條傳承，前者尙稱非學術主流中的主流，後者則爲澈底的非主流，其不受重視，理所當然。若非邵雍爲人豁達、處事圓融、性情平和，所交多有官場卿相大吏，則就一介平民出身的學者而言，欲名重當世，垂芳百代，絕對不容易。

### 一、諸史典籍所載的邵雍家世

邵雍字堯夫，其先范陽。父古徙衡漳，又徙共城。雍年三十，游河南。葬其親伊水上，遂爲河南人。…熙寧十年卒，年六十七，贈秘書省著作郎。元祐中賜謚康節。…子伯溫，別有傳。（《宋史列傳》

一百八十六卷）

邵雍字堯夫，河南人。始為學，即堅苦刻厲，寒不爐，暑不扇，夜不就席者數年。已而歎曰：「昔人尚友於古，吾獨未及四方，於是踰河汾，涉淮漢，周流齊魯宋鄭之墟，久之，幡然來歸，曰：道在是矣。」……雍歲時耕稼，僅給衣食，名其居曰安樂窩，自號安樂先生。……雍德氣粹然，望之知其賢，群居燕笑不為甚異，未嘗談人之短，有就問學則答之，未嘗強語。……卒年六十七。贈祕書省著作郎。元祐中，諡康節。程顥初侍其父，識雍，退而歎曰：「堯夫內聖外王之學也」。雍知慮絕人，遇事能前知。……顥銘其墓，謂：「純一不雜，就其所至，可謂安且成矣。」著書曰：皇極經世，觀物內外篇，漁樵問對，詩曰伊川擊壤集。（《宋史新編》，卷一百六十一）

邵伯溫字子文，洛陽人，康節處士雍之子也。雍名重一時，如司馬光、韓維、呂公著、程頤兄弟皆交其門。伯溫入聞父教，出則事司馬光等，而光等亦屈名位輩行，與伯溫為再世交，故所聞日博，而尤熟當世之務。光入相，嘗欲薦伯溫，未果而薨。後以河南尹與部使者薦，特授大名府助教，調潞州長子縣尉。……紹聖初，章惇為相。……惇論及康節之學，曰：「嗟乎，吾於先生不能卒業也。」伯溫曰：「先君先天之學，論天地萬物未有不盡者。」……紹興四年，卒，年七十八。初，邵雍嘗曰：「世行亂，蜀安，可避居。」及宣和末，伯溫載家使蜀，故免於難。……趙鼎少從伯溫游，及當相，乞行追錄，始贈祕閣修撰，嘗表伯溫之墓曰：「以學行起元祐，以名節居紹聖，以言廢於崇寧。」世以此三語盡伯溫出處云。（《宋史列傳》第一百九十二卷）

伯溫字子文。父雍與司馬光、韓維、呂公著、程頤兄弟爲友。伯溫入聞庭訓，出則事光等。…紹興四年卒，年七十八。…所著又有辨惑，河南集，聞見錄，皇極系述，皇極經世序，觀物內外篇解等書。(《宋史新編》，卷一百六十一)

## 二、輯佚資料所載的邵雍家世

曾祖母張夫人遇祖母李夫人嚴甚，夫人不能堪，一夕欲自盡，夢神人令以玉筯食羹一杯告曰：無自盡，當生佳兒。…及期生康節公，同墮一死胎，女也。(陳繼儒輯《邵康節先生外紀》卷一)

…康節初生，髮被面，有齒能呼母。七歲戲於庭，蟻穴中豁然別見天日，雲氣往來。久之，以告夫人。夫人至所見，禁勿言。既長，遊學晉州，山路馬失，同墮深澗中……公無所傷，惟壞一帽。熙寧十六年，公年六十七矣。夏六月屬微疾…曰：千秋萬歲吾神往矣…。(陳繼儒輯《邵康節先生外紀》卷一)

先生年踰四十不娶…子發曰：「某同學生王允脩頗樂善，有妹甚賢，似足以當先生。穆之曰：先生欲婚則某備聘，令子發與王允脩言之。康節逐娶先夫人，後二年伯溫始生。故康節有詩云：「我今行年四十七，生男方始爲人父…」(《邵康節先生外紀》卷一)

康節先公慶曆間過洛館於水北湯氏。愛其山水風俗之美，始有卜築之意。至皇祐元年，自衛州共城奉大父伊川丈人遷居焉。…初寓天宮寺…洛人爲買宅於履道坊西，天慶觀東…嘉祐七年王宣徽尹洛，就天宮寺西天津橋南，五代節度使安審琦宅故基，以郭崇韜廢宅餘財爲屋三十間，請康節遷之。伯溫之叔父諱睦，後祖母楊氏夫人出也，少康節二十餘歲，力學孝謹，事康節如父。熙寧元年四月八日暴卒，年三十三。康節先公哭之慟。既卒，理其故書，得叔父所作重九詩云：「衣如當日白，花似昔年黃，擬問東籬事，人生定杳茫」。及死，殯後圃東籬下。噫！人之死生，是果前定矣。（《邵康節先生外紀》卷二）

綜合上述資料，我們彙整〈邵雍親屬表〉一種，附錄於書末，可明其族非繁而家世單純也。

## 第二節　邵雍的年譜

邵雍行誼近千年以來沒有年譜，王德毅〈中國歷代名人年譜總目〉說：「《邵康節先生年譜》一卷，不著撰人，《康節外集》附刊。」此說不正確，因無《康節外集》一書。經尋得明朝陳繼儒所輯《邵康節先生外紀》卷四附有邵堯夫和其子邵伯溫傳，僅一篇小文，記載既不詳盡，又多抄自宋史道學傳，真無可稱述之處。李師殿魁撰〈邵雍年表〉數頁，雖有可觀，然缺漏仍夥。今就諸書彙整，新編年譜，除細載時事、生活、作品外，若仍有可述者列於備考，當可使讀年譜者心會意領，而知其人其事其行誼。

## 宋真宗祥符四年辛亥（公元一〇一一）一歲

【時事】

五月，京兆旱，詔賑之。秋七月壬午，鎮、眉、昌等州地震。己丑，詔先蠲濱、棣州水災，田租十之三，今所輸七分，更除其半。七月，江、洪、筠、袁江漲，沒民田。

去年冬契丹伐高麗，焚開京宮室府庫而還。自是用兵連歲始罷（《宋史紀事本末》卷二十一，鼎文本一四八頁）

【生活】

辛亥年十二月二十五日邵雍出生（註一），出生地河北范陽（宋河北涿州）。公初生，髮被面，有齒，能呼母。（《邵康節先生外紀》卷一）

邵雍母李夫人，生雍之時，同墮一女性死胎。（《聞見前錄》卷十八）

邵雍之先人系出邵公，故世爲燕人，曾祖父邵令進，以軍職事宋太祖，始家衡漳。邵雍之祖父邵德新，父邵古皆隱德不仕。（註二）

【備考】

富弼今年七歲。弼生於公元一〇〇四年，今年宋與契丹訂定澶淵之盟。

王尚恭今年五歲。

范仲淹今年二十三歲。梅堯臣今年九歲，歐陽修今年四歲。

呂蒙正薨。

祖無擇與雍年齒同庚，而略長二十七日（〈代書戲祖龍圖〉卷十）。

## 宋真宗祥符五年壬子（公元一〇一二）二歲

【時事】

正月，河決棣州。二月，詔官吏安撫濱、棣被水農民。五月，江淮、兩浙旱，給占城稻種，教民種之。

京城、河北、淮南饑，減直糶穀，以濟流民。

遼聖宗改元開泰。

王欽若，陳堯叟並爲樞密使。丁謂參知政事，馬知節爲樞密副使。時，天下安。

十二月，帝立德妃劉氏爲皇后，后性警敏，帝深重之，由是漸干外政。

【生活】

邵雍幼時，家中多以忠直篤實、讀書謹禮爲家法。其父伊川丈人，尤質宜，平生不妄笑語。（《聞見前錄》卷二十）

【備考】

六月，賜杭州草澤林逋粟帛。書法家蔡襄出生。

## 宋真宗祥符六年癸丑（公元一〇一三）三歲

【時事】

春正月，司天監言五星同色。

六月，亳州官吏，父君三千三百人詣闕，請謁太淸宮。八月，詔來春親謁太淸宮。

## 宋眞宗祥符七年甲寅（公元一〇一四）四歲

【時事】

春正月，帝將如亳州，謁老子於太淸宮，升亳州爲集慶軍節度，減歲賦十之三。

【生活】

四、五歲時，邵雍乍能言，朝暮戲遊於父母前。（〈長憶乍能言〉卷十三）

## 宋眞宗祥符八年乙卯（公元一〇一五）五歲

【時事】

春正月，赦天下。夏四月，寇準爲武勝軍節度使，同平章事。王欽若、陳堯叟並爲樞密使，同平章事。

【備考】

王益柔，今年出生。

## 宋眞宗祥符九年丙辰（公元一〇一六）六歲

【時事】

三月，帝詔舉官必擇廉能。六月，京畿蝗。

## 宋眞宗天禧元年丁巳（公元一〇一七）七歲

【時事】

王欽若挾符瑞以固寵位，陰排異己者。

三月，帝以不雨禱于四海。九月，以蝗罷秋宴。是歲諸路蝗，民飢。

【生活】

邵雍七歲戲於庭，蟻穴中豁然別見天日，雲氣往來。久之，以告夫人，夫人至，無所見，禁勿言。（《邵康節先生外紀》卷一）

邵雍母李夫人病臥堂上，見月色中一女子拜庭下，泣曰：「母不察庸醫，以藥毒兒可恨。」李夫人曰：「命也」。（《聞見前錄》卷十八）

## 宋真宗天禧二年戊午（公元一〇一八）八歲

【時事】

八月，群臣請立皇太子，從之。立皇子昇王爲皇太子，大赦天下。

【備考】

呂公著今年出生。

## 宋真宗天禧三年己未（公元一〇一九）九歲

【時事】

六月，王欽若罷。以寇準同平章事，丁謂參知政事。

渭州決河，泛澶、濮、鄆、齊、徐境。是歲高麗、女真來貢。江浙及利州路飢，詔振之。

【備考】

司馬光、曾鞏今年出生。

## 宋真宗天禧四年庚申（公元一〇二〇）十歲

【時事】

六月，寇準罷相。時，帝得風疾，事多決於皇后，寇準、李迪以爲憂。

七月丙寅，以李迪同平章事，馮拯爲樞密使。庚午，以丁謂、馮拯並同平章事。

八月，以任中正、王曾並參知政事，錢惟演爲樞密副使。

是歲京西、陝西、江、淮、荆湖諸州稔。

【生活】

自述年十歲求學於里人，遂盡里人之情。（參觀《皇極經世書》〈無名公傳〉）

【備考】

張載今年出生。

## 宋真宗天禧五年辛酉（公元一〇二一）十一歲

【時事】

遼聖宗改元太平。

冬十月，霪京東、京西、淮、浙被水災民租。

【備考】

王安石今年出生。

## 宋真宗乾興元年壬戌（公元一〇二二）十二歲

【時事】

二月，真宗崩，遺詔劉后權處分軍國事。

【生活】

邵雍隨其父由河北范陽來到河南共城（註三）。共城即今之南輝縣縣治。共城西北二·五公里有蘇門山，風景秀麗，多地下水，多泉眼，故稱百泉。雍最早的安樂窩即在百泉。有云雍衛州人；衛地，指周武王少弟康叔初封於康，後封於衛之謂也。宋時河北、河南各有一部份屬之。（〈富弼和安樂窩中好打乖吟〉卷九）

邵雍幼隨父登蘇門山，顧謂雍曰：「若嘗聞孫登乎，吾所尙也。」遂卜隱山下。（《古今詩麈》邵雍條，頁三二一，廣文書局影印中央圖書館善本）

在共城，邵雍刻厲爲學，夜不就席者數年。雍詩云：「五十年來讀舊書」，當指今年雍始努力求學。（〈依韻和吳傳正寺丞見寄〉卷九）

## 宋仁宗天聖元年癸亥（公元一〇二三）十三歲

【時事】益州置交子務。

【生活】自十二、三歲至三十餘歲，雍皆刻苦勵學。

【備考】寇準卒。

宋仁宗天聖二年甲子（公元一〇二四）十四歲

【時事】十二月，契丹大閱，聲言獵幽州，朝廷患之。未幾，契丹罷去。

【備考】張先第進士。

宋仁宗天聖三年乙丑（公元一〇二五）十五歲

【時事】五月，賜隱士林逋粟帛。十月，晏殊爲樞密副使。

【備考】王若欽卒。

## 宋仁宗天聖四年丙寅（公元一〇二六）十六歲

【時事】

六月，大雨。京師平地水數尺，壞屋溺人。京東、西及河北、江淮以南，皆大水。

九月，詔孫奭、馮元舉京朝官通經術者。

## 宋仁宗天聖五年丁卯（公元一〇二七）十七歲

【時事】

春正月，晏殊罷相，以夏竦爲樞密副使。二月，命呂夷簡、夏竦修先朝國史，王曾提舉。

六月，京師大旱。百姓疫死，田穀焦槁。

【生活】

邵雍之弟子田述古生（卒於一〇九八年，年七十一）。

## 宋仁宗天聖六年戊辰（公元一〇二八）十八歲

【時事】

五月，交阯寇邊。七月，江寧府、揚、真、潤州江水溢，壞官民廬舍，遣使安撫振卹。

【生活】

初學寫大字，並學人飲酒、吟詩。（〈憶昔吟〉卷十二，註四）

邵雍之弟子楊國寶生。

【備考】
林逋卒。
宋仁宗天聖七年己巳（公元一〇二九）十九歲
【時事】
閏二月，募民入粟以振河北水災流民。
三月，復制舉六科，增高蹈立園、沉淪草澤、茂才異等科。
【生活】
邵雍早歲徒步遊學，至有所立艱哉。（《聞見前錄》卷十八，頁四）
既長，游學晉州山路。馬失，同墜深澗中。從者攀緣下尋，公無所傷，唯壞一帽。（《聞見前錄》卷十八，頁二）
邵雍少日遊學，母李夫人思之，恍惚至倒誦佛書。遂亟歸，不復出。其後李夫人捐館，邵雍哀毀甚躬。（《聞見前錄》卷十八，頁四）
宋仁宗天聖八年庚午（公元一〇三〇）二十歲
【時事】
六月，呂夷簡上新修國史。
是歲，高麗、占城、邛部川蠻來貢。

【生活】

年二十，求學於鄉人，遂盡鄉人之情。（參觀《皇極經世書》〈無名公傳〉）

邵雍於書無所不讀，獨以六經爲本，蓋得聖人之深意。平生不爲訓解之學，嘗曰：「經意自明，苦人不知耳。」（《聞見前錄》卷十九）

又十餘年，是女子（雍同胞死胎之姊妹）又來別雍生母李夫人，泣曰：「爲庸醫所誤二十年方得受生，與母緣重，故相別」。（《聞見前錄》卷十八）此釋氏輪迴之說，與李夫人信佛甚篤有關。

【備考】

李挺之，天聖八年同士出身，初爲衛州獲嘉縣主簿，權其城令，邵雍從其學易。（《宋人傳記資料索引》一〇一七頁）

沈括出生。富弼中制科。歐陽修試禮部第一。張先、石介中進士。

## 宋仁宗天聖九年辛未（公元一〇三一）二十一歲

【時事】

夏六月，契丹主遼聖宗隆緒殂，子宗真立，改元景福，號興宗。

冬十月，詔公卿大夫勵名節。閏十月，翰林侍讀學士孫奭請老，命知兗州，曲宴太清樓送之。

【生活】

邵雍生母駕返瑤池，居喪期間，自爨以養父親，並置家蘇門山下。雍獨築室百源之上，時，李成之子挺之，東方大儒也。權共城縣令，一見雍心相契，授以大學。雍益自克勵，三年不設榻，晝夜危坐以思，寫周易一部，貼屋壁間，日誦數十遍。聞汾州任先生者有易學，又往質之。挺之去為河陽司戶曹，雍亦從之。寓州學，貧甚，以飲食之油貯燈讀書，一日，有將校自京師出。戍者、見雍曰：「誰苦學如秀才者？」以紙百幅，筆十枝為獻，雍辭而後受。每舉此語，先夫人（雍妻王夫人），「吾少艱難如此，當為子孫言之。」（《聞見前錄》卷十八，頁四）

北海李之才攝共城令，聞邵雍好學，嘗造其廬，謂曰：「子亦聞物理性命之學乎？」雍對曰：「幸受教。」乃事之才，受河圖、洛書、宓義八卦六十四卦圖像。（《宋史》四二七卷）

李之才，字挺之，青社人。為人質樸，無少矯厲，師河南穆脩，……之才初為主簿，權共城令，時邵雍居母憂於蘇門山百源之上。之才扣門來訪，勞苦之曰：「好學篤志果何似？」雍曰：「簡策之外未有適也。」之才曰：「君非跡簡策者，其如物理之學何？」他日則又曰：「不有性命之學乎？」雍再拜，願受業。於是先示以陸淳春秋，意欲以春秋表儀五經，既可，語五經大旨，則授易終焉。……（明，柯維騏，《宋史新編》，卷一百六十三，李之才）

邵雍少日喜作大字，其師李挺之曰：「學書妨學道。」（《聞見前錄》卷十八，頁十五）

【備考】

吳充，今年出生。

宋仁宗明道元年壬申（公元一〇三二）二十二歲

【時事】

八月，以晏殊爲樞密副使，參知政事。仁宗十一月改元明道。

夏王趙德明卒，子元昊嗣。遼興宗改元重熙。

## 宋仁宗明道二年癸酉（公元一〇三三）二十三歲

【時事】

劉太后崩，帝始親政。

四月，召還宋綬、范仲淹。己未，呂夷簡、張耆、夏竦、陳堯佐、范雍、趙稹、晏殊皆罷。

十月，張士遜、楊崇勛罷，以呂夷簡爲門下侍郎，同中書門下平章事，昭文館大學士。

【備考】

程頤今年出生。

## 宋仁宗景祐元年甲戌（公元一〇三四）二十四歲

【時事】

春正月，發江、淮漕米振京東飢民。

七月，夏王元昊建元開運。八月，改元廣運。夏王元昊寇環慶。

【生活】

雍覃思於易，夜不設席，旦不再食，三年而學以大成。（《宋名臣言行錄外集》，卷五，《四庫全書》第

四四九冊，台灣商務本）

【備考】

柳永第進士。

宋仁宗景祐二年乙亥（公元一〇三五）二十五歲

【時事】

二月，李迪罷。以王曾爲門下侍郎，同中書門下平章事、集賢殿大學士。王隨、李諮知樞密院事，蔡齊、盛度參知政事，王德用、韓億同知樞密院事。

【生活】

共城百泉故居，有園數十畝，種桃、李、梨、杏之類，在衛州之西郊。（〈共城十吟小序〉卷二十）

邵雍父繼娶楊夫人當在今年之前，因雍弟睦生於明年。（邵雍母物化於雍年二十至二十二之間。）

宋仁宗景祐三年丙子（公元一〇三六）二十六歲

【時事】

夏王元昊，改元大慶。

五月，天章閣待制范仲淹坐譏刺大臣，落職知饒州。集賢校理余靖、館閣校勘尹洙、歐陽修並落職補外。

【生活】

邵雍曾手寫易、書、詩、春秋，字端勁，無一誤失。（邵博，《聞見後錄》卷五）

邵雍與祖無擇初相逢於海東，曾有共飲交情三十年，後祖氏歸洛時，又同遊洛社。

邵雍之弟睦，始生。睦乃後母楊夫人所出，力學孝謹，事雍如父。（《聞見前錄》卷二十）

【備考】

蘇軾今年出生。

### 宋仁宗景祐四年丁丑（公元一〇三七）二十七歲

【時事】

四月，呂夷簡、王曾、宋綬、蔡齊罷。以王隨爲門下侍郎同中書門下平章事，昭文館大學士，陳堯佐同中書門下平章事，集賢殿大學士，盛度知樞密院事，韓億、程琳、石中立參知政事，王鬷同知樞密院事。

【生活】

邵雍少時游京師，與國子監直講邵必（字不疑）相交，二人敘宗盟，不疑年長，雍以兄拜之。

### 宋仁宗寶元元年戊寅（公元一〇三八）二十八歲

【時事】

夏王元昊稱大夏帝，改元天授，禮法延祚。

三月，王隨、陳堯佐、韓億、石中立罷。以張士遜爲門下侍郎，同中書門下平章事，昭文館大學士。

章得象同中書門下平章事，集賢殿大學士。王鬷、李若谷並參知政事，王博文、陳執中同知樞密院事。

是歲，達州大水。

【生活】

邵雍自云：「昔人尚友於古，而吾獨未及四方。」於是踰河、汾、涉淮、漢、周流齊、魯、宋、鄭之墟（《宋史》四二七卷）。

【備考】

四月，王博文卒。

宋仁宗寶元二年己卯（公元一〇三九）二十九歲

【時事】

正月，安化蠻平。九月，出內庫銀四萬兩，易粟振益、梓、利、夔路飢民。

【備考】

蘇轍出生。

宋仁宗康定元年庚辰（公元一〇四〇）三十歲

【時事】

西夏入寇。

三月，詔大臣條陝西攻守策。命韓琦治陝西城池。

八月，詔范仲淹、葛懷敏領兵驅逐塞門等砦蕃騎出境。九月，以晏殊為樞密使。

【生活】

邵雍年三十，游河南。葬其親伊水上，遂為河南人。（《宋史》四二七卷）

年三十，求學於國人，遂盡國人之情。（參觀《皇極經世書》〈無名公傳〉）

邵雍自云：「昔人尚友於古，而吾獨未及四方。」於是踰河、汾，涉淮、漢，周流齊、魯、宋、鄭之墟。（《宋史》四二七卷）

## 宋仁宗慶曆元年辛巳（公元一〇四一）三十一歲

【時事】

西夏入寇，范仲淹、韓琦禦之。

【生活】

大名王豫，嘗於雪中深夜訪之，猶見邵雍儼然危坐，蓋心地虛明，所以能推見天地萬物之理。（《宋元學案》卷九百源學案，頁二〇九，世界書局本）

慶曆間，先生隱居山林，留心學易，冬不鑪，夏不扇，心在易而忘於寒暑也。猶為未至，遂糊易在壁，坐臥不嘗忘，心目無不在焉。（《邵康節先生外紀》卷四，〈家傳邵康節先生心易數序〉）。定國案：伯溫聞見前錄所載年代略前，在李挺之之權共城令時，已置之雍二十歲那年。兩者不知孰是？今兩存之。

【作品】

觀棋大吟（卷一）（註五）

宋仁宗慶曆二年壬午（公元一〇四二）三十二歲

【時事】

三月，詔殿前指揮使、兩省都知舉武臣才堪爲將者。

三月，契丹求地，遣富弼報之。弼不允割地，後朝廷歲增銀、絹各十萬匹、兩，自是通好如故。

【生活】

自今而後，雍之志氣日益消磨，當對家國內憂外患有深切而無奈之了解。詩云：「無才濟天下，有分樂豐年」又云：「此心不爲人休戚，二十年來已若灰」（卷四，參見「天津新居成謝府尹王君貺尚書」和「新春吟」）

【備考】

與祖無擇相交三十年，始識於今年。（〈代書寄祖龍圖〉，卷九）

王安石、韓絳第進士。

宋仁宗慶曆三年癸未（公元一〇四三）三十三歲

【時事】

二月，賜陝西招討韓琦、范仲淹、龐籍錢各百萬。

三月，呂夷簡罷爲司徒、監修國史，與議軍國大事。以章得象爲昭文館大學士，晏殊爲集賢殿大學士兼樞密使，夏竦爲樞密使，賈昌朝參知政事。
七月，命任中師宣撫河東，范仲淹宣撫陝西。
八月，以范仲淹參知政事，富弼爲樞密副使。韓琦代范仲淹宣撫陝西。

【生活】

自三十餘歲起，邵雍聚會有四種情況不赴，如公會、生會、廣會、醉會。公會意指官方聚會，生會意指生日晏會，廣會疑指人員眾多的大聚會，醉會意指容易入醉的聚會。且有四種情形不出門，如大寒、大暑、大風、大雨。見邵雍不僅對有形之身體重視保養，對無形的靈性心神也懂得保養。人生俗務多，如能免紛紜，自是養生之道。（〈四事吟〉卷十三）

## 宋仁宗慶曆四年甲申（公元一〇四四）三十四歲

【時事】

冊趙元昊爲夏國主。
二月，出奉宸庫銀三萬兩振陝西饑民。六月，范仲淹宣撫陝西、河東。
七月，契丹遣使來告伐夏國。
八月，命賈昌朝領天下農田，范仲淹領刑法事。富弼宣撫河北。命右正言余靖，報使契丹。保州雲翼軍殺官吏，據城叛。九月，晏殊罷。以杜衍同中書門下平章事兼樞密使，集賢殿大學士。賈昌朝爲樞密使，陳執中參知政事。

【備考】

九月，呂夷簡薨。

十月，陳堯佐薨。

## 宋仁宗慶曆五年乙酉（公元一〇四五）三十五歲

【時事】

春正月，契丹遣使來告伐夏國還。范仲淹、富弼、杜衍罷。三月，韓琦罷。

四月，章得象罷，賈昌朝爲昭文館大學士，陳執中同中書門下平章事，集賢殿大學士兼樞密使。吳育參知政事，丁度爲樞密副使。

【生活】

慶曆間，邵雍過洛，館於水北湯氏，愛其山水風俗之美，始有卜築之意。（《聞見前錄》，卷十八，頁四）

三十五歲以前，邵雍之家境一直在艱苦之中。（定國案，雍「自憫」詩云：「五七年來併家難」，《擊壤集》卷六，應指此事。）

## 宋仁宗慶曆六年丙戌（公元一〇四六）三十六歲

【時事】

八月，策試賢良方正能直言極諫，并試武舉人。以吳育爲樞密副使，丁度參知政事。

【生活】

慶曆中，富弼留守西京，府園牡丹盛開。問邵雍：「此花幾時開盡？」曰：「盡於來日午時。」明日乃會客驗其言。飲畢，無恙。須臾，群馬飛逸，啼嚙，花叢盡毀。（《古今詩塵》邵雍條，廣文書局景印中央圖書館本，百三二二）

邵雍在伊川釣魚，初與呂誨相識。（註六）

冬，邵雍病，歸自京師（京師即河南開封，又稱汴梁、汴京）。定國案：雍今年參加制科鎩羽而歸，前此亦至少有二次參加科考。擊壤集卷十二，小車吟：「自從三度絕韋編」，疑暗指三度制科落第。

【作品】

過比干墓、自遣（卷二十，集外詩）（註七）

## 宋仁宗慶曆七年丁亥（公元一〇四七）三十七歲

【時事】

三月乙未，賈昌朝罷，以陳執中爲昭文館大學士，夏竦同中書門下平章事，集賢殿大學士，吳育爲給事中歸班，文彥博爲樞密副使。丁酉，以夏竦爲樞密使，文彥博參知政事，高若訥爲樞密副使。

【生活】

春，共城花園花開繁茂，邵雍在賞花之餘作共城十吟。（〈共城十吟小序〉卷二十）

邵雍居河南共城（百泉）的生活於今年結束，明年底遷往洛陽。

邵雍之易學除傳子父外，唯傳王豫、張峕。（定國案：由宋元學案百源學案推知《皇極經世》著作遷洛

前已完成。宋元學案卷三十三，王張諸儒學案，頁六六五王豫、張峄兩條）

【作品】

《皇極經世》六十卷，《漁樵問對》（明嘉興刻本，台北廣文書局出版）。

共城十吟十首（另小序一篇）（卷二十）、寄楊軒（卷二十）（註九）

【備考】

十月，李迪薨。

## 宋仁宗慶曆八年戊子（公元一〇四八）三十八歲

【時事】

春正月，文彥博宣撫河北。又文彥博同中書門下平章事，集賢殿大學士。

三月，幸龍圖天章閣，詔輔臣曰：「西陲備禦，兵冗賞濫，罔知所從，卿等各以所見條奏。」

四月，西夏趙元昊卒，子毅宗、諒祚立，受宋冊封爲夏王。七月，河北水，令州縣募飢民爲軍，辛丑，罷鑄鐵錢。

【生活】

邵雍與父母，家人離開共城百源故居，遷居洛陽。（《擊壤集》卷一，閒吟四首之三）家無二頃之田。（參見《擊壤集》卷一，〈閒吟四首之三〉；卷六，〈和王不疑郎中見贈〉「二十年來住洛都」；卷十一〈老去吟〉「行年六十有三歲，二十五年居洛陽」；註九）

初至洛，蓬蓽環堵，不芘風雨，邵雍躬樵爨以事父母，雖平居屢空，而怡然有所甚樂，人莫能窺也。（《宋史》四二七卷）（註十）

【備考】

六月，章得德象，薨。明鎬卒。

## 宋仁宗皇祐元年己丑（公元一〇四九）三十九歲

【時事】

正月，河北水災。二月，河北疫。

三月，契丹遣使來告伐夏。九月，自河南進以伐夏。十月，契丹復伐夏。

八月，陳執中罷。以文彥博爲昭文館大學士，宋庠同中書門下平章事，集賢殿大學士，龐籍爲樞密使，高若訥參知政事，梁適爲樞密副使。九月，廣源州蠻儂智高反。西夏毅宗改元延嗣寧國。

【生活】

去年底今年初，邵雍自衛州共城，奉父親遷居洛陽，門生武陟、知縣侯紹助其行，此後以教授生徒爲生。初寓天宮寺三學院。後來，洛人爲置宅履道坊西天慶觀東，趙諫議借田於汝州葉縣。再後，王不疑同鄉人買田於河南延秋村，雍復還葉縣之田。（《聞見前錄》卷十八，頁五）

邵雍與父等遷居洛陽，富弼、司馬光諸人爲買宅第，今年履道坊西天慶觀東之新居落成。新居繞室有水一溝，有竹數竿，既得庇風雨，又堪以養志。

【作品】

過溫寄鞏縣宰吳祕丞、新居成呈劉君玉殿院、寄謝三城太守韓子華舍人（以上卷一）

【備考】

秦觀生於今年。

## 宋仁宗皇祐二年庚寅（公元一〇五〇）四十歲

【時事】

西夏毅宗改元天祐重聖。

春正月，以歲饑罷上元觀燈。

閏十一月，河北水，詔蠲民租，出內藏錢四十萬緡，絹四十萬匹付河北路，使措置是歲芻糧。

【生活】

邵雍居洛，凡交游年長者拜之，年等者與之爲朋友，年少者以子弟待之，未嘗稍異。（《聞見前錄》卷二十）

初遷洛，邵雍與劉元瑜（君玉）、呂獻可（靜居）、張師錫、張景伯、師景憲、王益柔（勝之）、王諤（師柔）、張師雄、劉几（伯壽）、劉忱（明復）、李寔（景真）、吳執中、王起（仲儒）、李育（仲象）、李籲（端伯）、姚奭（周輔）等人交遊最密，其人或稱侶友，或稱門生。（註十一）

## 宋仁宗皇祐三年辛卯（公元一〇五一）四十一歲

【時事】

八月，遣使安撫京東、淮南、兩浙、荆湖、江南飢民。

【生活】

邵雍每歲春二月出，四月天漸熱即止。八月出，十一月天寒即止。每出人皆倒屣迎致，雖兒童奴隸皆知尊奉。每到一家，子弟家人爭具酒饌問其所欲，不復呼姓，但名曰吾家先生至也。雖閨門骨肉間事，有未決者亦求教。雍以至誠爲之開諭，莫不悅服。且有十餘家建造如邵雍所居之安樂窩以待其來，謂之「行窩」。（《聞見前錄》卷二十）

## 宋仁宗皇祐四年壬辰（公元一〇五二）四十二歲

【時事】

范仲淹卒，年六十四。胡瑗爲國子監直講。

四月，廣源州蠻儂智高反。九月，以狄青爲宣徽南院使，宣撫荆湖路，提舉廣南經制賊盜事。

是歲，河北路及鄜州水。

## 宋仁宗皇祐五年癸巳（公元一〇五三）四十三歲

【時事】

狄青平儂智高。西夏毅宗改元福聖承道。

九月，契丹與夏平。

【備考】

陳師道、晁補之出生。

宋仁宗至和元年甲午（公元一〇五四）四十四歲

【時事】

正月，詔：「京師大寒，民多凍餒死者，有司其瘞埋之。」

二月，詔：「治河堤民有疫死者，蠲戶稅一年，無戶稅者，給其家錢三千。」

宋仁宗至和二年乙未（公元一〇五五）四十五歲

【時事】

封孔子裔孫愿為衍聖公。

六月，陳執中罷。以文彥博同中書門下平章事、昭文館大學士，劉沆監修國史。富弼同中書門下平章事，集賢殿大學士。

【生活】

今年娶學生王允脩之妹王氏。（因門生京師太學博士姜愚（註十二）、潞州張仲賓太博為媒，門生張仲賓備聘）（註十三）

【備考】

正月，晏殊薨。

宋仁宗嘉祐元年丙申（公元一〇五六）四十六歲

【時事】

包拯知開封府

四月，諸路言江、河決溢，河北尤甚。八月，狄青罷。以韓琦爲樞密使。

【生活】

新春，鄭守王密學惠贈新酒，邵雍飲之小園紅樹下。園名小隱，在園中植有百本花草，正值陽春，故紅紫燦爛，新芽突突。秋，小園白菊帶雪放，雖無艷色，但有清香。

邵雍年四十六，白髮過半，感光陰之荏苒。

嘉祐年邵雍卜居洛陽天津橋附近，至熙寧初，王君貺、司馬光等二十餘家出錢買券契。（〈天津敝居蒙諸公共爲成買…〉卷十三）

【作品】

依韻和張元伯職方歲除、謝鄭守王密學惠酒、小園逢春、和張二少卿丈白菊（以上卷一）

【備考】

與陳章執別，二十年後猶能不計世態而飛書致候。（〈代書寄陳章屯田〉卷十九）

宋仁宗嘉祐二年丁酉（公元一〇五七）四十七歲

【時事】

西夏毅宗改元奲都。

四月，幽州大地震，壞城郭，覆壓死者數萬人。

九月，契丹來聘，遣翰林學士胡宿報之。

【生活】

邵雍生男，名伯溫。

我今行年四十七，生男方始爲人父。（《擊壤集》卷一，〈生男吟〉，〈閒吟四首之二〉又《聞見前錄》卷十八頁二「我今行年四十七，生男方始爲人父」）（註十四）。

九九重陽日，邵雍再到河南共城百源故居，然一別已十年。（《擊壤集》卷二，重陽日再到共城百源故居；春遊五首之四；秋遊六首之四）

【作品】

生男吟、閑吟四首、和張少卿丈再到洛陽、高竹八首（以上卷一）、秋日飲鄭州宋園示管城簿周正叔、重陽日再到共城百源故居（以上卷二）

【備考】

三月，狄青卒。

伯溫生子邵溥，不知邵雍生前及見否？曾以禮部郎使燕，道涿州良鄉拜墓。（註十五）

## 宋仁宗嘉祐三年戊戌（公元一〇五八）四十八歲

【時事】

六月，文彥博、賈昌朝罷，以富弼爲昭文館大學士，韓琦同中書門下平章事，集賢殿大學士。宋庠、田況爲樞密使，張昇爲樞密使。

【生活】

今年邵雍遠遊山西、陝西等地。此行似乎長達二、三年。（註十六）

【作品】

過陝、題黃河、過潼關、題華山、宿華清宮、登朝元閣、長安道路作、題留侯廟、題淮陰侯廟十首、鳳州郡樓上書所見、自鳳州還至秦川驛寄守倅薛姚二君（以上卷二）

【備考】

王堯臣卒。初識龔章。（卷十三，依韻和戒倅龔章屯田）

**宋仁宗嘉祐四年己亥（公元一〇五九）四十九歲**

【時事】

二月，交阯寇欽州。

【生活】

邵雍遠游山西、陝西等地。

邵雍之弟子晁說之生（卒於一一二九年，年七十歲）

【作品】

謝西臺張元伯雪中送詩、送猗氏張主簿（以上卷二）

【備考】

陳執中卒。

## 宋仁宗嘉祐五年庚子（公元一〇六〇）五十歲

【時事】

七月，交阯與甲峒蠻合兵寇邊。歐陽修上新修唐書。十一月，歐陽修等爲樞密副使。

【生活】

今年二、三、四、七、八、九、月邵雍皆出門遊洛源。（〈川上懷舊四首之一〉卷三）在旅途經過商山、洛水，並看秦山。道中逢冬雪、早梅，且旅中逢新歲。此對生活而言，甚少發生。因爲邵雍除春秋季節天和日麗方出家門，一般時節絕少遠遊。

邵雍之弟子陳瓘生。

【作品】

新正吟、春遊五首、竹庭睡起、秋遊六首、秋日即事、商山道中作、和商洛章子厚長官早梅、商山旅中作、和商守宋郎中早梅、和人放懷、和商守登樓看雪、和商守西樓雪霽、和商守雪殘登樓、和商守雪霽對月、和商守雪霽登樓、旅中歲除。（以上卷二）

【備考】

劉沆卒。梅堯臣卒，五十九歲。

## 宋仁宗嘉祐六年辛丑（公元一〇六一）五十一歲

【時事】

三月，富弼以母喪去位。

四月，陳升之罷，以包拯為樞密副使。出諫官唐介、趙抃、御史范師道、呂誨。六月，以司馬光知諫院。以王安石知制誥。七月，泗州、淮水溢。

閏八月，以韓琦為昭文館大學士。曾公亮同中書門下平章事、集賢殿大學士。張昇為樞密使，胡宿為樞密副使。其後，歐陽修參知政事，與韓琦同心輔政。

【生活】

丞相富弼相招出仕，邵雍以詩婉拒。雍夙有用舍無定的心志，早欲甘老在樵漁。（《擊壤集》卷二，〈謝富丞相招出仕〉二首、〈答人放言之二〉。卷三，〈龍門道中作〉、〈三十年吟〉）。

今年邵雍再遊洛川。先前足傷，阻出門逾月，且讓雙親耽憂（卷三，〈傷足〉），今已無礙。則遊洛川而拜訪張載。

歐陽修為相，因明堂給享赦，詔天下舉遺逸。歐陽公意謂河南府必以邵雍應詔。時文彥博尹洛，以兩府禮召見康節，康節不屈，遂以福建黃景（黃子蒙）應詔。（《聞見前錄》卷十八，頁七）

自今年始邵雍不讀詩書，任情渡日。（卷十二，〈小車吟〉）不讀書應解作不讀不喜讀的書，意指所讀之書皆合性情志趣。既無濟事的機會，當可少讀許多無益之書。（〈讀古詩〉卷十四；〈答和吳傳正贊善二首〉卷十八）

【作品】

和商守新歲、追和王常侍登郡樓望山、題四皓廟四首、謝商守宋郎中寄到天柱山戶帖仍依元韻、寄商守宋郎中、小圃睡起、遊山三首、二色桃、登山臨水吟、謝富丞相招出仕二首、答人語名教、送王伯初學士赴北京機宜、答人放言（以上卷二）。賀人致政、放言、初秋、偶書、傷足、閑行、晨起、月夜、盆池、遊山二首、龍門道中作、名利吟、何事吟、三十年吟、遊洛川初出厚載門、宿延秋庄、宿壽安西寺、過永濟橋二首、至福昌縣作、燕堂即事、上寺看南山、縣尉廨宇蓮池、女几祠、故連昌宮、川上懷舊四首、燕堂暑飲、燕堂閑坐、立秋日川上作、辨熊耳、登女几、川上南望伊川、牧童、夢中吟三鄉道中作、秋懷三十六首、和陝令張師柔石柱村詩（以上卷三）

【備考】

宋祁卒。

宋仁宗嘉祐七年壬寅（公元一〇六二）五十二歲

【時事】

冬十月，詔內藏庫、三司共出緡錢一百萬，助糴天下常平倉。

十二月，帝幸寶文閣，作觀書詩，命韓琦等屬和。

【生活】

邵雍在洛陽附近的天津古橋新居落成，此爲雍居洛第三次遷居，初借住天宮寺三學院（一〇四九），次於皇祐年間（一〇四九至一〇五六）遷住履道坊西、天慶觀東。今年天津橋附近之新居爲古蹟名勝之區，天津橋跨沿洛河兩岸，在宋時十分繁華。雍三十八、九歲遷洛時，富弼、司馬光爲買宅（履道坊西之宅），今天津橋宅恐係王拱辰等二十餘家所購，故爲詩謝之。（〈天津新居成謝府君王群既尚書〉卷四）

王拱辰守洛，就天宮寺西，天津橋南，五代節度使安審琦宅故基，以郭崇韜廢宅餘材爲居三十間，請邵雍遷居之，名安樂窩，雍因自號安樂先生。富公命其客孟約，買對宅一園，皆有水竹花木之勝。（《聞見前錄》卷十八，頁五）

邵雍有子一雙，教之以仁義，授之以六經。（參觀《擊壤集》卷四〈答人見寄〉及《皇極經世書》〈無名公傳〉）

【作品】

天津新居成謝府尹王君既尚書、新春吟、有客吟、小圃逢春、暮春吟、惜芳菲、答人見寄、弄筆、問人丐酒、答客、悟人一言、謝人惠筆、書事吟、雙頭蓮、答人書意、答人書言、答人書、與人話舊、閑吟、閑坐吟、天津閑步、天津幽居、天津水聲、不寢、天宮小閣、聽琴、天津感事二十六首、誠明

吟、繩水吟、辛酸吟、言默吟、閑居述事、天宮小閣納涼、天宮幽居即事、遊龍門、重遊洛川、川上觀魚。(以上卷四)

【備考】

邵雍居天津橋時，堂上慈親八十餘(〈閒居述事之四〉卷四)。(註十七)

包拯卒。

宋仁宗嘉祐八年癸卯(公元一〇六三)五十三歲

【時事】

西夏毅宗改元拱化。

塞爾柱突厥拓境至達馬士革。

三月，仁宗崩于福寧殿，遺制皇子英宗即皇帝位，曹皇后爲皇太后聽政。

【生活】

王拱辰尚書尹洛，乃以康節應詔。(《聞見前錄》卷十八，頁八)

嘉祐中河南府尹王拱辰薦雍以遺逸，邵雍之京師舊友邵必自作薦章。時邵必爲京西提刑。(《聞見前錄》卷二十，又見《宋名臣言行錄外集》，卷五，頁四，台灣商務四庫本)

邵雍子伯溫爲童子時，常奉几杖於雍之左右，多閱天下之士，故能多從天下名士遊。(《聞見前錄》邵博序文)

【作品】

後園即事三首、觀棋長吟、秋日登崇德閣二首、秋日飲後晚歸、寄陝守祖擇之舍人、哭張元伯職方、哭張師柔長官（以上卷五）

【備考】

好友張景伯（字元伯）卒，景伯，爲師賜子。

好友張諤（字師柔）卒。諤曾官陝縣令，雍嘗託其訪始祖遺烈，諤報以石柱村詩。

與傅欽之初識。（〈謝傅欽之學士見訪〉卷十二）

## 宋英宗治平元年甲辰（公元一〇六四）五十四歲

【時事】

吐蕃木征乞內附。

四月，曹皇太后還政。八月，遣兵部員外郎呂誨等四人充賀契丹太后生辰正旦使。刑部郎中章岷等四人充契丹主生辰正旦使。畿內及各州、軍大水。

【備考】

門生姜愚知壽州六安縣，以目疾分司居新鄉。（《聞見前錄》卷十八，頁二）

## 宋英宗治平二年乙巳（公元一〇六五）五十五歲

【時事】

遼道宗改元咸雍。

六月，帝詔遣官與契丹定疆界。七月，富弼罷。文彥博爲樞密使。八月，京師大雨，水。

## 宋英宗治平三年丙午（公元一〇六六）五十六歲

【時事】

春正月，契丹復改國號曰遼。

正月，黜御史呂誨、范純仁、呂大防。

【生活】

邵雍之子邵伯溫完成擊壤集的編輯，時今年八月十五中秋日。擊壤集由邵雍躬自作序，是故名義雖爲伯溫編輯，猶如雍自編也。雍去逝後，伯溫又有增編。

除夕夜，伊川丈人曰：「吾及新年往矣。」子孫皆侍左右，邵雍和弟睦同酌大杯酒以獻。（《聞見前錄》卷二十）

【作品】

擊壤集自序、和登封裴寺丞翰見寄、何事吟寄三城富相公、代書寄友人、訪姚輔周郎中月陂西園、依韻謝登封劉李裴三君見約遊山、登嵩頂、登封縣宇觀少室、山中寄登封令、歸洛寄鄭州祖擇之龍圖、和祖龍圖見寄、緣飾吟、自況三首、偶書、代書寄商洛令陳成伯（以上卷五）

【備考】

蘇洵卒，五十八歲。

## 宋英宗治平四年丁未（公元一〇六七）五十七歲

【時事】

正月帝崩，太子頊立，是爲神宗。

西夏毅宗卒，子惠宗秉常立。

正月，富弼改武寧軍節度使，進封鄭國公。三月，歐陽脩罷知亳州。九月，韓琦罷爲司徒。王安石爲翰林學士。樞密副使呂公弼爲樞密使。以權御史中丞司馬光爲翰林學士。十月，富弼罷判河陽。

【生活】

今年邵雍失怙，其父享年七十九。（《擊壤集》卷六，傷二舍弟無疾而化第三首詩，推知其父生於西元九八九年。）雍父伊川文人於正月初一捐館，今年伯溫十歲，聞見前錄記伯溫方七歲，七、十乃字體形似而訛誤。（《聞見前錄》卷二十）

邵雍父臨終曰：「吾兒以布衣名動朝廷，子孫皆力學孝謹，吾瞑目無憾，何用哭？」遂酌酒飲大杯而氣微，謂康節曰：「吾平生不害物，不妄言，自度無罪，即死以肉祭，勿做佛事，亂吾教。無令死婦人手，汝兄弟候吾就小殮，方令家人之哭，勿叫號，俾我失路。」雍泣涕以從。（《聞見前錄》卷二十頁二）

邵雍與客散步天津橋上，聞杜鵑聲慘然不樂，客問其故？雍曰：「不二年上用南士爲相，多南人，專務變更天下，自此多事矣。」（《聞見前錄》卷十九；又《宋名臣言行錄》外集卷五）

夏日，邵雍與弟手足情深，攜手園林，同聽杜鵑鳴叫。

仲秋八月，邵雍遊伊川、洛川半月。六日晚出洛城城西門宿僧舍；七日溯洛水往南行，夜宿延秋庄；八日渡洛水，登南山觀噴玉泉；九日登壽安縣錦屏山，並宿邑中。十日西過永濟橋，再過宜陽城。十一日到達福昌縣；十二日同福昌令王贊善遊龍潭；十三日遊福昌縣北的上寺和縣西的黃澗；十四日回至福昌縣衙；十五日走回頭，返抵壽安縣錦屏山，十九日回程至伊川遊龍門，二十日抵達洛陽城中。觀所行處範圍不過河南省內數縣距離，不能算是遠遊。

雍近年有頭風之病（《擊壤集》卷六，〈自憫〉）。

【作品】

治平丁未仲秋遊伊洛二川六日晚出洛城西門宿奉親僧舍聽張道人彈琴、七月溯洛夜宿延秋庄上、八日渡洛登南山觀噴玉泉會壽安縣張趙尹三君同遊、九日登壽安縣錦屏山下宿邑中、十日西過永濟橋、過宜陽城二首、十一日福昌縣會雨、依韻和壽安尹尉有寄、十二日同福昌令王贊善遊龍潭、十三日遊上寺及黃澗、十四日留題福昌縣宇之東軒、十五日別福昌因有所感、是夕宿至錦屏山下、十六日依韻酬福昌令有寄、十七日錦屏山下謝城中張孫二君惠茶、壽安縣晚望、十八日逾牽羊阪南達伊川墳上、思程氏父子兄弟因以寄之、十九日歸洛城路遊龍門、留題龍門、龍門石樓看伊川、二十日到城中見交舊、二十二日晚步天津次日有詩、二十五日依韻和左藏吳傳正寺丞見贈、二十九日依韻和洛陽陸剛叔主簿見贈（以上卷五）、代書寄劍州普安令周士彥屯田、和趙充道秘丞見贈、和王不疑郎中見贈、和魏教授見贈、和吳沖卿省副見贈，和孫傳師秘校見贈、依韻和陳成伯著作長壽雪會、依韻和陳成伯著作史館園會上作、和夔峽張憲白帝城懷古（以上卷六）

【備考】

吳充、吳傳正爲父子。吳充一〇三一年出生，今年三十七歲。依此推測，吳傳正今天二十餘歲。

蔡襄卒。

## 宋神宗熙寧元年戊申（公元一〇六八）五十八歲

【時事】

四月，詔王安石入對。

七月，京師、河朔地震。八月，詔京東、西路存恤河北流民。

【生活】

初夏，邵雍之弟睦無疾而終，享年三十二。事出突然，雍爲之一改平和情性，陷於淒苦境地。是年邵之後母楊夫人尚在世。（《擊壤集》卷六，傷二弟無疾而化第三首詩；《聞見前錄》卷二十）

熙寧初，行買官田之法。邵雍天津之居亦官地。榜三月，人不忍買。諸公曰：「使先生之宅，他人居之，吾輩蒙恥矣。」司馬溫公而下，集錢買之。雍以詩謝。…今宅契司馬溫公戶名，園契富韓公戶名，莊契王郎中（王君貺）戶名，初不改，熙寧六年方改屬邵雍之名義。（《聞見前錄》卷十八，頁六）

【作品】

閑適吟、桃李吟、傷心行、傷二舍弟無疾而化二首、傷二舍弟無疾而化、聽杜鵑思亡弟、書亡弟殯所、南園南晚步思亡弟、自憫、戊申自貽（以上卷六）

【備考】

邵雍之弟，邵睦，年三十二早卒，遺有二子。

門生姜愚，老益貧且喪偶，自新鄉來投靠昔日舊友樂道，然未受禮遇。康節則典衣贐其行，歸新鄉，未幾卒。（《聞見前錄》卷十八，頁三）

七月，賜布衣王安國進士及第。

## 宋神宗熙寧二年己酉（公元一〇六九）五十九歲

【時事】

二月，以富弼同中書門下平章事。

五月，王安石執政，創制三司條例司，行均輸法及青苗法。六月，御史中丞呂誨以論王安石，罷知鄧州。八月，范純仁以言事多忤王安石，罷同知諫院。十一月，命韓絳制置三司條例。

西夏惠宗秉常改元乾道。

【生活】

邵雍閒居生活，泰半讀易、吟詩、賞花、飲酒。

田棐爲富弼問邵雍可出否？可出，官聘之。不可，命爲處士。（《宋元學案補遺》第三卷一七八頁下）

帝詔舉遺逸，呂誨、吳充、祖無擇交相薦邵雍。歐陽修薦常秩，除雍秘書省校書郎，穎川團練推官，辭不許。既受命，即引病，以詩答鄉人不起之意。（程兆熊，邵康節的無可主張，香港人生雜誌社十卷六期一一四號，民國四十四年八月一日；又聞見前錄卷十八頁九；又見《宋名臣言行錄外集》卷五頁四；《四庫全書》四四九冊六九五頁）

熙寧初邵必以龍圖閣學士知成都府，過洛，謂邵雍曰：「某陛辭日再薦先生矣！」雍追送洛別去。不久，邵必次金牛驛暴卒，喪歸。雍哭之慟。（《聞見前錄》卷二十）

【作品】

代書寄北海幕趙充道太博、依韻和王不疑少卿見贈、仁者吟、東軒消梅初開勸客酒二首、清風長吟、垂柳長吟、落花長吟、芳草長吟、春水長吟、花月長吟、同府尹李給事遊上清宮、乞笛竹栽於李少保宅、思山吟、恨月吟、愁花吟、和張子望洛陽觀花、落花短吟、芳草短吟、垂柳短吟、春水短吟、清風短吟、暮春寄李審言龍圖、初夏閑吟、代書答開封府推官姚輔周郎中（以上卷六）、代書寄濠倅張都官、詔三下答鄉人不起之意、和王安之少卿韻、依韻和劉職方見贈、代書謝王勝之學士寄萊石茶酒器、崇德閣下答諸公不語禪、天宮小閣倚欄、代書寄華山雲臺觀武道士、代書寄長安幕張文通、和人聞韓魏公出鎮永興過洛、代書寄白波張景真輦運、代書寄鄞江知縣張太博、先幾吟、秋暮西軒、天津閒步、寄和長安張強二機宜、代書答淮南憲張司封、偶得吟、代書寄友人（以上卷七）

**宋神宗熙寧三年庚戌（公元一〇七〇）六十歲**

【時事】
二月，以司馬光為樞密副使，凡九辭，詔收還敕誥。
三月，孫覺、呂公著、張戩、程顥、李常上疏極言新法，不聽。
九月，司馬光罷知永興軍。
十二月，王安石推行保甲法及募役法，以韓絳、王安石並同中書門下平章事、王珪參知政事。
是歲河北、陝西旱饑，除民租。
【生活】
邵雍似從今年起常參與洛社詩社的唱和（〈依韻和三王少卿同過敝廬〉卷七）
邵雍好種竹，愛其經歲綠意，生機悠長。今年兒女十二、三歲戲於眼前，又喜又潸，回憶兒時四、五歲嬉戲父母前之景。定國案：雍有二子，長子伯溫字子文，次子仲良，名不顯，似早卒。或尚有女兒，而典籍不詳，暫存疑（〈長憶乍能言〉卷十三）
六十歲始，雍有頭風之疾；因家貧，無專用童僕，年老不便，故頗自憫。（〈自憫〉卷六）
今年寄詩予呂誨諫議，呂氏方得罪王安石而謫官出知鄧州，距初識時已二十四年。（〈代書寄南陽太守呂獻可諫議〉卷七）（《邵氏聞見錄》，卷十，頁九）
王安石新法推行，使鹽鐵、酒公營，市面上沽酒不易，邵雍以「每有賓朋至，盡日閑相守」抨擊新法的擾民不便。（〈無酒吟〉卷七）

初行新法，天下騷然。先生（邵雍）閒居林下，門生故舊仕宦四方者皆欲投劾而歸。以書問先生，先生曰：「正賢者所當盡力之時，新法固嚴，能寬一分則民受一分之賜矣。投劾而去何益？」（《宋名臣言行錄外集》，卷五）

邵雍對山西省的龍山龍門有特別好感，前數年曾遊，今年與王尙恭一歲又四五遊。（〈和王安之少卿同遊龍門〉卷八）

【作品】

風吹木葉吟、閑行吟、對花飮、春盡後園閑步、代書寄吳傳正寺丞、洛下園池、夢過城東謁洛陽尉楊應之、代書寄前洛陽簿陸剛叔秘校、答人乞碧蘆、逍遙吟、偶得吟、每度過東鄰、每度過東街、君子與人交、唯天有二氣、無客迴天意、放小魚、依韻和田大卿見贈、乞笛竹、依韻和王不疑少卿招飮、再和王不疑少卿見贈、依韻和三王少卿同過弊蘆、代書寄南陽太守呂獻可諫議、寄吳傳正寺丞、寄前洛陽簿陸剛叔祕校依韻和淮南憲張司封、重陽前一日作、重九日登石閣三首、依韻答友人、偶見吟、無題吟、無酒吟、讀陶淵明歸去來（以上卷七）。訪南園張氏昆仲因而留宿、和王安之少卿同遊龍門、歸城中再用前韻、和人留題張相公庵、代書寄程正叔、歲暮自貽、（以上卷八）、首尾吟之一至十一（以上卷二十）（註十八）。

【備考】

司馬光與王安石議新法不合，後乞判西京留司御史臺，遂居洛，買園於尊賢坊，以獨樂名之。始與雍

游。(《聞見前錄》卷十八，頁十二)

## 宋神宗熙寧四年辛亥(公元一〇七一)六十一歲

【時事】

王安石更定科舉法。立太學生三舍法。

西夏惠宗改元天賜禮盛國慶。

四月，司馬光權判西京留司御史臺。五月，詔許富弼養疾西京。六月，歐陽脩以太子少師致仕。富弼坐格青苗法，徙判汝州。七月，振恤兩浙水災。

【生活】

三月初三在家中南園與親舊共賞花，飲酒而醉。邵雍控酒甚佳，平日鮮醉，今日則醉矣。

冬日，洛陽大風雪盈尺。城南張氏四兄弟冒雪送來餚酒。

熙寧四年十一月初八日，以河南府處士邵雍爲試，將作監主簿。(《宋會要輯稿》一二〇冊，卷一，〇六五三)

熙寧間，康節過士友家，晝臥，見其枕屏小兒迷藏。以詩題其上云:「遂令高臥人，椅枕看兒戲。」(這條《擊壤集》中不載，見《詩話總龜》卷七，頁一〇八四，台北廣文書局本，亦見《南軒集》。定國案:作品內有〈小車行〉，故暫置此處。)

邵雍在今年〈書皇極經世後〉和後年〈安樂窩中一部書〉詩裡，都正式標明有皇極經世的著作。(《擊壤集》卷八、卷九；〈安樂窩中吟〉卷十）。

【作品】

歡喜吟、寄李景真太博、感事吟、寄亳州秦伯鎮兵部、別寄一首、思故人、和王平甫教授賞花處惠荼韻、南園賞花、獨賞牡丹、問春、安樂窩中自貽、花前勸酒、書皇極經世後、履道會飲、思鄭州陳知默因感其化去不得一識面、謝城南張氏四弟兄冒雪載餚酒見過、大寒吟吐、和李審言龍圖大雪、小車行、依韻和淅憲任度支。（以上卷八）首尾吟之十二至三十（以上卷二十）

【備考】

呂誨以提舉嵩山崇福宮而居洛。其後買宅白師子張文節相宅，時雍、司馬光、呂誨三人時相往來。五月，呂誨卒。

## 宋神宗熙寧五年壬子（公元一〇七二）六十二歲

【時事】

王安石行市易法，保馬法，及方田均稅法。

少華山忽崩，七社民俱死。

【生活】

富弼、司馬光、呂公著諸賢退居洛中，雅敬邵雍，恆相從游，為市園宅。（《宋史》四二七卷）

南園花竹相挨，邵雍每日繞行四、五回（〈南園花竹〉卷八）

東軒種有黃色紅色兩株梅樹，年年開花（〈東軒黃紅二梅…呈友人〉卷八）邵雍宅門前有垂柳。自云居林下也有四項官守，其一承曉露看花，其二迎晚風觀柳，其三對皓月吟詩，其四留佳賓飲酒。（〈林下局事吟〉卷九）

富鄭公留守西京，値園中牡丹盛開，召文潞公、司馬端明、楚建中、劉几、康節先生同會，是時牡丹凡數百本，坐客曰：「此花有數乎？請先生筮之。」既畢曰，凡若干朵使人數之，如先生言。又問曰：「此花幾時盡，請再筮之。」先生揲蓍沉吟良久曰：「此花數盡來日午時。」鄭公因曰：「來日食後可會于此，以驗。」坐客曰：「諾。」次日食罷，花尚無恙，頃之，群馬自廄中逸出，與坐客馬相踶齧，奔出花叢中，既定，花盡毀折矣。（《洛陽縣志》台北成文出版社）此可見邵雍心靈虛明，善於預測未來的一斑。

【作品】

和宋都官乞梅、東軒黃紅二梅正開坐上書呈友人、、和任比部億梅、初春吟、垂柳、至靈吟、人鬼吟、生平與人交、知識吟、偶書吟、思患吟、寄三城王宣徽二首、一室吟、仁聖吟、和邢和叔學士見別、擊壤吟、春去吟、南園花竹、再答王宣徽、蒼蒼吟寄答曹州李審言龍圖、林下五吟、安樂窩中自訟吟、和君實瑞明花庵二首（以上卷八）六十二吟、林下局事吟、依韻和吳傳正寺丞見寄、延福坊李太博乞園池詩、金玉吟、夏日南園、謝寧寺丞惠希夷樽、和君實端明花庵獨坐、依韻和宋都官惠傻拂子、同王勝之學士轉運賞西園芍藥、戲謝富相公惠班笱三首、答李希淳屯田、苔錢、種穀吟、和君實端明見贈、和秋夜、和貂褥筇杖二物皆范景仁所惠、和雲、和閑來、和花庵上牽牛花、寄三城舊友衛比部二絕、秋霽登石閣、和李審言龍圖行次龍門見寄、風月吟、贈富公、弄筆吟、招司馬君實遊夏圃、秋日雨霽閑望、四小吟簡陳季常、樂樂吟、誡子吟、聞少華崩、自古吟、代書寄祖龍圖、寒夜吟、知幸吟、趨嚮、不可知吟、事急吟、知人吟、言語吟、思患吟、人生一世吟、謝人惠石筍、奉和十月二十四日初見雪呈相國元老、和相國元老、天津看雪代簡謝蔣秀才還詩卷、安樂窩中看雪二首（以上卷九）首尾吟三十一至四十九（以上卷二十）。

【備考】

三月，富弼致仕。閏七月，歐陽修卒。

## 宋神宗熙寧六年癸丑（公元一〇七三）六十三歲

【時事】

王安石置律學，置軍器監。

七月，詔京西、淮南、兩浙、江西、荊湖等六路各置鑄錢監。十月，賑兩浙、江、淮饑。

【生活】

邵雍居洛二十五，齒益老，心境愈寂。對於缺乏知音的寂寞，隨年齡之長而愈增。雍詩云：「齒髮雖衰志未衰」（〈六十三吟〉卷十）又云：「蛙蜢泥中走，鳳凰雲外飛。雲泥相去遠，自是難相知。」（〈偶得吟〉卷十）足見未伸志的無奈和寂寞。

邵雍好書法，今見陳希夷的寫真和書法，尤慕希夷的行跡，二人慕道之心尤相似。（〈觀希夷先生真及墨跡〉卷十二）

洛社常相往來之七老爲王尚恭、韓琦、王安國、富弼、司馬光、王拱辰和雍。

春日，司馬光登崇德閣，約康節，久而不至，乃作崇德久待不至詩（又名候康節，見詩林廣記後集卷十，台北廣文書局本頁七七四）。邵雍和以三首七絕一首五絕。（見《擊壤集》卷十）

春，魏公韓琦的幕客王荀龍，入洛見邵雍。雍喜其人議論勁正，曾和其詩。王氏因出魏公詩，顏體大書極奇偉，雍喜之。（《聞見前錄》卷十八，頁十五）

邵雍在天津的房子，有林泉水竹之盛。嘉祐七年遷入，原只暫居，所以宅契司馬光名，園契富弼名，莊契王拱辰名，初不改。今年司馬光等二十餘家爲他買劵。所以雍對其子伯溫說：「未嘗求於人，人饋之雖少必受。」又說：「名利不可兼也。吾本求名，既爲世所知矣，何用利哉？故甘貧樂道，平生無不足意。……」（《聞見前錄》卷十八，頁六）

陳希夷、范仲淹、邵雍三人而相似，而邵對陳、范二人的人品、風格、行事皆十分仰慕。（卷十三，〈題范忠獻公真〉）

一日，程顥、程頤侍太中公（程珦）訪康節於天津之廬。邵雍攜酒飲月陂上，歡甚，語其平生學術出處之大。明日顥悵然謂門生周純明曰：「昨從夫先生遊聽其議論，舉古之豪傑也，惜無所用於世。」純明曰：「所言何如？」顥曰：「內聖外王之道也。」是日，雍有詩云：「草軟波平風細溜，雲輕日淡柳抵摧。狂言不記道何事，劇飲未嘗如此盃。…」顥和曰：「…行處每容參劇論，坐隅還許侍餘盃。…時泰心閒兩難得，直須乘興數追陪。」顥禮敬雍誠懇如此。（《聞見前錄》卷十五頁三）

【作品】

答富韓公見示正旦四絕、和君實端明、安樂窩中四長吟、安樂窩中詩一編、安樂窩中一部書、安樂窩中一炷香、安樂窩中酒一樽、謝富相公見示新詩一軸二首、安樂窩中好打乖吟、和君實端明登石閣、和君實端明副酒之什、對花吟、依韻寄成都李希淳屯田、代書寄廣信李遵度承制、自和打乖吟（以上卷九）。年老逢春十三首、和司馬君實崇德久待不至二首、別兩絕、春日登石閣、六十三吟、感事吟、偶書、偶得吟、太和湯吟、洗竹、天意吟、代書祖龍圖、把酒（以上卷十）。老去吟、依韻和王安之判監少卿、曉事吟、鮮歡吟、病起吟、金醉吟、覽照吟、人壽吟、年平吟、古琴今、求信吟、蠍蛇吟、自在吟、心安吟、論詩吟、為喜吟、即事吟、偶得吟、靜坐吟、靜樂吟、男子吟、望雨、思義吟、金帛吟、盜伯吟、待物吟、唐虞吟、曝書吟、兩犯吟、憫旱、無事吟、閣上招友人、憶夢吟、大筆吟、仁聖吟、自慶吟（以上卷十一）。心耳吟，人鬼吟、夢中吟、日中吟、月至梧桐上吟、步月吟、偶得吟、答人吟、寄曹州李審言龍圖、清夜吟、思聖吟、君子吟、安分吟、感事吟、登石閣吟、憶昔吟、可必吟、恍惚吟、謝君實端明詩、好勇吟、莫如吟、里閈吟、思友吟、忠信吟、代簡答張淳秘校、代簡謝尹處初先生、代簡謝王茂直專酒及川牋、寄壽安令簿尉諸君、知識吟、人情吟、因何吟、天聽吟、白頭吟、天意吟、謝安壽安縣惠林山牒、依韻和王安之少卿見戲安之非是棄堯夫吟、小車吟、晚步吟、按花吟、答任開郎中昆仲相訪、小春天、深秋吟、中秋吟、同程郎中父子月陂上閑步吟、秋望吟、閑適吟、觀陳希夷先生真及墨跡、答群實端明遊壽安神林、杏香花、天津晚步、歡喜吟、自作真贊、奢侈吟、多多吟、畏愛吟、秋閣吟、浮生吟、力吟、謝傅欽之學士見訪、賞雪吟、答傅欽之、月皮閑步、仲尼吟、謝圓益上人專詩一卷、自述二首、答會計杜孝錫寺丞贈（以上卷十二）。天津敝居蒙諸公共爲成買作詩以謝、同諸友城南張園賞梅十首、答人吟、依韻和君實端明專酒、謝壽安簿寄錦蝌山下所失剪目、謝君實端明惠山蔬八品、謝君實端明惠牡丹、謝判府王宣徽惠酒、和君實端明洛陽看花、和君實端明送酒、暮春吟、依韻和鎮戎倅龔章屯田、安樂窩銘、愁恨吟、悲喜吟、善惡吟、所學吟、君子行思省吟、梁燕吟、鄒田二忌、孫龐二將、一言感人、四公子吟、淳于髡酒諫、東海有大魚、土木偶人、辨謗吟、三皇吟、五帝、三王、五伯、七國、掃地吟、天人吟、利害吟、時吟、二說吟、言行吟、治亂吟、太平吟、商君吟、能懷天下心、始皇吟、有妄吟、乾坤吟、皇極經世一元吟、應龍吟、何處是仙鄉、謝宋推官惠白牛、依韻和王安之少卿六老詩仍見率成七、依韻和張靜之少卿惠文房三物、依韻和王安之少卿謝富相公詩、安樂窩蒲前柳吟、瓮牖吟、人生長有兩般愁、自詠、中秋月、小車吟、晝夢、晚步洛河灘、和李文思早秋五首、堯夫何所有、長憶乍能言、答友人、獨坐吟、意未萌于心、自適吟、老翁吟、鐵如意吟、道裝吟、四者吟、偶得吟、四事吟（以上卷十三）。偶書五首、王勝之諫議見惠文房四寶內有巨硯佳因以謝之、再用晴窗氣暖墨花春謝王勝之諫議惠金雀硯、題范忠獻公真、觀物吟、對花吟、義利吟、代簡謝朱殿直贈長韻詩、試筆、試硯、問調鼎、讀古詩、蠹書魚、歲儉吟、極論、求鑑吟、學佛吟、霜露吟、天命吟、性情吟、心跡吟、觀物吟、思慮吟、代書答朝中舊友、冬不出吟十一首、觀物吟、家國吟、邪正吟、義利吟、恩義吟、閑步吟、坐右吟、感雪吟（以上卷十四）。首尾吟之五十至七十（以上卷二十）。

【備考】

周敦頤卒，五十七歲。

富弼今年七十歲。（〈歲在癸丑，年始七十，正旦日書事〉卷九，富弼）（〈答李希淳屯田〉卷十、十一）

傅欽之學士來訪。（〈謝傅欽之學見訪〉卷十二）

## 宋神宗熙寧七年甲寅（公元一〇七四）六十四歲

【時事】

王安石免相。罷知江寧府。以韓絳同中書門下平章事，監修國史。翰林學士呂惠卿參知政事。

塞爾柱突厥人征服小亞細亞及敘利亞。

三月，遼主以河東路沿邊增修戍壘，起鋪舍，侵入蔚、應、朔三州界內，使人來言，迄行毀撤，別立界至。

四月，以旱罷方田。五月大雨水，壞陝、平陸二縣。

七月，詔河北兩路捕蝗。又詔開封、准南提點、提舉司檢覆蝗旱。以米十五萬石振河北西路災傷。

十月，詔韓琦、富弼、文彥博、曾公亮條代北事宜以聞。

【生活】

正月二十六日司馬光著深衣，自崇德寺散步洛水堤上，因過邵雍天津之居，謁曰：「程秀才」。既見，乃溫公也。問其故，公笑曰：「司馬出程伯休父，故曰程，因留二絕，雍亦和之二絕。（《邵氏聞見前錄》卷十八頁十二，及《古今詩話續篇．詩林廣記》後集卷十，頁三至五）

邵雍與弟子張岣分手八年，今又相逢。岣爲弟子真能語道者，師徒之情甚深重。雍喜遊山，常登壽安縣錦𡼖山，今年不見舊友，思念之並以詩寄之。（〈兩歲錦𡼖之遊不克見鄭今因以寄之〉卷十）

邵雍宅東軒有株牡丹花名添色紅，今年早開二十四枝艷色深淺駭人，故招司馬光等賞牡丹。（〈酬堯車招看牡丹〉卷十，司馬光）

邵雍將安樂窩中生活以十三首「安樂窩吟」系列長詩表達，不但表達雍之人生觀，也說明雍生活的哲學。（卷十）

成都老友李希淳遠寄詩來，表達倦動欲歸之意，惜未能如願。（卷十）

【作品】

對花、四道吟、林下吟、春陰、囑花吟、懶起吟、感事吟、三惑、四喜、何如吟、問春吟、樓上寄友人、所失吟、插花吟、閑居吟、依韻和張子堅太博、還鞠十二著作見示共城詩卷、樂物吟、喜春吟、暮春吟、和王中美大卿致政二首、和北京王郎中見訪留詩、喜樂吟、歡喜吟、天道吟、一室吟、依韻和君實端明洛濱獨步、雨後天津獨步、春色、太平吟、禁煙留題錦𡼖山下四首、兩歲錦𡼖之遊不克見鄭令因以寄之、東軒前添色牡丹一株開二十四枝成兩絕呈諸公、花時阻雨不出、安樂窩中吟十三首、食梨吟、依韻答安之少卿（以上卷十）。上巳觀花思友人、戲呈王郎中、流鶯吟、善賞花吟、善飲酒吟、省事吟、一春吟、舉世吟、春水吟、春雨吟、可惜吟、簪花吟、春去吟、和大尹李君錫龍圖留別詩、答李希淳屯田三首、簑年老逢春八首、謝彥國相公和詩用醉和風雨夜深歸、謝君實端明用只將花卉記冬春、謝君貺宣徽用少微今已應星文、謝安之少卿用始知安是道梯階、謝開叔司封用無事無求得最多、謝伯淳察院用先生不是打乖人、自謝用此樂直從天外來、別謝彥國相公三首、別謝君實端明、大字吟、教子吟、臂痛吟、世上吟、逸書吟、旋風吟二首、旋風吟又二首、頭風吟、答客吟（以上卷十一）。首尾吟之七十一至九十（以上卷二十）。

【備考】

定國案：邵雍自編詩集，於六十三歲，六十四歲之間之作品，頗有錯亂情形，不知有意抑無意？但見史詩之作多半類從在一處，當係有心的編輯。此一部份卻自少作至晚年作品都臚列一處。

## 宋神宗熙寧八年乙卯（公元一〇七五）六十五歲

【時事】

遼道宗改元太康。

交趾入寇。

二月，王安石復相。六月，頒王安石詩、書、周禮義于學官。

三月，遼人復來議疆事。割河東地與遼。四月，湖南江水溢。七月虔州江水溢。八月，募民捕蝗。易西米，苗損者償之，仍復其賦。上詔：「發運司體實准南、江東、兩浙米價，州縣所存上供米毋過百萬石，減直予民，斗錢勿過八十。」

【生活】

邵雍參與洛社的活動十分頻繁。（司馬光〈走筆和君錫堯夫〉卷十一）

今年邵雍與富弼、司馬光、王拱辰、王尚恭仍以詩酬答唱賀不停。（卷十一）

近日邵雍頭風臂痛諸病嚴重且感衰軀有病侵，然而未訪談笑、高歌和寫書法，心情開懷如故。（〈族風吟〉、〈頭風吟〉、〈答客吟〉卷十一）

邵雍長子伯溫今年失解，雍作詩云「用會何常定、枯榮未易量」勉慰之。（〈長子伯溫失解以詩示之〉卷十六）

【作品】

六十五歲新正自貽、小車六言吟、安樂吟、甕牖吟、盆池吟、小車吟、大筆吟（以上卷十四）。觀易吟、觀書吟、觀詩吟、觀春秋吟、觀三皇吟、觀五帝吟、觀三王吟、觀五伯吟、觀七國吟、觀嬴秦吟、觀兩漢吟、觀三國吟、觀西晉吟、觀十六國吟、觀南北朝吟、觀隋朝吟、觀有唐吟、觀五代吟、觀盛化吟、喜老吟、瞻禮孔子吟、還圓益上人詩卷、天人吟、錦栟春吟、樂春吟、觀物吟四首、人貴有精神吟、義利吟、小車初出吟、府尹王宣徽席上作、春暮答人吟、天津聞樂吟、春暮吟、自問二首、和成都俞公達運使見寄、吳越吟二首、屬事吟、興亡吟、文武吟、善惡吟、責己吟、無疾吟、四者吟、恩怨吟、秦川吟二首、和絳守王仲賢郎中、日月吟、水旱吟、老去吟、人事吟、不同吟、貪義吟、月新吟、和內鄉李師甫長官見寄、內鄉天春亭、內鄉兼隱亭、李少卿見招代往吟、病酒吟、爭讓吟、謝王諫議見思吟、依韻和任司封見寄吟（以上卷十五）、答人吟、歲寒吟、依韻謝任司封寄逍遙枕吟、齊鄭吟、代書寄呂庫部、和王安之少卿雨後、和和丞制見贈、淸和吟、異同吟、即事吟、觀物吟、對酒吟、秋懷吟、和王安之少卿秋遊、和王安之同赴府尹王宣徽洛社秋會、負河陽河淸濟源三處之約以詩愧謝之、依韻和王安之少卿秋約吟、長子伯溫失解以詩示之、歲暮自貽吟、君子飲酒吟、讀張子房傳吟（以上卷十六）首尾吟之九十一至一一九（以上卷二十）（註十九）

【備考】

六月，魏國公韓琦薨。

## 宋神宗熙寧九年丙辰（公元一〇七六）六十六歲

【時事】

西夏惠宗改元大安。

十月，王安石免相。罷判江寧府。

春正月，交趾圍邕州，知州蘇緘死守，交人盡屠全城五萬八千餘口。二月，以郭逵爲安南招討使。冬十月郭逵敗交趾兵於富良江，殺太子洪真，交趾王李乾德懼降。而宋官兵冒暑涉瘴地，死者過半。

【生活】

吟詩、飲酒和圍棋爲邵雍生活中的一環。興來過從舊友，平日糟糠老妻爲伴，如此忽忽六十六年。（〈首尾吟〉一一九首，卷二十）

【作品】

觀物吟二首、治亂吟五首、二十年吟、思患吟、有病吟、對花吟、自述、去事吟、策杖吟、不願吟、量力吟、戲答友人吟、偶得吟、觀事吟、知音吟、觀物吟、金玉吟、風霜吟、上下吟、吾廬吟、澠河上觀杏花迴、娶妻吟、好事吟、不再吟、毛頭吟、六得吟、盛衰吟、富貴吟、無妄吟、善惡吟、春日園中吟、解字吟、感事吟、窮達吟、宇宙吟、久旱吟、成性吟、路徑吟、大人吟、感事吟、浩歌吟、利名吟、憑高吟、意盡吟、浩歌吟、溫良吟、君子吟、先天吟、爽口吟、至誠吟、書事吟、答寧秀才求詩吟、詩酒吟、白頭吟（卷十六）。人物吟、偶得吟、觀物吟、戰國吟、感事吟、感事吟五首、履道留題吟、見義吟、觀物吟、王公吟、自詠吟、觀物吟、能寐吟、鶗鴂吟二首、先天吟、自樂吟、民情吟、牡丹吟、代書吟、病淺吟、借出詩、無苦吟、萬物吟、月窟吟、大象吟、百病吟、小車吟、擊壤吟、留題水北楊郎中園亭二首、秋盡吟、不肖吟、君子吟、小人吟、把手吟、大易吟、罷吟吟、黃金吟、鶗鴂吟、閑中吟、蒼蒼吟、團圓吟、代書吟、失詩吟、不去吟、經世吟、知人吟、言行吟、光陰吟、舉酒吟、酒少吟、觀棋絕句、老去吟、亂石吟、未有吟、誡子吟、乾坤吟、胡越吟、善處吟、百年吟、歲杪吟、觀棋小吟、又借出詩、和王規甫司勳見贈、答友人勸酒吟（以上卷十七）。冬至吟、盃盤吟、歡喜吟、善人吟、議論吟、推誠吟、堯夫吟、意外吟、當斷吟、憂夢吟、人情吟、人事吟、師資吟、天人吟、樂毅吟、十分吟、生日吟、誡子吟、有常吟、歲暮吟、春天吟、庶幾吟、人物吟、詫嗟吟、左衽吟、教勸吟、不善吟、多事吟、處身吟、觀性吟、觀物吟、答和吳傳正贊善二首、是非吟、洗心吟、見物吟、力穡吟、六十六歲吟、寬猛吟、小道吟、得失吟、薰蕕吟、好惡吟、歲暮吟、安分吟、由聽吟、詩畫吟、詩史吟、演繹吟、史畫吟、好勝吟、治心吟、吾廬吟、人靈吟、過眼吟、災來吟、內外吟、名利吟、名實吟、性情吟、丁寧吟、疑信吟、治亂吟、有時吟、忠厚吟、窮冬吟、知非吟、冬至吟、頭白吟、談詩吟、繩水吟、刑名吟、陰陽吟、人事吟、內外吟、盛衰吟、死生吟、生日吟、時事吟、不知吟、水火吟、中原吟、喜歡吟、所感吟、行止吟、太平吟、探春吟、不出吟（以上卷十八）。不善吟、不同吟、得失吟、痛矣吟、歲除吟（以上卷十九）。首尾吟之一一九至一二八（以上卷二十）。

## 宋神宗熙寧十年丁巳（公元一〇七七）六十七歲

【時事】

二月，以崇信軍節度使宗旦同中書門下平章事。六月，王安石以使相爲集禧觀使。

九月，詔「河決害民田，所屬州縣疏瀹，仍蠲其稅，老幼疾病者振之。」

【生活】

夏六月屬，微疾。一日，晝睡覺，且言曰：「吾夢旌旗鶴雁自空而下，導吾行亂山，與司馬君實、呂晦叔諸公相分別於一驛亭。回視其壁間，有大書四字曰：千秋萬歲。吾神往矣，無以醫藥相逼也。」（《邵康節先生外紀》卷一）（定國案：外紀云熙寧十六年，係熙寧十年之誤，六爲衍字）

邵雍疾病，司馬光、張載、程顥、程頤晨夕候之。將終，共議喪葬事外庭，雍皆能聞衆人所言，召子伯溫謂曰：「諸君欲葬我近城地，當從先塋爾。」（《宋史》四二七卷）（定國案先塋指伊川先塋，參見《聞見前錄》卷二十）

七月四日邵雍大書詩一章曰：「生於太平世，長於太平世，老於太短世，死於太平世。客問年幾何？六十有七歲。俯仰天地間，浩然獨無愧。」以是夜五更捐館。（《聞見前錄》卷二十）

熙寧十年七月五日，邵雍卒，年六十七；贈秘書省著作郎。元祐中歐陽棐作謚議，御賜謚康節。（《宋史》四二七卷，《宋元學案》卷九，二〇八頁）

邵雍卒，賻加賜粟帛。（《宋會要輯稿》一二〇冊卷一〇，六五三頁）

邵雍去逝時，伯溫已及冠。雍雖晚婚，猶見子孫力學孝謹，堪稱有福報。

邵雍死後葬於河南嵩縣新店鎮紫荊山。（《文物》一九七六年第五期，〈邵雍及其安樂窩批判〉）又云：丁巳年十月丁酉，（雍）葬於伊闕之南。（註二十）

潁州團練使推官邵雍熙寧十年九月贈著作郎。（《宋會要輯稿》第五一冊卷一九，一二八頁）

元祐二年賜謚節康：…，示朝廷尊賢尙德之意。（《宋會要輯稿》四十冊卷一三，三六〇頁）

先前韓絳守洛，言雍隱德丘園，聲聞顯著賜謚康節。（《范太史集》卷三十六，〈康節先生傳〉）

【作品】

筆興吟、影論吟、憂喜吟、窺開吟、喜歡吟、貴賤吟、措處吟、費力吟、不老吟、代書寄陳章屯田、長短吟、迷悟吟、正性吟、幽明吟、無醞吟、事體吟、自餘吟、四可吟、四不可吟、賃屋吟、小人吟、覽照吟、有病吟、二月吟、三月吟、一等吟、萬物吟、洛陽春吟、自貽吟、落花吟、春暮吟、泉布吟、牡丹吟、和鳳翔橫渠張子厚學士亡後篇（疑伯溫作）、自處吟、爲人吟、先天吟、中和吟、四賢吟、年老吟、天地吟、至論吟、人玉吟、詐者吟、飲酒吟、樂物吟、和王安之小園五題、野軒、污亭、藥軒、晚暉亭、觀物吟、晝睡、進退吟、爲客吟、攝生吟、病中吟、重病吟、天人吟、病革吟、聽天吟、得天吟、答客問病、病亟吟（以上卷十九）。首尾吟之一二九至一三四（以上卷二十）

【備考】

十一月，張載卒。定國案：《聞見後錄》卷十五，頁二記載子厚後雍數月，然《擊壤集卷十九》有〈和鳳翔橫渠張子厚學士亡後篇〉二者矛盾，二者又皆伯溫參與編輯，不應錯謬，故疑〈亡後篇〉一詩乃伯溫所作，非雍之作也。）定國又案：呂大臨撰寫〈橫渠先生行狀〉，記錄張載卒於熙寧十年十二月乙亥，年五十八。（參見朱熹《伊洛淵源錄》卷六）

後四年（公元一〇八一年）李清照生。後六年（公元一〇八三年）四月曾鞏卒。六月富弼卒於洛陽。

後七年（公元一〇八四）司馬光上資治通鑑。

後八年（公元一〇八五）帝崩，太子煦立，高太后聽政。程顥卒。朝廷罷保甲、方田、市易、保馬等新法。

後九年（公元一〇八六）元祐元年，四月王安石卒，六十六歲。同年司馬光相，罷青苗及免役法。九月，司馬光卒，六十六歲。

後十二年，程顥卒，八十五歲。

後十三年，元祐六年（公元一〇九一年）雍之弟子邢恕作〈擊壤集後序〉。

後十六年，紹聖元年，公元一〇九四年，章惇爲相，復行新法。

【附註】

註一：邵雍六六歲生日時，於《擊壤集》卷十八生日吟詩註中自述「祥符辛亥十二月二十五日」而詩云：「辛亥年，辛丑月，甲子日，甲戌辰，日辰同甲，年月同辛，吾於此際，生而爲人」這是第一手資料，然宋史未引用，當是宋史之疏略。

註二：參見《困學紀聞》卷二十邵康節條。

註三：參見文物一九七六年第五期「邵雍及其案安樂窩」批判，作者「河南輝縣百泉公社大批判組」。

註四：憶昔吟作品完成在六十三歲，推算四十五年前學寫大字書法當在今年。

註五：《擊壤集》作品以皇祐元年始標示年代，且多以客觀立場，柔性語態出之。惟獨本詩，語氣激昂，內容抨擊征遼之不當，是壯年所爲，今估且置此。

註六：卷七，代書寄南陽太守呂獻可諫議。又《聞見前錄》卷十，頁九，獻可云「邈阻風音已廿年」，《擊壤集》卷七「答堯夫見寄」云：「邈阻風已十年」，二詩不同，作「廿年」是也。

註七：〈自遣詩〉云：「知我為親老」，則知雍的生父和繼母尚在世，因寫於共城十吟之前，故此二首詩暫置於今年。

註八：〈共城十吟小序〉末云：「慶曆丁亥歲」即作於今年之証據。

註九：今年底邵雍遷居洛陽。《擊壤集》卷一閒吟四首之三有「居洛八九載，投心唯二三」句，此首詩寫在雍四十七歲時，故可逆推邵雍於此年後遷居洛陽。初至洛，蓬蓽環堵，不芘風雨，躬樵爨以事父母，雖平居屢空，而怡然有所甚樂，人莫能窺也。（《宋史》四二七卷）

註十：雍三十葬親，是三十整，抑近三十，待查親為何人？雍之生母？前文雍生母已去逝，此處存疑。今綜觀資料，《宋史》云：「雍三十遊河南」，是也。然與「葬其親伊水上遂為河南人」為兩事，其親非亡於今年。上下句連讀則易生滋擾，宋史文字曖昧也。

註十一：《聞見前錄》卷十八，頁五，台北廣文書局，筆記三編本。

註十二：姜愚，字子發，京師富家、氣豪樂施。長康節公一日，從康節學，稱門生，後登進士第，月分半俸奉康節。治平間知壽州知縣，以目疾分司居新鄉。子發死，康節以子發女嫁河南進士紀輝，視之如己女；邵伯溫以姊事之（《聞見前錄》卷十八）。

註十三：《邵康節先生外紀》卷一。

註十四：定國案：嘉祐元年〈依韻和張元伯職方歲除〉詩云：「及正四十六，老去恥無才。」是年邵雍四十六歲。嘉祐二年〈生男吟〉詩云：「我本行年四十五，生男方始為人父。」本年應是四十七，所說卻倒退一歲。但同年作品有

〈閒吟四首之二〉云：「予年四十七……生男始爲父。」此正確，所以推知「我本行年四十五」之「五」，應是「七」之誤，又雍四十五成婚，四十七生子合理也。）

註十五：參見《困學紀聞》卷二十識篇邵康節條之原注。

註十六：邵雍《擊壤集》卷十九「爲客吟」四首之一：「忽憶南秦爲客日……歲月於今十九年」正指四十八歲遠遊山西、陝西等地。

註十七：慈親指邵雍之後母楊夫人，疑邵雍後母較雍父年齒尚長五、六歲。

註十八：〈首尾吟〉共一三五首，今本一首有目無辭，只存一三四首。觀其編排之例，均按年歲彙編，凡一年之作從新春至歲末大抵依序順時，所以容易辨明年代的歸屬，惟獨起首二十九首較不易得知作品寫作年代，但以詩中六十一年字句爲分隔，則六十一年以前作品姑且以六十歲爲寫〈首尾吟〉之最早紀年。

註十九：〈老去吟〉（卷十五）一首，記載是年雍六十六歲，定國案：疑係六十五歲之筆誤，因爲前後數首詩皆作於六十五歲。

註二十：范祖禹范太史集，卷三十七，康節先生誄文。

# 第四章　邵雍詩的語言特徵

歷代詩歌的評論家罕有把觸角伸向邵雍詩，是故邵雍詩誨而不明，其來有自。前文第二章我們討論邵雍詩的背景資料，已深度了解其詩的形成原因。好像戲劇院的後台，演員的笑貌聲容，道具服裝，應酬交游等等都已掌握清楚。至於內容研究的部分，就像演員上台正式演出還要靠平日種種的訓練、現場的才情和演出者思想、風格的發揮，這就是戲劇的內容。創作詩歌雷同創作戲劇或其他藝術，因此我們要倒帶逆思邵雍的詩歌，分析其詩的內容，這是詩歌評論家正確的研究態度。結合外緣背景和內容研究，才能圓滿、而全面的善盡評論家的工作。

「詩」具備書面形式的語言與繪畫性的形象，兩者之間未曾徹底地分離過，但時有偏重的不同，因而造成不同的風姿韻味。我們相信邵雍詩的語言特色，已提供特別的主題，吸引我們在視覺上聽覺上的觀察，僅管這種觀察，有人覺得是理趣，有人覺得是理障，事實上其內涵遠超過這兩種單純的批評概念。

語言最忌諱的是熟濫，古人說陳言務去，正說此理。宋詩不願追隨唐詩的熟濫，所以宋詩有自己的天地。邵雍詩能堅持自己的作詩語言，有所謂的康節體，所以獨自擁有一片天空。詩的語言要從生活中去挖掘鍾鍊，要新鮮、簡鍊、生動、優美，而有雋永價值。

## 第一節　邵雍詩的語法

近人許世瑛《中國文法講話》說：「語法則包括口語和文語。」（註一）口語指平常講話的結構方式，文語是文章句子的結構方式。其實廣義的語法，可以遍指一切文字的結構實在不必細分的。詩的語法固然是文語，但宋詩援引口語入詩的情況很普遍，邵雍詩尤其如此。現在來分析邵詩的語法，對於邵詩所以形成康節體的原因和了解邵雍詩建構意象的方法極有助益。

### 一、起結虛字

起句和結句好用虛字湊成句，是邵雍詩在語法上的特色之一。所以錢鍾書說：「理學家如邵康節、陳白沙、莊定山，亦好於近體起結處，以語助足湊成句。」（註二）語助詞，又稱助詞。是用以結尾或語氣停頓的虛字，用來幫助詞、語、句的氣勢，以完成表情達意的功能。所以一般稱語助詞為虛字。邵雍詩是生活化的詩，是口語化的詩，因而自然大方地援用虛字進入近體詩的最重要的起句、結句。

其實這種用法，並非邵雍首創，唐人李商隱〈昨日〉詩首句云：「昨日紫姑神去也。」（《玉谿生詩集箋注》，卷二），筆調搖曳生姿，真爲絕唱。邵雍詩不但用於起句、結句，更於起聯、結聯也常用，甚而每句或每聯出現虛字的位置經常變化，並且時而塑造虛字爲關鍵詩眼的情況。再者此類虛字也不限於「之」、「乎」、「者」、「也」，尚有「焉」、「乎」、「無」、「然」、「奈何」、「則」、「其奈」、「否」、「哉」等疑問助詞、語尾助詞、語中助詞，或狀態助詞。甚至援引助詞俚語，如「飲些些」、「苦云云」等。詩的起結處爲詩人最需著力處，竟大量使用虛字，可見把詩當成極圓熟的表達方法，毫不費力的示現內心的看法。這的確是古今詩人中鮮見的語言技巧。以下摘舉《擊壤集》詩例以說明之。

## （一）虛字出現在起句

樂則行「之」憂則違，大都知命是男兒。（起句〈遊山三首之三〉卷二）

欲遂終「焉」老閒計，未知天意果如何？（起句〈謝富丞相招出仕二首之二〉卷二）

予看山多「矣」，未嘗逢此奇。（起句〈登女几〉卷三）

草有可嘉「者」，莫將蕭艾儔。（起句〈答人乞碧蘆〉卷七）

歸去來「兮」任我真，事雖成往意能新。（起句〈讀陶淵明歸去來〉卷七）

至靈「之」謂人，至貴之謂君。（起句〈至靈吟〉卷八）

盡道「之」謂聖，如天之謂仁。（起句〈仁聖吟〉卷八）

閑人「亦也」有官守，官守一身四事有。（起句〈林下局事吟〉卷九）

近年好花八輕「之」，東君惡怒人不知。（起句〈戲呈王郎中〉卷十一）

遷喬固有「之」，出谷未多時。（起句〈流鶯吟〉卷十一）

此物鐵為「之」，何嘗肯妄持。（起句〈鐵如意吟〉卷十三）

古今情一「也」，能處又何難？（起句〈觀物吟四首之三〉卷十五）

筋骨得似常年「否」？氣血能如舊日無？（起句〈答人吟〉卷十六）

身「之」有病當求藥醫，藥之非良其身必虧。（起句〈有病吟〉卷十六）

見風而靡者草「也」，見霜而隕者亦草也。（起句〈風霜吟〉卷十六）

人「之」娶妻，容德威儀。（起句〈娶妻吟〉卷十六）

時之來「兮」，其勢可乘。（起句〈時事吟〉卷十八）

痛「矣」時難得，悲哉道未傳。（起句〈痛矣吟〉卷十九）

時時醇酒飲「些些」，頤養天和以代茶。（起句〈飲酒吟〉卷十九）

## （二）虛字出現在起聯（即第二句）

安樂窩中詩一編，自歌自詠自怡「然」。（起聯〈安樂窩中詩一編〉卷九）

天意無他只自然，自然「之」外便無天。（起聯〈天意吟〉卷十）

人不善賞花，只愛花「之」貌。（起聯〈善賞花吟〉卷十一）

天地有潤澤，其降「也」瀼瀼。（起聯〈霜露吟〉卷十四）

許大乾坤自我宣，乾坤「之」外復何言？（起聯〈觀三皇吟〉卷十五）

人人共戴天，我戴豈徒「然」？（起聯〈蒼蒼吟〉卷十七）

## （三）虛字出現在結句

書傳稱上洛，斯言得之「矣」。（結句〈辨熊耳〉卷三）

食此無珍言，哀「哉」口與舌。（結句〈秋懷三十六首之七〉卷三）

旨甘取足隨豐儉，此樂人間更有「無」？（結句〈閒居述事五首之三〉卷四）

丹青曲盡世間妙，寫得憑欄意思「無」？（結句〈秋日登崇德閣二首之一〉卷五）

觀古事多今可見，不知何「者」謂經綸？（結句〈偶書〉卷五）

莫道天津便無事，「也」須閒處著功夫。（結句〈二十五日依和左藏吳傳正寺丞見贈〉卷五）

些兒林下閑疏散，做得風流罪過「無」？　（結句〈花月長吟〉卷六）

欲求為此者，到了是誰「何」？　（結句〈逍遙吟四首之三〉卷七）

他年雲水疏，「亦」恐難尋覓。　（結句〈君子與人交〉卷七）

料得預憂天下計，不忘君「者」更為誰？　（結句〈代書寄程正叔〉卷八）

長恨愁多酒力微，為春成病花知「否」？　（結句〈問春三首之三〉卷八）

從事于茲二十年，欲求同列誰能「否」？　（結句〈林下局事吟〉卷九）

安得九皋禽，清唳一灑「然」。　（結句〈和秋夜〉卷九）

辭比離騷更溫潤，離騷「其奈」少寬舒。　（結句〈謝富相公見示新詩一軸二首之二〉卷九）

遂使閑人轉狂亂，「奈何」紅日又西頹。　（結句〈和君實端明副酒之什〉卷九）

去年波水東流去，舊涤「奈何」新又來。　（結句〈年老逢春十三首之一〉卷十）

千紅萬翠中間裏，似我閑人更有「麼」。　（結句〈年老逢春十三首之六〉卷十）

大凡物老須生病，人老何由不病「乎」。　（結句〈臂痛吟〉卷十一）

始知心者氣之帥，心快沉痾自釋「然」。　（結句〈病起吟〉卷十一）

賂則謂之賄，竊「則」謂「之」贓。　（結句〈金帛吟〉卷十一）

不欲久獨擅，能來同享「無」？（結句〈閤上招友人〉卷十一）

寰宇雖然廣，「其」誰曰不然？（結句〈浮生吟〉卷十二）

極則有禍，窮「則」有凶？（結句〈奢侈吟〉卷十二）

齊人一言，田子辭「焉」。（結句〈一言感人〉卷十三）

咫尺洛陽春已盡，過從能憶舊時「無」？（結句〈春暮答人吟〉卷十五）

時和歲豐後，「亦」自有餘歡。（結句〈和內鄉李師甫長官見寄〉卷十五）

鄭洛風煙雖咫尺，恨無由往一觀「之」。（結句〈代書寄呂庫部〉卷十六）

綿綿而若存，用「之」豈有勤。（結句〈宇宙吟〉卷十六）

拔山蓋世稱才力，到此分毫強得「乎」？（結句〈先天吟〉卷十七）

惟學之所能，坐而爛觀「爾」。（結句〈觀性吟〉卷十八）

詩者豈于此，史畫而已「矣」。（結句〈史畫吟〉卷十八）

衰軀設使能重往，疇昔情懷奈杳「然」。（結句〈爲客吟〉卷十九）

摠是灰心事，冥「焉」晝午過。（結句〈共城十吟之九〉卷二十）

## （四）虛字出現在結聯（即倒數第二句）

太平自慶何多「也」，唯願君王壽萬春。（結聯〈安樂窩中四長吟〉卷九）

欲憑桃李為「之」謝，桃李無言爭奈何。（結聯〈和崇德久待不至別兩絕之一〉卷十）

莫問身「之」外，人知與不知。（結聯〈為善吟〉卷十一）

吾能一貫「之」，皆如身所歷。（結聯〈皇極經世一元吟〉卷十三）

雖居蠻貊亦行「矣」，無患鄉閭情未親。（結聯〈答友人〉卷十三）

惜「哉」情何物，使人能如是。（結聯〈讀古詩〉卷十四）

大「哉」贊易脩經意，料得生民以後無。（結聯〈瞻禮孔子吟〉卷十五）

我生其幸何多「也」，安有閒愁到耳邊。（結聯〈春天吟〉卷十八）

哀「哉」公與卿，重為人所惑。（結聯〈死生吟〉卷十八）

「有」宋熙寧之間，大為一時之壯。（結聯〈四賢吟〉卷十九）

享「了」許多家樂事，堯夫非是愛吟詩。（結聯〈首尾吟一百三十五之二〉卷二十）

## 二、語助湊句

此項語言技巧與前項不同處，是詩中不擇句，隨處而使用語助詞。邵雍詩以鍊字、鍊句的一般觀點而言，它之所以不夠淬練、華美、工巧，正是隨處可見的語助詞造成妨害。然而從文意思想的角度來看這種修辭，很可能正是邵雍詩他要塑造意象和語言技巧的重要手法。因此，我們不能以單純的鍊字、鍊句來規範邵雍詩。邵雍詩想要做到的是髓而不是皮、肉、骨。

前項已說明虛字在近體詩起結句（即絕句1、4句，律詩1、8句）或起結聯（即律詩第2、7句）出現的情形，下文就虛字出現在律詩的3、4、5、6句，絕句的2、3句及古體詩句的情況舉例說明。

## （一）虛字出現在律詩第三句、第四句

日月星辰堯則「了」，江河淮濟禹平「之」。（〈首尾吟之十八〉卷二十）

固有命「焉」剛不信，是無天「也」果能欺。（〈首尾吟之十八〉卷二十）

春初暖「兮」日遲遲，秋初涼「兮」雲微微。（〈首尾吟之二十〉卷二十）

以至死生猶處「了」，自餘榮辱可知「之」。（〈首尾吟之廿二〉卷二十）

意淺不知多「則」惑，心靈須識動「之」微。（〈首尾吟之七四〉卷二十）

義若不為無勇「也」，幸如有過必知「之」。（〈首尾吟之九五〉卷二十）

信道「而」行安有悔，樂天「之」外更何疑。（〈首尾吟之一〇二〉卷二十）

## （二）虛字出現在律詩第五句、第六句

無聲無臭儘休「也」，不忮不求還得「之」。（〈首尾吟之廿四〉卷二十）

既無一日九遷「則」，安有終朝三褫「之」。（〈首尾吟之卅四〉卷二十）

老成人為福「之」基，騃孺子為禍「之」梯。（〈首尾吟之五一〉卷二十）

物皆有理我何「者」，天且不言人代「之」。（〈首尾吟之七八〉卷二十）

## （三）虛字出現在絕句（二、三句）

時難得而易失，雖悔「而」何追。不知老「之」已至，不知志與願違。（〈得失吟〉卷十九）

利名都不到胸中，「由此」胸中氣自沖。「既」愛「且」憎皆是病，靈臺何日得從容。（〈利名吟〉卷十六）

吾廬雖小粗容身，「且免」輕為僦舍人。「大有」世人無屋住，向人簷下索溫存。（〈吾廬吟〉卷十六）

侈不可極，奢不可窮。極「則」有禍，窮則有凶。

（〈奢侈吟〉卷十二）

梅因何而酸，鹽因何「而」鹹，茶因何「而」苦，薺因何而甘。

（〈因何吟〉卷十二）

憶昔初書大字時，學人飲酒「與」吟詩。茍非益友推金石，四十五年成一非。

（〈憶昔吟〉卷十二）

可必人間惟善事，不由天地「只」由衷。莫嫌效遠「因而」止，更勉其來更有功。

（〈可必吟〉卷十二）

正要雨時須不雨，已成災處「更」成災。如何百穀欲焦爛，遍地止存蒿與萊。

（〈憫旱〉卷十一）

俗阜知君德，時和見帝功。「況」吾生長老，俱在太平中。

（〈自慶吟〉卷十一）

簪花猶且強年少，訢酒「固非」佯小心。花好酒嘉情更好，奈何明日病還深。

（〈簪花吟〉卷十一）

清洛接天去，寒雲貼地飛。人「於」橋上立，詩向雪中歸。

景好身還健，天晴路「又」乾。小車芳草軟，處處是清歡。
（〈天津看雪代簡謝蔣秀才還詩卷〉卷九）

生平有癖好尋幽，一歲龍山四五遊。「或」往「或」還都不計，蓋無榮利可稽留。
（〈寄三城舊友衛比部二絕之二〉卷九）

年年此際定煙嵐，人「亦」何嘗謂我貪。歸見交親話清勝，且無防患在三緘。
（〈和王安之少卿同遊龍門〉卷八）

滌水悠悠際碧天，平蕪「更與」遠山連。白頭老叟心無事，閒憑欄干看洛川。
（〈二十日到城中見交舊〉卷五）

水流任急境常靜，花落「雖」頻意自閒。不似世人忙裏老，生平未始得開顏。
（〈天津感事二十六首之十二〉卷四）
（〈天津感事二十六首之十五〉卷四）

## （四）虛字出現在古體詩句

貧賤人「所」苦，富貴人「所」遷。⋯進行己「之」道，退養己「之」全。

既未「之」易地，胡為「乎」不堅？敢謂客「之」說，曾無所取「焉」。

猗嗟「乎」玉「兮」，產「之」於荊山。和氏雖云知，楚國未為然。

（〈寄謝三城太守韓子華舍人〉卷一）

石柱「之」始立，於古無「所」根。就勒分陝銘，惟唐人「之」言。⋯⋯從君陳畢命，宜成周「而」云。二者兼取「之」，於義似或尊。⋯⋯甘棠「之」蔽芾，石柱「之」清新。當時「之」盛事，予不得「而」親。二南「之」正化，二公「之」清芬。千載「之」美談，予可得「而」聞。「又」恐隨流水，「仍」憂嫁遠風。水流「猶」委曲，風遠「便」西東。⋯⋯

（〈和陝令張師柔石柱村詩〉卷三）

芳草「更」休生，芳樽「更」不傾。草「如」生不已，樽「豈」便能停。

（〈芳草長吟〉卷六）

檻前「纔」泚泚，天外「，更」悠悠。⋯⋯畫手「方」停筆，騷人「正」倚樓。

（〈春水長吟〉卷六）

「或」混同六合，「或」控制一方。「或」創業先後，「或」垂祚短長。⋯⋯情慾「之」一發，利害「之」相戕。劇力恣和噬，無涯罹禍殃。山川「纔」表裏，丘隴「又」荒涼。⋯⋯

春秋禮樂能遺「則」？父子君臣可廢「乎」？
（〈書皇極經世後〉卷八）

禍如許免人須諂，福若待求天可量。「且」異緇黃徼廟貌，「又」殊兒女裊衣裳。
（〈安樂窩中一部書〉卷九）

雖然「似」雪霜，無改「如」松桂。「方」惜久離闊，「卻」喜由道義。
（〈安樂窩中一炷香〉卷九）

既為「之」巨硯，遂登「于」綸閣。……則予何人「哉」？拜貺徒驚矍。「須是」筆如椽，「方能」無厚怍。
（〈謝傅欽之學士見訪〉卷十二）

「既有」前車戒慎，「豈無」覆轍兢莊？……水際「尤宜」穩審，花間「更要」安詳。……恐「者」既不見害，善「者」固無相傷。
（〈王勝之諫議見惠文房四寶：因以謝之〉卷十四）
（〈小車六言吟〉卷十四）

## 三、拆字造句

漢字造型方整，最便拆字。作詩、製謎往往也會利用拆字方法，以離合技巧來製聯製謎。《文心雕龍》〈明詩〉所謂：「離合之發，則萌於圖讖。」，如緯書多言卯金刀以射「劉」字，後孔融以離合法作〈郡姓名字詩〉雖有巧思，卻乏詩情，不能廣傳。錢鍾書說：「詞章中游戲狡獪，則似莫早於《玉臺新詠》卷十〈古絕句〉第一首：「稿砧今何在，山上復有山。」詞中如黃山谷〈虞美人〉：「你共人女邊著子，爭知我門裏安心」…吳夢窗〈唐多令〉：「何處合成愁，離人心上秋」…皆《玉臺》一絕之踵事增華也。」（註三）邵雍偶用拆字離合的造句技巧造句，時雖晚於《玉臺》，而早於山谷、夢窗。其後明朝孫原湘《天真閣集詩》頗效之。今舉邵雍詩例加以詮解。

日月作明明主日，人言成信信由人。（〈安樂中吟十三首之九〉卷十）

說明：明字拆成日月，信字拆成人言。

言由人而信，月由日而明。（〈偶得吟〉卷十一）

說明：信拆成言人，明拆成月日。

目時然後視，耳時然後聽。（〈四者吟〉卷十三）

說明：視字可拆目，聽字可拆耳。

晉齊命令炎如火，文武資基冷似冰。（〈觀春秋吟〉卷十五）

說明：炎字可拆火，冷字可拆冰（　即冰之古字）。

火能烹而不能沃，水能沃而不能烹。（〈治亂吟五首之五〉卷十六）

說明：烹字可拆火，沃字可拆水。

口無妄言，心無妄慮。（〈無妄吟〉卷十六）

說明：言字可拆口，慮字可拆心。

人言為信，日月為明。止戈為武，羔美為羹。（〈解字吟〉卷十六）

說明：全首皆用拆字法。

凶焰熾時焚更烈，恩波流處浸還深。（〈天地吟〉卷十九）

說明：焰、熾、焚、烈四字俱含「火」，波、流、浸、深四字皆有「水」，亦類似以離合拆字來體貼文意。

已沐仁風深骨髓，更驚詩思切瓊琚。（〈和王不疑郎中見贈〉卷六）

說明：骨、髓二字俱含「骨」，瓊、琚二字皆從「玉」，類似以離合拆字來體貼文意。

醺酣情味難名狀，醞釀功夫莫指陳。（〈安樂窩中酒一樽〉卷九）

說明：醺酣、醞釀四字俱從「酉」，類似以拆字離合來體會文意。

山有喬峰水有濤（〈登山臨水吟〉卷二）

說明：山、峰同山；濤同水，亦拆字離合來組合文意。

## 四、參差反復

此是邵雍最見慣的造句手法，即上下句句法參差，而且形成文意正反相左、或大柢雷同、或相生變化。這種文字和文意環繞的效果，或組成文字流暢，或造成思路反復增強，或變化句法增長情味，但是不可諱言的，有時真的只是玩弄文字，使得詩味盡失。邵雍詩原爲表達哲理文意之內涵，顧不得詩味之優美與否，其求仁得仁，也許此正爲其康節體的特色之一種。

前日之所是，今日之或非。今日之所強，明日之或羸。（〈觀棋大吟〉卷一）

說明：前日、今日二辭上下句參差，而文意反復對立。

稍鄰美譽無多取，纔近清歡與賸求。美譽既多須有患，清歡雖賸且無憂。（〈名利吟〉卷三）

說明：美譽、清歡上下句參差爲文，而文意反復顯然相反。

為今日之山，是昔日之原。為今日之原，是昔日之川。（〈川上懷舊四首之三〉卷三）

說明：今日、昔日與川、原既同句參差，又上下句參差，而文意反復環生。

照物無遁形，虛鑑自有光。照事無遁情，虛心自有常。（〈秋懷三十六首之一〉卷三）

說明：照、虛二字上下句參差，而文意反復相生。

蕩颺飄晴絮，繽紛舞暖絲。絲牽寸腸斷，絮入萬家飛。（〈垂柳長吟〉卷六）

說明：絲、絮上下句參差，而文意反復相生。

一山一重煙，山盡煙不盡。（〈川上懷舊四首之一〉卷三）

說明：山、煙同句參差，而文意反復環生。

以酒戰花穠，花穠酒更濃。花能十日盡，酒未百壺空。（〈落花長吟〉卷六）

說明：花、酒在同句及上下句均參差出現，而文意反復不同。

芳草更休生，芳樽更不傾。草如生不已，樽豈便能停。（〈芳草長吟〉卷六）

說明：草、樽二字上下句參差，而文意相反。

春在水自漾，春歸漾遂休。（〈春水長吟〉卷六）

說明：春、漾二字同句參差，而文意反復相生。

洛人好種「花」，唯我好種「竹」。……「花」止十日紅，「竹」能經歲綠。（〈乞笛竹〉卷七）

說明：花、竹二字上下句參差，而文意反復變化。

富貴多傲人，人情有時移。道德不傲人，人情久益歸。（〈偶見吟〉卷七）

說明：「傲人」、「人情」二辭上下句參差，而文意反復變化。

花愛半開承露看，奈何花上露沾衣。（〈答李希淳屯田〉卷九）

說明：花、露同句參差，而文意反復變化。

花見白頭人莫笑，白頭人見好花多。（〈南園賞花〉卷八）

說明：花、白頭人同句參差，而文意反復相生。

因把花行侵竹種，且圖竹逕對花開。花香遠遠隨衣袂，竹影重重上酒盃。（〈南園花竹〉卷八）

說明：花、竹二字既同句參差，又上下句參差，而文意反復變化。

奈何禾未榮，而見莠先茂。莠若不誅鋤，禾亦未成功。（〈種穀吟〉卷九）

說明：禾、莠上下句參差，而文意反復相生。

古人不見面，止可觀其心。⋯今人不見心，正可觀其面。（〈感事吟〉卷十）

說明：面、心二字隔句上下文參差，造成文意反復相生。

⋯此類之人，鮮有不臧。⋯此類之人，鮮有不孽。臧唯思安，孽唯思殘。（〈偶書〉卷十）

說明：贓、孽二字隔句上下文參差，造成文意反復變化。（〈流鶯吟〉卷十一）

替花言灼灼，代柳說依依。柳外晚猶囀，花前曉又啼。

說明：花、柳二字上下句參差，而文意反復相生。（〈曝書吟〉卷十一）

蟲蠹書害少，人蠹書害多。蟲蠹曝已去，人蠹當如何？

說明：全詩以蟲蠹、人蠹參差，且文意反復相生。（〈莫如吟〉卷十二）

君臣守以義，父子守以仁。義失為敵國，仁失為路人。

說明：義、仁二字上下句參差，而文意反復相生。（〈接花吟〉卷十二）

物為萬民生，人為萬物靈。人非物不活，物待人而興。

說明：物、人二字既上下句參差，又同句參差，而反復爲文，而文意變化相生。（〈求鑑吟〉卷十四）

人無鑑流水，當求鑑止水。流水無定形，止水有定體。

說明：流水、止水上下句參差爲文而文意反復變化。（〈知音吟〉卷十七）

莫向山中尋白玉，但於身上覓黃金。山中白玉有時得，身上黃金無處尋。

說明：山中、身上、白玉、黃金四辭，均上下句參差，而文意反復相生。（〈無苦吟〉卷十七）

行筆因調性，成詩為寫心。詩揚心造化，筆發性園林。

說明：筆、性、詩、心四字既同句參差，又上下句參差，而文意反復相生。

富貴把手，貧賤掣肘。貧賤把手，富貴掣肘。（〈把手吟〉卷十七）

說明：富貴、貧賤與把手、掣肘均上下句參差，而文意正反不同。

至人無夢，聖人無憂。夢為多想，憂為多求。（〈憂夢吟〉卷十八）

說明：夢、憂二字上下句參差，而文意反復相生。

人無率爾，事貴丁寧。率爾近薄，丁寧近誠。（〈人事吟〉卷十八）

說明：率爾、丁寧上下句參差，而文意反復變化。

身主於人，心主於天。心既不樂，身何由安？（〈天人吟〉卷十八）

說明：身、心二字上下句參差，而文意反復相生。

……寧人負已，已無負人。……寧已負人，無人負已。（〈處身吟〉卷十八）

說明：負已、負人語句上下參差，而文意反復環生。

雖然曾過眼，須是更經心；過眼未盡見，經心肯儘尋？（〈演繹吟四首之一〉卷十八）

說明：過眼、經心二辭上下句參差，而文意反復相生。

人無好勝，事無過求。好勝多辱，過求多憂。（〈好勝吟〉卷十八）

說明：好勝、過求二詞上下句參差，而文意反復相生。

內若能守，外自不受。內苦無守，外何能久？（〈內外吟〉卷十八）

說明：內、外二字上下句參差，而文意反復相生。

明有日月，幽有鬼神。日月照物，鬼神依人。（〈幽明吟〉卷十九）

說明：日月、鬼神二辭上下句參差，而文意反復相生。

性在體內，影在形外。性往體隨，形行影會。（〈影論吟〉卷十九）

說明：性、體，影、形，互相參差，而文意反復相生。

## 五、轆轤映帶

轆轤原是安裝於井上之汲水滾具，如機械上之絞盤。詩話中常引用爲詩體之名，實際運用情形，語焉未詳。明、梁橋《冰川詩式》第四卷云：「轆轤韻法，單轆轤者，單出單入，兩句換韻。雙轆轤者雙出雙入，四句換韻。」此內涵指韻的變化，所舉李白〈妾薄命詩〉例，也不甚正確。明、楊良弼《作詩體要》也列有〈轆轤體〉，舉白居易〈讀禪經詩〉爲例，白詩云：「須知諸相皆非相，若住無餘卻有餘。言下忘言一時了，夢中說夢兩重虛。空花豈得兼求果？陽焰如何更覓魚？攝動是禪禪是動，不禪不動即如如。」（《白居易集》卷三十二）很顯然，白詩例是解釋詩句中以不斷的輾轉重出字爲作詩的技巧。其與上文參差反復變類似，但是參差反復以同句不重出爲原則，此種轆轤體則以不斷重出映帶爲主。所謂「映帶」指上下詩句相互照映聯絡，自成情致。

錢鍾書也指陳邵雍詩「轆轤映帶，格愈緊密，而調益流轉。」（註四）也非指韻而言，卻說明詩句拈字重出，而文意變化無窮，並且格調流轉細密順暢。此種句法唐杜甫、韓愈、白居易、李商隱皆熟爲，如杜甫〈聞官軍收兩河〉云：「即從巴峽穿巫峽，便下襄陽向洛陽。」又〈曲江對酒〉云：「桃花紅逐楊花落，黃鳥時兼白鳥飛。」又例如李商隱〈杜工部蜀中離席〉云：「座中醉客延醒客，江上晴雲雜雨雲。」又〈春日寄懷〉云：「縱使有花兼有月，可堪無酒又無人。」而韓愈〈遣興〉詩云：「莫憂世事兼身事，且著人間比夢間。」和白居易〈偶飲〉詩云：「今日心情如往日，秋風氣味似春風。」皆此類也。不但唐人如此，宋人亦多效之者。例如王安石〈江雨〉詩云：「北澗欲通南澗水，南山正遶北山雲。」而黃庭堅〈雜詩〉云：「迷時今日如前日，悟後今年似去年。」又〈次韻題粹老客亭詩後〉云：「惟有相逢即相別，乍然同喜又同悲。」（註五）足見唐宋詩人俱用此法，惟邵雍用之不饜，儼然形成「邵雍的詩法」，謂之「康節體」此法式也是原因之一。下文以《擊壤集》爲例證，略述論之：

遊山「太室」更「少室」，看水「伊川」又「洛川」。（〈和魏教授見贈〉卷六）

「有花」無月愁「花老」，「有月」無花恨「月孤」。（〈花月長吟〉卷六）

「對酒」有花非「負酒」，「對花」無酒是「虧花」。（〈對花飲〉卷七）

偶而「相逢」卻「相別」，乍然「同喜」又「同悲」。（〈所失吟〉卷十）

「曉物」情人為「曉事」，「知時」態者號「知人」。（〈曉事吟〉卷十一）

正要「雨時」須「不雨」，已「成災」處更「成災」。（〈憫旱〉卷十一）

「古事」參「今事」，「今人」乃「古人」。（〈人情吟〉卷十二）

「與義」不「與利」，「記恩」不「記讎」；「揚善」不「揚惡」，「主喜」不「主憂」。（〈君子行〉卷十三）

妄欲「斷緣」「緣愈重」，徼求「去病」「病還多」。（〈學佛吟〉卷十四）

「江南」「江北」常相逐，「春後」「春前」多自呼。（〈鷓鴣吟二首之二〉卷十七）

「大得」卻須防「大失」，「多憂」元只為「多求」。（〈答友人勸酒吟〉卷十七）

「千片」「萬片」巧粧地，「半舞」「半飛」斜犯楹。（〈和商守登樓看雪〉卷二）

「浮名」更在「浮雲」外。（〈旅中歲除〉卷二）

幾番「飛去」又「飛來」。（〈天津感事二十六首之十六〉卷四）

「南園」「之南」草如茵，……「飄來」「飄去」殊無因。（〈南園南晚步思亡弟〉卷六）

「施朱」「施粉」色俱好，「傾國」「傾城」艷不同。（〈二色桃〉卷二）

「夢中」「說夢」猶能憶，「夢覺」「夢中」還又隔。（〈夢中吟〉卷三）

「燕去」「燕來」徒自苦，「花開」「花謝」漫相催。（〈新春吟〉卷四）

當默「用言」「言是垢」，當言「任默」「默為塵」。（〈言默吟〉卷四）

「跡異」「名尤異」，「心同」「齒更同」。（〈寄陝守祖擇之舍人〉卷五）

能休「塵境」為「真境」，未了「僧家」是「俗家」。（〈十三日遊上寺及黃澗〉卷五）

人人「可到」我「未到」，物物「不妨」誰「與妨」。（〈和吳沖卿省副見贈〉卷六）

欄杆「倚了」還「重倚」，芳酒「斟迴」又「再斟」。（〈恨月吟〉卷六）

「相招」「相勸」飲流霞，「鬢亂」秋霜「髮亂」華。（〈林下五吟之四〉卷八）

酒因「春至」「春歸」飲，詩為「花開」「花謝」吟。

「花謝」「花開」詩屢作，「春歸」「春至」酒頻斟。（〈喜春吟〉卷十）

閑看「密蜂」收「密」意，靜觀「巢燕」壘「巢」心。（〈旋風吟之三〉卷十一）

「草色」連「雲色」，「山光」接「水光」。（〈秋望吟〉卷十二）

劉勰文心雕龍曰：「凡聲有飛沈，響有雙疊。……並轆轤交往，逆鱗相比。…」將文句轆轤映帶與聲響聯鎖的關係合言〈聲律篇，卷七〉，而趙翼〈甌北詩話卷十二〉也提到古人聯鎖句法多有此類，但頗不以爲然。吾人以爲是否襲用，是否落入窠臼，仍取決於詩人妙善簡擇，惟詩心是用。就邵雍而言，以詩御理，以聯鎖字御詩，有助於詩的強度，所以誠有其便宜處。用之多，遂爲康節體語言之特色。

## 六、變化結構

邵雍的詩集，類似生活化的自傳，儘管詩的本身避免主觀的意見，但是許多詩都有詩人的影子，故有以詩作傳的感覺。經翻閱詩集，確實言及詩人名姓之處有四一三次，亦有以名姓爲詩題者，如卷十八〈堯夫吟〉、卷十三〈堯夫何所有〉、卷十二〈依韻和王安之少卿見戲，安之非是棄堯夫吟〉等。以「吟」字爲題的寫法，固然是邵雍獨特的藝術表現方式，而打破漢唐和宋初西崑體的詩體格律，凸顯出邵雍在尋找理學詩的最佳表達詩體，其開創理學家的企圖心非常強烈。顯然邵雍致力於詩體，多所因革，不但字法、句法變化特別，甚而篇章結構亦勇於嘗試，而出古今所未有。

### （一）首尾句相同的詩體

邵雍以「堯夫非是愛吟詩」爲律體的首句、尾句，其寫作時間雖不同年，卻能組成一百三十五首的一組詩論（這一組實際只有一百三十四首；今北京大學〈全宋詩本〉又尋得輯佚的另一組首尾吟）。今舉〈首尾吟第一首〉爲例，如：「堯夫非是愛吟詩，為見聖賢興有時。日月星辰堯則了，江河淮濟禹平之。皇王帝霸經褒貶，雪月風花未品題。豈謂古人無闕典，堯夫非是愛吟詩。」除去首尾，其中僅有中間六句能表達詩意，在詩的內涵上而言，是有缺陷的，但是就單首詩，能首尾回環兼顧文意的視角來看，又顯出這種詩體的開創性和圓滿性。又見大陸版《全宋詩》卷三八一輯有邵雍〈訓世孝弟詩〉十首，每首以「子孝親兮弟敬哥」爲首句尾句，這一組詩的內涵係以人倫哲學爲課題。凡此詩體詩人顯然經過長時間的創作試驗，所以成熟無比。這種古無前例的創新詩體，宋、明、清詩人常有效法者。譬如宋朝司馬光、程顥等在擊壤集中皆曾和堯夫〈首尾吟〉。明朝陳舜道〈春日田園雜興〉詩即學首尾體者也（註六）。

## （二）首句與詩題相同的詩體

詩組或獨詩，其中每首詩的首句有幾字皆與詩題相同，此體也是邵雍常用，例如卷一〈高竹八首〉，首句皆冠高竹兩字。形成首句與詩題相同，十分搶眼的結構。此八首詩首句爲「高竹百餘挺」、「高竹臨清溝」、「高竹已可愛」、「高竹碧相倚」、「高竹如碧幢」、「高竹雜高梧」、「高竹數十尺」、「高竹逾冬青」等。另有卷十九的〈窺開吟十三首〉竟然形成絕句中的前二句完全相同的詩體，極特別。而同卷的〈爲客吟〉，以首句「忽憶〇〇爲客日」組成四首詩組，同乎此類手法。

另有卷二〈竹庭睡起〉，首句「竹庭睡起閑隱几」；卷三〈名利吟〉，首句「名利到頭非樂事」；卷三〈何事吟〉，首句「何事教人用意深」；卷三〈三十年吟〉，首句「三十年間更一世」；卷三〈夢中吟〉，首句「夢中說夢猶能憶」；卷四〈辛酸吟〉，首句「辛酸既不爲中味」；卷五〈緣飾吟〉，首句「緣飾了時稱好手」等亦是此體。

另有詩題中的數字與詩的首句相同者，經翻閱全集約有一五〇首，此處僅略舉數例以証。

〈十日西過永濟橋〉卷五，首句「十日西行過永濟」。

〈安樂窩中好打乖吟〉卷九，首句「安樂窩中好打乖」。

〈年老逢春〉十三首卷十，首句爲「年老逢春春莫猜」、「年老逢春春正妍」、「年老逢春雨乍晴」、「年老逢春莫厭春」、「年老逢春始識春」、「年老逢春春意多」、「年老逢春春莫厭」、「年老逢春春莫慳」、「年老逢春莫厭頻」、「年老逢春興未收」、「年老逢春莫惜狂」、「年老逢春春不任」、「年老逢春認破春」。

〈所失吟〉卷十，首句「所失彌多所得微」。

〈安樂窩中吟〉十三首卷十，首句爲「安樂窩中職分修」、「安樂窩中事事無」、「安槳窩中弄舊編」、「安樂窩中萬戶侯」、「安樂窩中春夢迴」、「安樂窩中春不虧」、「安樂窩中三月期」、「安樂窩中春暮時」、「安樂窩中甚不貧」、「安樂窩中設不安」、「安樂窩中春欲歸」、「安樂窩中雖不拘」（其中僅此首詩出現在第二句，即生爲男子偶昌辰，安樂窩中富貴身）。

〈善賞花吟〉卷十一，首句「人不善賞花」。

〈春雨吟〉卷十一，首句「春雨細如絲」。

〈可惜吟〉卷十一，首句「可惜熙熙一片春」。

〈簪花吟〉卷十一，首句「簪花猶且強年少」。
〈世上吟〉卷十一，首句「世上偷閑始得閑」。
〈恍惚吟〉卷十二，首句「恍惚陰陽初變化」。
〈浮生吟〉卷十二，首句「浮生曉露邊」。
〈能懷天下心〉卷十三，首句「能懷天下心」。
〈人生長有兩般愁〉卷十三，首句「人生長有兩般愁」。
〈歲儉吟〉卷十四，首句「歲儉心非儉」。
〈人貴有精神吟〉卷十五，首句「人貴有精神」。
〈秦川吟〉二首卷十五，首句「當時馬上過秦川」（之一），「秦川兩漢帝王區」（之二）。
〈量力吟〉卷十六，首句「量力動時無悔吝」。
〈吾廬吟〉卷十六，首句「吾廬雖小粗容身」。
〈溫良吟〉卷十六，首句「君子溫良當責備」。
〈君子吟〉卷十六，首句「君子與義」（之一）、「君子尚德」（之二）、「君子作福」（之三）、「君子樂善」（之四）、「君子好譽」（之五）、「君子思興」（之六）、「君子好與」（之七）、「君子好生」（之八）。

〈牡丹吟〉卷十七，首句「牡丹花品冠群芳」。
〈大象吟〉卷十七，首句「大象自中虛」。
〈秋盡吟〉卷十七，首句「數日之間秋遂盡」。
〈亂石吟〉卷十七，首句「天津多亂石」。
〈未有吟〉卷十七，首句「未有一分功」（之一）、「未有一分讓」（之二）。
〈盃盤吟〉卷十八，首句「林下盃盤大寂寥」。
〈防邊吟〉卷十八，首句「自古防邊無上策」。
〈過眼吟〉卷十八，首句「紛紛過眼不須驚」。
〈太平吟〉卷十八，首句「太平時世園亭內」。
〈得失吟〉卷十九，首句「時難得而易失」。
〈野軒〉卷十九，首句「一軒名野非塵境」。
〈晝睡〉卷十九，首句「晝睡功夫未易偕」。

## （三）長短吟詩體

詩題以長吟或大吟名篇，在邵雍詩自成爲一種特別的寫法。與長吟相對的，也有短吟、小吟名篇的詩題，觀其短吟之作皆爲長吟同詩題的較短作品。是以所謂長短吟實寓有同一詩題而別繁簡之意。然而長短吟雖說同一詩題，就其內容觀察二者之間，並無有意的連接，也就是說，各詩都是獨立的創作，除非像〈首尾吟〉一三五首，〈高竹〉八首，〈共城十吟〉等是經過縝密設計其串連的結構而寫成一個有意義的單元。

**(1)長吟、大吟**

觀棋大吟（卷一）　芳草長吟（卷六）

觀棋長吟（卷五）　落花長吟（卷六）

花月長吟（卷六）　垂柳長吟（卷六）

春水長吟（卷六）　清風長吟（卷六）

安樂窩中四長吟（含安樂窩中詩一編、安樂窩中一部書、安樂窩中一炷香，安樂窩中酒一樽，四詩連四長吟序皆有「安樂窩中」四字，然已自成長吟體系，故列於此）（卷九）

另有小車六言吟（係六言詩）、安樂吟、甕牖吟、盆池吟、小車吟、大筆吟（以上四言詩）詩畫吟、詩史吟、演繹吟、史畫吟（以上五言詩）俱是長吟之流，雖然並無長吟之名，卻有其事實。

**(2)短吟、小吟**

落花短吟（卷六）　　春水短吟（卷六）

芳草短吟（卷六）　　清風短吟（卷六）

垂柳短吟（卷六）

安樂窩中吟十三首（卷十）（卷九有安樂窩中長吟，此十三首及卷十三安樂窩銘雖無短吟之名，卻有短吟之實）

觀棋小吟（卷十七）案：小吟即短吟之意。

觀棋絕句（卷十七）案：絕句亦短吟之意，可與觀棋長吟相對觀之。

## （四）閒吟詩體

詩題以「閒」字爲主題，固然形成擊壤集特殊的體裁和心境，以結構而言，古今詩人中以「閒」聞名和作詩之多，除卻白居易以「閒適」體內容著稱外，當以邵氏最具代表。邵雍的「閒」意，有時是「靜」連接成「閒靜」的意境，有時則與「樂」聯合成「閒樂」的意境，所以邵雍閒吟體的面貌有很多變化，不見得是單一的詩境。

〈閒吟〉四首卷一　　〈閒行吟〉三首卷七

〈閒行〉卷三　　〈春盡後園閒步〉卷七

〈燕堂閒坐〉卷三
〈閒吟〉卷四
〈閒坐吟〉卷四
〈天津閒步〉卷四
〈閒居述事〉卷四
〈閒適吟〉五首卷六
〈初夏閒吟〉卷六
〈天津閒步〉卷七
〈閒居吟〉卷十
〈閒適吟〉卷十二
〈月陂上閒步吟〉卷十二
〈閒步吟〉三首卷十四
〈閒中吟〉卷十七
〈春郊閒居〉卷二十
〈春郊閒步〉卷二十

## （五）偶字詩體

詩體以偶字爲主題，標榜一時之興起而作之詩。

〈偶書〉卷三
〈偶書〉卷五
〈偶得吟〉二首卷七
〈偶見吟〉卷七
〈偶得吟〉卷十一
〈偶得吟〉卷十二
〈偶得吟〉卷十三
〈偶書〉四首卷十四

〈偶書吟〉卷八　〈偶得吟〉卷十六
〈偶書〉卷十　〈偶得吟〉卷十七
〈偶得吟〉卷十

## （六）箋云冠首的詩體

箋注之義，邵雍以「箋云」冠於詩首，意謂整首詩乃「詩題」的箋注。其箋年老逢春八首者，皆屬此類。如詩題〈老年才會惜芳菲〉，內容則爲之詮釋「箋云：一歲正榮處，三春特盛時。是花堪愛惜，況見好花枝。」

## （七）問答詩體

詩中以相互應答爲體，邵雍詩〈答傳欽之〉一首，起首「欽之謂我曰」，詩中「我謂欽之曰」，一往一答，連接全詩，但又與全詩字數、詩意格格不入，真是奇體。

## （八）回文詩體

此首尾句爲彼首首句，而此首首句則爲彼首之尾句，上下首詩之間首尾相聯，故回文相生。譬如：

旋風吟四首，其一「安有太平人不平……松桂隆冬始見青」，其二「松桂隆冬始見青……安有太平人不平」這二首互爲回文。第三首「近日衰軀有病侵……自是堯夫不善琴」，第四首「自是堯夫不善琴……近日衰軀有病侵」則三、四首互爲回文。這種詩體與首尾吟詩體同首回文的方式，又略有不同。

綜上詩體，顯然可以看出邵雍勇創詩體的企圖，和不斷嘗試的努力，惟詩體自漢以降，至唐發展已達顛峰，宋詩走向宋詞的發展原是穩定的方向，欲撼動此一潮流，詩人恐是費心多而少成就。

## 第二節 邵雍詩的色彩

詩人在詩歌創作的過程中，通過客觀實踐將腦海中的審美觀照，藉著色彩、生活來表現強烈的審美感受。就邵雍而言，詩歌即生活，色彩即自然，於是自然平常的色彩便是它詩歌塑造意象的方式。陳白沙說：「康節以鍛鍊入平淡」（註七）此正是申明邵雍重視自然色彩而拋棄濃麗文采的詮釋。

對於詩人如何調配色彩，自古至今，並無一人提及，是詩人於詩的色彩鍛鍊毫不經心？抑是詩人著意於淡彩之表達？下文將舉例以明之。

## 一、一句中出現一種顏色

「白」雲耕叟說方知。（〈相笑〉《全宋詩・邵雍》卷廿一）

群芳委盡「綠」陰密，遊騎去殘「紅」日斜。（〈暮春吟〉《全宋詩・邵雍》卷廿一）

得路「青」霄正好衢。（〈隨緣吟〉《全宋詩・邵雍》卷廿一）

水光連夜「白」。（〈集句〉《全宋詩・邵雍》卷廿一）

翻階美態醉「紅」粧。（〈芍藥四首之二〉《全宋詩・邵雍》卷廿一）

杏正垂實裝輕「黃」。（〈竹庭睡起〉卷二）

「青」銅休照老客儀。（〈秋遊六首之五〉卷二）

秀額粧殘黏「素」粉。（〈和商守宋郎中早梅〉卷二）

次第身疑在「水晶」。（〈和商守登樓看雪〉卷二）

天河落後盡成「銀」。（〈和商守西樓雪霽〉卷二）

尤喜「紫」芝先入手。（〈謝商守寄到天柱山戶帖仍依原韻〉卷二）

不廢秋江「碧」。（〈秋懷之五〉卷三）

飽霜梨多「紅」。（〈秋懷之廿六〉卷三）

長松挺「青」蔥。（〈秋懷之三四〉卷三）

四面遠山長斂「黛」。（〈天津感事二十六首之五〉卷四）

幾樹「綠」楊陰乍合。（〈後園即事三首之一〉卷五）

萬歲峰高冪「紫」煙。（〈依韻謝登封劉李裴三君見約遊山〉卷五）

「白」雲收得薜蘿身。（〈歸洛寄鄭州祖擇之龍圖〉卷五）

焉有「黃」芽日日娛。（〈依韻和左藏吳傳正寺丞見贈〉卷五）

一把「黃」花一樽酒。（〈代書寄周士彥屯回絕句〉卷六）

梅萼偷春半露「紅」。（〈閑適吟之六〉，卷六）

印解「黃金」大于斗。（〈代書謝王勝之學士寄萊石茶酒器〉，卷七）

沙裏有「金」然索揀。（〈天宮小閣倚欄〉卷七）

卻行何異棄「金」車。（〈偶得吟〉卷七）

不知月「白」風清夜。（〈代書寄南陽太守呂獻可諫議〉卷七）

「水精」宮裏宿煙霞。（〈訪南園張氏昆仲因而留宿〉卷八）

「金」鴈橋邊立馬時。（〈代書寄程正叔〉卷八）

萬「紅」香裏烹餘後。（〈和王平甫教授賞花處惠茶韻〉卷八）

富貴春華雨後「紅」。（〈安樂窩中自貽〉卷八）

階前凍「銀」床。（〈大寒吟〉卷八）

必求「朱」頂更千年。（〈擊壤吟〉卷八）

花繁「翠」似鈿。（〈和花庵上牽牛花〉卷九）

為報遠山休斂「黛」。（〈秋霽登石閣〉卷九）

歲華雖晚「黃」花好。（〈秋日雨霽閑望〉卷九）

「白」圭無玷始稱珍。（〈誡子吟〉卷九）

王樹查牙生「紫」煙。（〈安樂窩中詩一編〉卷九）

虛室清泠都是「白」。（〈安樂窩中一炷香〉卷九）

「碧」洞神仙今日身。（〈謝富相公見示新詩一軸之一〉卷九）

「紅」日墜時風更急。（〈年老逢春之十二〉卷十）

滿眼雲林都是「綠」。（〈樓上寄友人〉卷十）

酒涵花影「紅」光溜。（〈插花吟〉卷十）

水邊平轉「綠」楊岸。（〈安樂窩中吟之六〉卷十）

誰讓「黃金」無子遺。（〈安樂窩中吟之七〉卷十）

嘒嘒「翠」禽花上飛。（〈安樂窩中吟之八〉卷十）

一般顏色如「臙脂」。（〈食梨吟〉卷十）
初新「金」作衣。（〈流鶯吟〉卷十一）
得似「綠」陰無。（〈春去吟〉卷十一）
「丹」山誰道鳳為巢。（〈逸書吟〉卷十一）
松桂隆冬始見「青」。（〈旋風吟之一〉卷十一）
巨浪「銀」山立。（〈大筆吟〉卷十一）
寵莫兼「金」比。（〈答任開叔郎中昆仲相訪〉卷十二）
「紅」日墜時情更切。（〈同諸友城南張園賞梅十首之四〉卷十三）
自茲微厭「紫」芝苗。（〈和君實端明送酒〉卷十三）
新蒲細柳年年「綠」。（〈安樂窩前蒲柳吟〉卷十三）
飲馬「黃」河徒有心。（〈觀三國吟〉卷十五）
何處「青」樓隔桃李。（〈天津閒樂吟〉卷十五）
「綠」楊陰裏擁樽罍。（〈字少卿見招代往吟〉卷十五）
人間重者是「黃」金。（〈鶺鴒吟之一〉卷十七）
草木已「黃」情奈何。（〈秋盡吟〉卷十七）

已約月陂尋「白」石。（〈和王規甫司勳見贈〉卷十七）

唐虞玉帛煙光「紫」。（〈首尾吟之廿九〉卷二十）

月華正似「金」波溜。（〈首尾吟之四十〉卷二十）

風露清時收「翠」潤。（〈首尾吟之四十一〉卷二十）

晴外亂「紅」翻。（集外詩〈春郊花落〉卷二十）

## 二、一句中出現二種以上顏色

「白」白「朱」朱亂遠村。（〈遊海棠西山示趙彥成〉，大陸版全宋詩邵雍卷廿一）

魏「紫」姚「黃」掃地空。（〈芍藥四首之三〉，大陸版全宋詩邵雍卷廿一）

「黑」「白」焉能浼。（〈觀棋大吟〉卷一）

「金」谷暖橫宮殿「碧」。（〈春遊五首之四〉卷二）

施「朱」施「粉」色俱好。（〈二色桃〉卷二）

看即「青」山與「白」雲。（〈思山吟之一〉卷六）

「鉛錫」點「金」終屬假。（〈崇德閣下答諸公不語禪〉卷七）

這般「紅」「翠」卻長偎。（〈南園花竹〉卷八）

髮到「白」時難受「彩」。（〈安樂窩中自訟吟〉卷八）

且異「緇」「黃」徼廟貌。（〈安樂窩中一炷香〉卷九）

千「紅」萬「翠」中間裏。（〈年老逢春之六〉卷十）

砌下「黃」花空散「金」。（〈旋風吟之三〉卷十一）

毛如「霜雪」眼如「朱」。（〈謝宋推官惠白牛〉卷十三）

牡丹百品「紅」與「紫」。（〈內鄉天春亭〉卷十五）

難忘「黑」「白」心。（〈觀棋絕句之一〉卷十七）

難忘「黑」「白」情。（〈觀棋絕句之二〉卷十七）

萬「紫」千「紅」處處飛。（〈落花吟〉卷十九）

「青」女「素」娥應有恨。（〈首尾吟之八四〉卷二十）

## 三、一聯中出現二種以上顏色（聯語固以對仗爲原則，仍可見其用色是否另有涵義）

「朱」門爛「金」「紫」，「青」樓繁管絃。（〈寄謝三城太守韓子華舍人〉卷一）

「綠」楊陰裏尋芳遍，「紅」杏中帶醉歸。（〈春遊五首之三〉卷二）

「紅」蘭靜自披，「綠」竹閒相倚。（〈秋懷三六首之二〉卷三）

甘瓜「青」如藍，「紅」桃鮮若血。（〈秋懷三六首之七〉卷三）

「紅」葉戰西風，「黃」花笑寒日。（〈秋懷三六首之廿九〉卷三）

「白」酒連醅飲，「黃」花帶露觀。（〈秋懷三六首之三十〉卷三）

門外柳陰浮「翠」潤，階前花影溜「紅」光。（〈暮春吟〉卷四）

雖無「紫」詔還朝速，卻有「青」山入夢頻。（〈問人丐酒〉卷四）

日出崖先「紅」，雨餘嵐更「碧」。（〈登封縣宇觀少室〉卷五）

「翠」竹陰中開縹帙，「白」雲堆裏揖飛泉。（〈依韻和壽安尹尉有寄〉卷五）

佳樹排「青」巖下圃，好峰環「翠」縣前山。（〈壽安縣晚望〉卷五）

翩翻「綠」羅帶，縹緲縷「金」衣。（〈垂柳長吟〉卷六）

已蒙賢傑開「青」眼，不顧妻孥怨「白」頭。（〈歲暮自貽〉卷八）

不用「丹」楹刻桷為，重重自有「翠」陰垂。（〈和君實端明花庵二首之一〉卷八）

「紅」芳若得眼前過，「白」髮任從頭上添。（〈年老逢春之七〉卷十）

但欠書「丹」人，「黃」金八百兩。（〈代書戲祖龍圖〉卷十）

「碧」玉琢為軫，「黃」金拍作徽。（〈古琴吟〉卷十一）

煙柳嫩垂低更「綠」，露桃「紅」裛暖仍香。（〈依韻和王安之少卿六老詩之二〉卷十三）

剪斷「白」雲根，分破「蒼」岑角。（〈王勝之諫議見惠文房四寶…因之謝之〉卷十三）

「銅」雀或常聞，未嘗聞「金」雀。（〈王勝之諫議見惠文房四寶…因之謝之〉卷十三）

簾外「青」草，軒前「黃」陂。（〈盆池吟〉卷十四）

「青」雲路穩無功上，「翠」竹叢疏分開。（〈和和丞制見贈〉，卷十六）

「紅」燭盛時翻「翠」袖，畫橈停處占「青」蘋。（〈和王安之同赴府尹王宣徽洛社秋會〉卷十六）

徒有碌碌「青」，亦有磷磷「白」。（〈亂石吟〉，卷十七）

草色依稀「綠」，花梢隱約「紅」。（〈探春吟〉卷十八）

水雲「黑」，火雲「赤」。（〈觀物吟〉卷十九）

臥看「蒼」溟圍大塊，坐觀「紅」日出扶桑。（〈爲客吟之二〉卷十九）

韭蔥蒜薤「青」遮隴，蘋芋薑蘘「綠」滿畦。（〈首尾吟之六五〉卷二十）

「青」眼主人偶不在，「白」頭老叟還空歸。（〈首尾吟之八六〉卷二十）

## 四、用色模糊

「竹」色交「山」色。（〈宿壽安西寺〉卷三）

滿目「空」雲煙。（〈女几祠〉卷三）

多少水禽「文彩」好。（〈天津感事之十六〉卷四）
骨傷兩處嶄「蒼」壁。（〈留題龍門之二〉卷五）
月見奇花「光彩」舒。（〈花月長吟〉卷六）
奈何雙鬢已如「絲」。（〈代書答開封府推官姚輔周郎中〉卷六）
醉擁旌幢「錦光」溜。（〈代書謝王勝之學士寄萊石茶酒器〉卷七）
松桂心同「色」更同。（〈代書寄白波張景真輦運〉卷七）
好將醇酒發「酡」顏。（〈寄亳州秦伯鎮兵部之三〉卷八）
天地色「皚皚」。（〈和李審言龍圖大雪〉卷八）
一般顏色正「蒼蒼」。（〈蒼蒼吟〉卷八）
「草」色連「雲」色。（〈秋望吟〉卷十二）
月當松「皎潔」。（〈謝圓益上人惠詩一卷〉卷十二）
六老皤然鬢似「霜」。（〈依韻和王安之少卿六老詩之一〉卷十三）
長江一片常如練「練」。（〈學佛吟〉卷十四）
春時桃李如「綵」雲。（〈內鄉天春亭〉卷十五）
面未發「酡」顏。（〈不去吟〉卷十七）

小盃斟酒發「酡」顏。（〈老去吟〉卷十七）

筆下「蒼」龍自往還。（〈老去吟〉卷十七）

況今年老「雪」堆頭。（〈答友人勸酒吟〉卷十七）

筆落春花「爛」。（〈筆興吟〉卷十九）

湯武干戈草色「萋」。（〈首尾吟之廿九〉卷二十）

透過對色彩情緒意義的了解，確實可以左右我們聯想的感應，但是感應的激烈程度，主要還是來自整句詩直接的撞擊力。色彩和音樂一樣，在同樣不可言喻的方式之中，使我們感覺和夢想。也就是色彩所傳達的是色調本身的聯想。邵雍詩所設計的色彩很平常，例如：一般色彩是黑、白、紅、綠、青、黃、紫，而由上述色彩引伸所產生的延展顏色有朱、丹、翠、碧、緇、素、金、銀、水晶、水精、黛等，再度延展的顏色則籠統不易辨明，但是聯想空間卻容易擴張，例如酡、雪、空、綵、錦、絲、練、爛、萋，甚至於更籠統的草色、竹色、雲色、山色等。我們覺得邵詩色調鮮明性的降低，爲了讓視覺減少引誘而擴大心靈聯想的增進。如此適於表達理性、恬淡的詩境，故其色彩語言藏有詩人的風格和文學背景。

## 第三節　邵雍詩的詞藻

四庫全書以爲北宋詩普遍衍於長慶餘風，舉王禹偁詩「本與樂天爲後進，敢期杜甫是前身」爲其例，又謂「邵子之詩其源亦出白居易」然前文已分析邵雍的文學觀和文學背景，期期以爲必不如此單簡。

歷來詩評家泰半體認邵雍學杜仿白，如此之認知，前者係想當然耳，因爲唐末宋代詩人雖不皆學杜，但無人能出杜體之外，確是事實（註八）。後者吾懷疑係受到邵雍一首詩句之影響，此詩云：「樂天為事業，養志是生涯」〈擊壤吟，卷十七〉明舉「樂天」兩字，本非指白樂天，然實易引人誤會。雖說邵詩學自多家，其以常言俗語爲詞藻特色，九百年來固爲不易之論。明代胡應麟《詩藪》云：「江山如有待，花柳更無私，程邵得之而為理窟。」（二二九頁），又云：「程邵好談理而為理縛，理障也。」（一二九頁），清代吳喬《圍爐詩話》云：「宋人詩話多論字句，以致後人見聞愈狹。然煉字與琢句不同。琢句者，陶洗陳濁也。常言俗語，唯靖節、子美能用之。學者便流於堯夫擊壤集五七字，為句之語錄也。」（卷一，一〇三頁）這些詩話皆標榜唐詩爲尙，務求數落宋詩爲樂，下筆本無新見之苛論，第常言、俗語、理語、俚言，俱是邵詩詞藻之佳處特色，不可輕易放過。

邵詩的詞藻，擅長以常言俗語貫通全篇，能自然流露閑趣拙情，甚而飄灑無限天趣妙理，直中人懷。反之，若摘技摘葉翦碎全詩，則真不堪入法眼，而氣弱詞鄙尤甚於白樂天。故觀賞邵詩當以全篇索之，則其捨棄麗藻，返素歸真之儒者道士形象，躍然出於眼前。錢鍾書《宋詩選註》，不選邵詩，卻於註釋中半露邵詩（註九），識得邵詩天機一片的特質，而始終沒有全面剖析。錢氏說：「歐陽修，…在以文爲詩這一點上，…替道學家像邵雍、徐積之流開了個端。」其實，不如說邵詩就是有「以文爲詩」的本色，則邵詩詞藻多常言俗語的語言特徵就不足爲奇了。當代梅堯臣與邵氏年齡相當，也曾主張平淡樸素，可見是同時代反西崑體的趨勢和要求，但是錢鍾書反對「平得常常沒有勁，淡得往往沒有味」，其理極對，但是應以全集觀察，非以單句求索之（宋詩選註一六頁）。

邵詩常俗的詞藻雖不利於塑造情韻的優美，卻能讓邵詩更接近宋詩以理爲詩，以文爲詩的質素，更有利於發展道學派詩歌質樸的特色。邵雍而後蘇軾、黃庭堅和江西詩派，也無不紹受其啓發。只是邵雍的心閒意定、自在灑脫是周敦頤、程頤、張載、朱熹、陸九淵等都學不到的；而他的融入世情，關懷宇宙的人格，又不是江西詩派可以擷抗的。

錢穆選邵雍、朱熹、陳獻章、王守仁、高攀龍、陸世儀等宋明理學六家詩，評曰：「康節詩最爲創新」（理學六家詩鈔序）又引魏鶴山文集云：「蓋左右逢源，略無毫髮凝滯倚著之意。」（邵氏擊壤集序）或許首肯邵詩詩思詞藻的寬舒和平。朱熹合濂洛之正傳，紹鄒魯之墜緒，爲宋理學之集大成者，其詩，錢穆評曰：「雅澹和平」（理學六家詩鈔朱晦菴別傳）。吾以爲康節和晦庵兩家詩，終不脫「和平」二字，只不過康節詩的詞藻對於常言俗語的容量更加寬廣而晦庵稍偏向雅緻，其平和語是有所簡擇者也。以下舉例就分別「常言」、「俗語」、「寬舒」、「平和」、「理語」五大類來說明邵詩詞藻的特徵。雖然，此乃以偏蓋全之舉，並非邵詩詞藻特徵的全豹，我們仍可繼續研析之。

## 一、常言生活語

曰常言者，即指日常用語，係以常見詞彙入詩也。常言生活語與俗語俚語之最大不同，乃其詞彙不必辨明雅俗之別，只要明白如話即可。邵雍的詩語時有援引家常話入詩者，像「失腳」、「閒拱手」、「閒言語」……等都是日常對語所用，詩人看似不經選擇採用，其實仍是斟酌再三而入詩的。生活語的詞藻容易形成自然親切的風格。

林下閒言語，何須更問為？

（〈答人吟〉，卷十二。引程頤日常評杜詩寫景之語，即「閒言語，道他做甚！」）

吾能一貫之，皆如身所歷。

（〈皇極經世一元吟〉卷十三）

眼前隨分好光陰，誰道人生多不足。

（〈安樂窩前蒲柳吟〉卷十三）

深冬寒木固不脫，未但小星猶有光。

（〈觀五代吟〉卷十五）

娶妻娶柔和，嫁夫嫁才美。安得正婦人，作配真男子。

（〈人貴有精神吟〉卷十五）

容去有時閒拱手，日高無事靜梳頭。（〈對酒吟〉卷十六）

有限光陰隨事去，無涯衰朽逐人來。（〈書事吟〉卷十六）

縱然時飲酒，未肯學劉伶。（〈知非吟〉卷十八）

自是此土亦辛苦，雨作泥兮風為塵。（〈長安道路作〉卷二）

清樽有酒慈親樂，猶得階前戲綵衣。（〈春遊之三〉卷二）

荒垣壞堵人耕處，半是前朝卿相家。（〈天津感事之八〉卷四）

景好身還健，天晴路又乾。（〈寄三城舊友衛比部二絕之二〉卷九）

此數樂之外，更樂微微醉。（〈樂樂吟〉卷九）

人於橋上立，詩向雪中歸。（〈天津看雪代簡謝蔣秀才還詩卷〉卷九）

只有堯夫負親舊，交親殊不負堯夫。（〈閑居吟〉卷十）

功名時事人休問，只有兩行清淚揩。（〈還鞠十二著作見示共城詩卷〉卷十）

賞花長被盃盤苦，愛月屢為風露傷。（〈老去吟〉卷十一）

初訝山妻忽驚走，尋常只慣插葵花。（〈謝君實端明惠牡丹〉卷十三）

日月如磨蟻，往來無休息。（〈皇極經世一元吟〉卷十三）

忘形終夕樂，失腳一生休。（〈再和王不疑少卿見贈〉卷七）

四時只有三春好，一歲都無十日閒。（〈年老逢春之八〉卷十）

輪蹄交錯未嘗停，去若相追來若爭。（〈天津感事二十六首之十〉卷四）

## 二、俗語（俚語）

曰俗語者，以俚俗語詞入詩也。歷代詩評家或以爲言辭卑俗，此實不明白邵詩之精神，而蔑無康節之肝腸也。邵詩所援引的俚俗語，非僅以辭語入詩，更以俚俗的語調和地方音韻入詩。例如：「半掐子」、「些子」、「打乖」…等詞彙大都是引用宋代俚語，所造成的詞藻，會有樸素之美和詼諧的味道。

一陽初動處，萬物未生時。（〈冬至吟〉，卷十八。此句清詩話22條評爲卑俗，其言腐爛也）

安樂窩中好打乖，打乖年紀合挨排。（〈安樂窩中好打乖吟〉，卷九。「打乖」一詞經遍查辭書尋不著，疑是宋代之俗語。意似故違潮流不合時宜之義）

既未能知生，又焉能知死。（〈觀物吟之一〉卷十五）

煩惱全無半掐子。（〈對花吟〉，卷十六。掐子，宋時俗語）

出塵些子索沉吟。（〈何事吟寄三城富相公〉，卷三。「些子」一詞，少許之意。爲宋、元時俗用語）

天聽雖高只些子，人情相去沒多兒。（〈首尾吟之廿四〉卷二十）

天人之際只些子，過此還同隔五湖。（〈偶得吟〉卷七）

浩浩長空走日輪。（〈崇德閣下答諸公不語禪〉卷七）

緣木求魚固不能，緣魚求炙恐能行？（〈代書答淮南憲張司封〉卷七）

若俟靈丹須九轉，必求朱頂更千年。（〈擊壤吟〉卷八）

又況雨霈時，霑及恩一溜。（〈種穀吟〉卷九）

馬為乘多瘦，龜因灼苦焦。（〈和閑來〉卷九）

近日僮奴惡，須防煮鶴時。（〈古琴吟〉卷十一）

兔犬俱斃，蚌鷸相持。田漁老父，坐而利之。（〈利害吟〉卷十三）

列子御風徒有待，夸夫逐日豈無疲。（〈閑行吟之三〉卷七）

大甕子中消白日（案甕爲裝茶、酒器，係地區性俚俗語。）（〈小車吟〉卷十二）

二味相和就甕頭，一般收口效偏優。（〈太和湯吟〉卷十）

## 三、寬舒語

曰寬舒者，指其詞藻閑適抒放也。這種寬舒語，比典雅的風格灑脫飄逸，但是比起閒靜的風格活潑，顯得步調雖然寬緩，卻更有生活情趣。像「獨行月堤上」本是閒靜的詞藻，而下句「一步一高吟」，就使靜中有動，且瀟灑無比。

獨行月堤上，一步一高吟。（〈閑步吟〉卷十四）

卷舒在我有成算，用舍隨時無定名。（〈龍門道中作〉卷三）

榮利若浮雲，情懷淡如水。（〈秋懷之二〉卷三）

門前有犬臥，盡日無客來。（〈秋懷之廿八〉卷三）

樂道襟懷忘檢束，任真言語省思量。（〈後園即事〉卷五）

水流任急境常靜，花落雖頻意自閑。（〈天津感事之十五〉卷四）

滿洛城人都不知，邵家獨占春風時。（〈東軒前添色牡丹一株開…〉卷十）

誰謂一室小，寬如天地間。（〈心安吟〉卷十一）

心間無事飽食後，園裏有時閒步迴。（〈晝睡〉卷十九）

春深晝永簾垂地，庭院無風花自飛。（〈暮春吟〉卷十三）

終朝把酒未成醉，又欲臨風一浩歌。（〈秋盡吟〉卷十七）

多少寬平好田地，山翁方始會開眉。（〈喜老吟〉卷十五）

食罷有時尋蕙圃，睡餘無事訪僧家。（〈依韻和王不疑少卿見贈〉卷六）

## 四、平和語

平和者，指其詞藻自然流暢也。平和語能夠「著手成春」，在自然風格之中，有流暢的生命力。許多詩評家都喜歡邵雍「月到天心處，風來水面時」的詩味。也許乍看詞句抽象，實際上「天心」可以指任何的心，或任何的境，若體悟這種平和的精神，就了解下句「風來水面時」的那種說不出的舒暢。平和語也是來自錘鍊，如「月到梧桐上，風來楊柳邊」模仿六朝人詩：「芙蓉露下落，楊柳月中疏」〈許彥周詩話〉詞藻自然平和也。

月到梧桐上，風來楊柳邊。（〈月到梧桐上吟〉卷十二）

梧桐月向懷中照，楊柳風來面上吹。（〈首尾吟之九〉卷二十）

月到天心處，風來水面時。（〈清夜吟〉卷十二）

明月生海心，涼風起天末。（〈秋懷之三〉卷三）

去盡風波存止水，世間何事不能平。　（〈天津感事之廿一〉卷四）

儒風一變至於道，和氣四時長若春。　（〈安樂窩中吟之九〉卷十）

人或善飲酒，惟喜飲之和。　（〈善飲酒吟〉卷十一）

林間無事可裝懷，晝睡功勞酒一盃。　（〈偶得吟〉卷十七）

平生積學無他效，只得胸中恁坦夷。　（〈自詠吟〉卷十七）

清談才向口中出，和氣已從心上來。　（〈擧酒吟〉卷十七）

## 五、理語

理語衍爲《擊壤集》，理語是邵詩的特有詞藻，庸無可疑。邵雍遣用的是否如詩評家所云到遠「理窟」、「理障」之類，那様可怖呢？此蓋過當苛責之言者也。吾人若細細品嚐，邵雍展現宋詩以文爲詩之媚力，如噉苦茗，有可回味之處。理語詞藻者，安排妥適，不僵化，富有觸發哲思之趣，可以造成無限的聯想，其趣自明。例如「傀儡都無帳幕遮」就令人體會傀儡的苦處，令人會心發噱，其趣自在其中。

恰見安之便安樂，始知安是道梯階。　（〈謝安之少卿用始知安是道梯階〉卷十一）

閉目面前都是暗，開懷天外更無它。（〈頭風吟〉卷十一）
面前路徑無令窄，路徑窄時無過客。（〈路徑吟〉卷十六）
理順是言皆可放，義安何地不能居。（〈先天吟示邢和叔〉卷十六）
何者謂之幾？天根理極微。（〈冬至吟〉卷十八）
天雖不語人能語，心可欺時天可欺。（〈推誠吟〉卷十八）
洗身去塵垢，洗心去邪淫。（〈洗心吟〉卷十八）
豈止人戈矛，炎涼自交戰。（〈秋懷三十六首之六〉卷三）
雖知能避網，猶恐誤吞鉤。（〈川上觀魚〉卷四）
我對人稱過，人亦為我恕。（〈無題吟〉卷七）
年年長被清香誤，爭似閑栽竹數竿。（〈和任比部憶梅〉卷八）
身心自有安存地，草木焉能媚惑人。（〈年老逢春之十三〉卷十）
須防冷眼人觀覷，傀儡都無帳幕遮。（〈緣飾吟〉卷五）

## 第四節　邵雍詩的用事

向來以爲邵雍詩首重日常用語不貴用事（今稱用典），然作詩既求雅馴，又追含蓄，使用典故實有其必要。故《文心雕龍》〈事類篇〉云：「然則明理引乎成辭，徵義舉乎人事，迺聖賢之鴻謨，經籍之通矩也。…是以綜學在博，取事貴約，校練務精，摭理須覈，眾美輻輳，表裏發揮。…用事如斯，可稱理得而義要矣。」正所謂《滄浪詩話》〈詩法篇〉云：「學詩有三節，…及其透徹，則七縱八橫，信手拈來，頭頭是道矣。」邵詩之揮筆瀟灑天機妙趣乃用事至高原則，水中有鹽味者也。《嚴羽詩法》首條又云：「學詩先除五俗，一曰俗體，二曰俗意，三曰俗句，四曰俗字，五曰俗韻。」此除俗之說爲宋時習見之一般言論，就邵詩以俗爲體，主在顛覆俗字俗句，此五俗之說難拘其詩，惟用典與藏典，乃信手拈來之一法，邵詩用之亦不妨。古今無人觸及邵詩之用典，吾人秉於研究之心態，略作討論，敢請方家教正。

典故之來源有四，一曰譬喻，二曰成語，三曰援引史事，四曰比擬古人。而所貴有三，即貴渾然、貴貼切、貴剪裁。又所忌有四，忌錯、忌重、忌訕、忌諂。如能貴處擅長，忌處不犯，方可謂用事之極致。邵詩對於用事用典的主張一如他對於生活、生命自有一番的主張。近人程兆熊在邵康節的無可主張一文提出邵雍臨終的無可，其實是自有主張（註十），寬廣的用事用典，發揮詞章家「無可無不可，安往不熙熙」（〈求信吟〉，擊壤集卷十一）的妙法，讓詩人「談到世道人情處，津津有味」（註十一）。所以有理由相信詩人對用事依然有其主張，下文即作分析。

## 一、譬喻

自有皋夔分聖念，好將詩酒樂昇平。（〈愁遊六首之二〉，卷二）

說明：皋指皋陶，夔爲舜之樂官，二人俱見《書經》〈舜典篇〉以皋陶、夔明比國之賢良。

泥空終日著，齊物到頭爭。（〈放言〉卷三）

說明：以「空」譬喻佛教，以「齊物」譬喻道教。

須知卻被才為害，及至無才又卻憂。（〈三十年吟〉卷三）

說明：「才」、「無才」暗用《莊子》〈人間世〉的典故。詩人自許爲「異材」，且有「材之患」。

劍去擁妃子，兵來圍石崇；馬嵬方戀戀，金谷正匆匆。（〈落花長吟〉卷六）

說明：以貴妃死馬嵬，綠珠墜金谷暗喻「落花」之場景。

荀楊若守吾儒分，免被韓文議小疵。（〈和王安之少卿韻〉卷七）

說明：以荀子、楊雄自喻。

## 二、成語

倚嗟乎玉兮，產之於荊山；和氏雖云知，楚國未為然。（〈寄謝三城大守韓子華舍人〉卷一）

說明：活用「和氏璧」的典故。

枯猶藏狡兔，腐亦化流螢。（〈芳草長吟〉卷六）

說明：上句引狡兔三窟之成語（戰國策、齊策），下句活用梁《昭明太子文集》卷三〈錦帶書十二月啓〉之〈林鍾六月〉「螢飛腐草，光浮帳裏之書」句，「螢飛腐草」即成語也。

有意楊花空學雪，無情榆莢漫堆錢。（〈春暮吟〉卷十五）

說明：上句活用《世說新語》〈言語第二〉：「未若柳絮因風起」之成語，而下句見施肩吾〈戲詠榆莢詩〉：「風吹榆錢落如雨」（《全唐詩》卷四百九十四）之成詞，因二詩爲常見之詞，似可同成語。

谷口鄭真焉敢望，壽陵餘子若為謀。（〈歲暮自貽〉卷八）

說明：下句暗用《莊子》〈秋水篇〉「邯鄲學步」的成語。上句謙稱不敢比擬漢朝高士鄭樸，字子真，故而下句說已如燕國壽陵地之未成人少年，未能學步鄭樸而失故行。

八卦小成皆有主，三才大備略無遺。（〈首尾吟之七五〉卷二十）

說明：三才，即天地人之稱也。成語有「天地與人，謂之三才」之語。但三字經及易經說卦傳皆有此熟語，故可視爲成語之活用。上句係易經繫辭上：「十有八變而成卦，八卦而小成」，典出於此，亦是成辭。

## 三、援引史事

詠史詩多係援引史事，或翻案或議論，不一而足。邵雍詠史之作共有八十餘首（含相關資料），亦不例外。

殺多項羽坑秦卒，敗劇苻堅畏晉師。（〈觀棋長吟〉卷五）

夏商正朔猶能布，湯武干戈未便驅。（〈觀三王吟〉卷十五）

有刀難剖公閭腹，無木可梟元海頭；禍在夕陽亭一句，上東門嘯浪悠悠。（〈觀西晉吟〉卷十五）

說明：公閭乃賈充之字，元海即劉淵之字，二人皆見晉書（卷四十及卷一〇一）。賈充初仕魏，因貪生怕死，阻魏武帝伐吳，乃怯懦臣子。劉淵，匈奴人，初仕魏，有野心。會，晉惠帝八王之亂，稱漢王，陷太原、河東，僭帝位。五華亂華自茲始，乃亂臣賊子。西晉亡亂，兩人為關鍵。而夕陽亭荀勖之一席話，勸賈充嫁女為齊王妃，連結皇室，為魏晉亂源。又劉淵在宴會中，縱酒長嘯，慷慨歔欷，一座感動，眾人遂中陰謀。

定國案：邵雍精熟史事，觀察入微，委瑣細節，源源入詩，就此點而論，的確勝出宋代其他理學家許多。

孟嘗居先，信陵居亞，平原居中，春申居下。（〈四公子吟〉卷十三）

說明：此詩敘戰國七雄之史事。詩人將四公子賢德予以排名，表達濟弱扶傾之國際觀。一般史家有置孟嘗君居信陵君之後者，蓋惜信陵君才德兼備，而不受世用之憾，此處詩人卻以影響力之重輕爲衡量。

有商君者，賊義殘仁。（〈言行吟〉卷十三）

說明：舉商鞅變法之弊，在不能言行並重。

商鞅得君持法處，趙良終日正言時。（〈商君吟〉卷十三）

說明：上句商鞅典出史記秦本紀，而下句趙良查無所出，疑趙良即趙高之錯字，因形近而訛誤。故下句典出史記秦始皇本紀。

子房不得宣遺恨，博浪沙中中副車。（〈過宜陽城二首之二〉卷五）

說明：此典用史記留侯世家之故實。

## 四、比擬古人

借古人說今人，將今人擬古人，皆此類也。

無端風雨雖狂暴，不信能凌沈隱侯。（〈新居成呈劉君玉殿院〉，卷一）

說明：沈約自負高才，昧於榮利，卒後謚隱，人稱沈隱侯。此處詩人以沈約自況，不畏人生中之狂暴風雨。

黃石公傳皆是用，赤松子伴更何為。（〈題留侯廟〉，卷二）

說明：黃石公、赤松子，典出史記留侯世家，詩人藉古人之卷舒，褒美留侯。

徐云天命自有歸，不若追蹤巢與許。（〈題四皓廟四首之二〉，卷二）

說明：以巢父和許由比擬四皓，實亦詩人自比也。

幸逢堯舜為真主，且放巢由作外臣。（〈詔三下答鄉人不起之意〉，卷七）

說明：堯舜乃比今上，巢父、許由自比也。

惠子相時情自好，莊生遊處意能深。（〈代書寄濠倅張都官〉，卷七）

說明：此聯以今比古，以惠子比對方，以莊子自擬，對於惠莊亦友亦敵，是知音、非知音，詩人表現出若即若離的態度，主要用意仍在婉拒出仕，時機不宜起用之心意。

安樂窩中樂，媧皇笙萬攢。（〈又借出詩〉，卷七）

說明：媧皇，即女媧，相傳爲伏羲氏之妹，曾煉石補天。此處詩人藉古女媧作笙之樂，自比作詩之樂。

## 五、用典如敘事散文

周詩云娶妻，周易云歸妹。（〈秋懷三六首之九〉，卷三）

岐動楊朱泣，絲添墨子悲。（〈秋懷三六首之三十三〉，卷三）

雖乏伊呂才，不失堯舜氓。（〈書事吟〉，卷四）

因思濠上樂，曠達是莊周。（〈川上觀魚〉，卷四）

物情悟了都無事，未學顏淵已坐忘。（〈後園即事三首之二〉，卷五）

始信淵明深意在，北窗當日比羲皇。（〈後園即事三首之三〉，卷五）

當年有志高天下，嘗讀前書笑謝安。（〈代書寄友人〉，卷五）

莊周休道虧名實，自是無才悅衆狙。（〈和王不疑郎中見贈〉，卷六）

婀娜王恭韻，婆娑趙后姿；脩妍張緒少，柔軟沈侯羸。（〈垂柳長吟〉，卷六）

說明：王恭：晉人，王蘊之子，性直，自矜貴，信佛道，得罪執政，臨刑瀟灑，無懼容。趙后：指漢代趙飛燕，善歌善舞。張緒：南齊人，爲人淸簡寡欲，風姿淸雅。沈侯：梁代沈約，博物洽聞，自負高才。以上皆以人韻擬柳韻之翩翩曼妙。

顏淵正在如愚日，孟子方當不動年。（〈閑行吟之二〉，卷七）

列子御風徒有得，夸夫逐日豈無疾。（〈閑行吟之三〉，卷七）

年顏李文爽，風度賀知章。（〈自詠〉，卷十三）

他山有石能攻玉，玉未全成老已催。（〈書事吟〉，卷十六）

小人處事，寧己負人，無人負己。（〈處身吟〉，卷十八）

用典貴在活，曰其如散文，則行筆之流暢可曉。邵詩不寫散文，以詩代文，爲其習慣，也爲其表現手法，無怪乎其優爲長詩。

## 第五節　邵雍詩的語義類型

詩的用語、用詞、用字，可以組織成特別風格的語義，分析語義類型可以回溯詩人寫詩的心理過程。

邵詩對於語義類型所耕耘的成績遠超過意象類型，也就是說詩人重視詩語的平面構圖的廣度，而較不重視詩語的立體構圖深度。此非關詩才，實繫於詩人的秉賦。若以繪畫而論，其詩構圖極像絹本水墨，絹本色暗，水墨絹上，暗上加暗，此與宋初畫院素色羅漢、秋山、松風作品也類似。詩人的道士裝扮，簡樸生活、素雅起居、閒適意境，春風行徑，顯然也構成其語義類型的一部份。若以音樂而論，像撫古琴聽古樂出古調，人間那得幾回聞，有上古聖賢之心的人方能體會，因爲此調久不彈。經過深入的研究，已尋出詩人下列六種主要的語義類型，像：一、人生如走棋的語義類型。二、心中無一事的語義類型。三、自然風月的語義類型。四、歷史觀察的語義類型。五、以理爲本的語義類型。六、超現實理想的語義類型。

今探討如後文：

## 一、人生如走棋的語義類型

邵雍家境一直貧窮，然書、棋長隨（卷十一，古琴吟），其知見超人，思慮縝密，此與棋枰的思考方式有重大的關係。走棋現實界的事，棋枰縱橫延展，整齊有脈絡因果，棋子落處是時空的交會點，於過去可知鑑，於未來可推測。大家設想一下，畫面上的關鍵性字眼，是棋枰、棋子、阡陌界格、前因、後果、迎刃、撕殺、機心、詭詐、動靜、黑白和成敗，皆散佈在一張紙上，經由頭腦的組織這些材料，形成思考的人生。邵雍之所以好用「人生如走棋的語義類型」與隱喻歷史經驗法則有關。理學家通常深明歷史演變的因果，其詩作自然會有此詞彙。

成敗須歸命，興亡自繫時。天機不常設，國手無常施。往事都陳跡，前書略可依。比觀之博弈，不差乎毫釐。（〈觀棋大吟〉，卷一）

善用中傷為得策，陰行狡猾謂知機。請觀今日長安道，易地何嘗不有之。（〈觀棋長吟〉，卷五）

誰言博弈尚優游，利害相磨未始休。（〈觀棋小吟〉，卷十七）

曠古第成千覺夢，中原都入一枰棋。（〈首尾吟之廿九〉，卷二十）

今日當年已一世，幾多興替在其中。（〈和張少卿丈再到洛陽〉，卷一）

滅項興劉如覆手，絕秦昌漢若更棋。（〈題留侯廟〉，卷二）

釣水誤持生殺柄，著棋閒動戰爭心。（〈何事吟〉，卷三）

悟易觀棋局。（〈天宮幽居即事〉，卷四）

九州環遶持棋枰，萬歲嵩高看太平。（〈登嵩頂〉，卷五）

一局閒棋留野客。（〈後園即事之二〉，卷五）

院靜春深晝掩扉，竹間閒看客爭棋。（〈觀棋長吟〉，卷五）

後人未識興亡意，請看江心舊戰場。（〈和夔峽張憲白帝城懷古〉，卷六）

半局殘棋銷白晝，一簪華髮亂西風。（〈代書寄白波張景真輦運〉，卷七）

鼎間龍虎忘看守，棋上山河廢指揮。（〈首尾吟之一二〇〉，卷二十）

鼎間龍虎忘看守，棋上山河廢講求……三百六旬如去箭，肯教襟抱落閒愁。（〈歲暮自貽〉，卷八）

人心平處固無爭；棋中機械不願看。（〈旋風吟之一〉，卷十一）

詩是堯夫不著棋；大智大謀難忘設，小機小數肯輕為？（〈首尾吟之七九〉，卷二十）

只被人間多用詐，遂令天下盡生疑。樽前揖讓三杯酒，坐上交爭一局棋。（〈首尾吟之一一四〉，卷二十）

七國縱橫如破的，九州吞吐若枰棋。（〈首尾吟之九九〉，卷二十）

升沈休問百年事，今古都歸一局棋。（〈答客〉，卷四）

誰言博奕尚優游，利害相磨未始休。（〈觀棋小吟〉，卷十七）

## 二、心中無一事的語義類型

自然而無牽掛，表現出物我一如的虛鑑明澈的詩味。因之在詩句的語義中也往往透露這種「無事」、「開顏」、「展眉」、「無憂」等等詞彙。憂愁與無憂看似兩者不同的心緒，有時卻更迭起伏，波逐而生。邵雍對於平生的挫折時時進行內省的思考，所以在憂思之後自然會有閒樂的舉動，這種閒樂的心情，在語義中呈現出「心中無一事」的心情，憂與不憂自然平衡，因爲過與不及都是不好的生活態度。爲求心理平衡，所以邵詩中會產生「心中無一事」的語義，當然此對其閒、樂、機、趣的詩風是有影響的。今舉例如后：

一身都是我，瘦了又還肥。（〈窺開吟〉，卷十九，又〈濳機吟〉，大陸版全宋詩三八一卷）

時危不厭江山僻，客好惟知笑語溫。（〈遊海棠西山示趙彥成〉，大陸版全宋詩三八一卷）

心淨星辰夜，情忻草木春。（〈觸觀物〉，大陸版全宋詩三八一卷）

中心無所愧，對此敢開顏。（〈晚涼閒步〉，大陸版全宋詩三八一卷）

有名有守同應少，無事無求得最多。（〈和堯夫安樂窩中好打乖吟〉，任逵；大陸版全宋詩三八一卷）

花枝好處安詳折，酒盞滿時撋就持。（〈首尾吟之卅九〉，卷二十）

樂莫樂於無事樂。（〈首尾吟之四五〉，卷二十）

此路清閒都屬我，這般歡喜更饒誰。（〈首尾吟之五五〉，卷二十）

合放手時須放手，得開眉處且開眉。（〈首尾吟之五八，卷二十〉）

山翁道我會開眉。（〈首尾吟之一二一〉，卷二十）

敢於世上明開眼，肯向人間浪皺眉。（〈首尾吟一二九〉，卷二十）

眼明初見舊親知，歡情此去未伏減。（〈首尾吟之一三〇〉，卷二十）

只有醺酣趣，殊無爛漫悲。（〈二月吟〉，卷十九）

到此灑然如世外，何嘗更有事來侵。（〈污亭〉，卷十九）

衰朽百端有，憂愁一點無。（〈代書吟〉，卷十七）

一片先天號太虛，當其無事見真腴。（〈先天吟示邢和叔〉，卷十六）

當中和天，同樂易友。（〈甕牖吟〉，卷十四）

高吟大笑洛陽裏，看盡人間手脚忙。（〈試筆〉，卷十四）

意遠情融，氣和神逸。（〈大筆吟〉，卷十四）

林下居常睡起遲。（〈暮春吟〉，卷十三）

水際竹邊閒適處，更無塵事只清涼。（〈依韻和六老詩之四〉，卷十三）

一色得天和。（〈堯夫何所有〉，卷十三）

閒行觀止水，靜坐看歸雲。（〈答會計杜孝錫寺丞見贈〉，卷十二）

安樂窩中春夢迴，併無塵事可裝懷。（〈安樂窩中吟之五〉，卷十）

人間浪憂事，都不到心頭。（〈依韻和王不疑少卿招飲〉，卷七）

世間無事樂，都恐屬閒人。（〈寄三城王宣徽之一〉，卷八）

## 三、自然風月的語義類型

歡喜、喜樂、春、酒、風、雲、水、竹、牡丹、芳草、小車皆能組合邵雍自然風月的語義類型。所謂自然一方面是使用自然界的語彙，一方面是不露痕跡的鍛鍊工夫，形成接近清新的詩風。邵雍遣詞不刻意求工，時有質樸風味，但也不排斥鍛鍊句意，所以在詞彙的組合上常見以自然界的景緻，組合清新自然風月情懷的語義類型，對於詩人心理欲塑造的意象和詩境均能產生重要輔助功能。

堤外有風斜送柳，墻陰經雨半生苔。（〈年老逢春之一〉，卷十）

無雲照處情非淺，不睡觀時意更深。（〈中秋月〉，卷十三）

靜坐多茶飲，閒行或道裝。（〈自詠〉，卷十三）

徑小新經雨，庭幽遍有苔。（〈和李文思早秋之二〉，卷十三）

酒到難成醉，風來易得涼。（〈和李文思早秋之五〉，卷十三）

門掩柴荊闤闠遠，牆開甕牖薜蘿香。（〈依韻和六老詩之七〉，卷十三）

風月庭除，鸎花臺榭。（〈自適吟〉，卷十三）

林罅天尤碧，風餘月更明。（〈步月吟〉，卷十二）

江山氣度，風月情懷。（〈自作真贊〉，卷十二）

風月遙知四明好，江山況是九秋餘。（〈代書寄鄞江知縣張太博〉，卷七）

淡泊霜前日，蕭疏雨後天。（〈秋閣吟〉，卷十二）

因隨芳草行來遠，為愛清波歸去遲。（〈月陂閒步〉，卷十二）

竹間水際情懷好，月下風前意思多。（〈答李希淳屯田之二〉，卷十一）

日往月來都不記，只將花卉記冬春。（〈謝君實端明用只將花卉記冬春〉，卷十一）

無涯風月供才思。（〈別謝彥國相公三首之三〉，卷十一）

風月無涯可慰顏。（〈世上吟〉，卷十一）

清風正藹如。（〈閣上招友人〉，卷十一）

纔寒卻暖養花日，行雨便晴消酒天。（〈年老逢春之二〉，卷十）

雨後艷花零淚顆，風餘新月露眉尖。（〈年老逢春之七〉，卷十）

錦帲山下賞春來。（〈兩歲錦帲之遊……因以寄之〉，卷十）

輕風早是得人喜，更向芰荷深處來。（〈依韻答安之少卿〉，卷十）

曉露重時花滿檻，暖醅浮處酒盈甌。（〈安樂窩中吟之四〉，卷十）

明月入懷如有意，好風迎面似相知。（〈秋遊之三〉，卷二）

數片落花蝴蝶趁，一竿斜日流鸝啼。（〈春遊之三〉，卷二）

有時風向池心過，無限香從水面來。（〈秋遊六首〉，卷二）

鳥聲亂晝林……蟲聲亂夜庭。（〈秋日即事〉，卷二）

輕煙籠曉閣，微雨散青林。（〈晨起〉，卷三）

## 四、歷史觀察的語義類型

邵雍《擊壤集》卷十三有一系列的史評，設計詩史評論觀察的手法，例如〈三皇吟〉至〈五伯吟〉四首詩：「三皇之世正熙熙；五帝之時似日中；三王之世正如秋；五伯之時正似冬。」將三皇、五帝、三王、五伯以時序春夏秋冬爲釋，意象倍感明顯。又卷八〈書皇極經世後〉，卷一〈觀棋大吟〉

等詩均以巨大的篇幅來敘述歷史的沿革興衰，具有強烈的企圖心把今世與往古，今日與昔年的因果變化，讓有心人很容易讀懂他寫的史詩，儒家、道家的治世之道即在當下的努力，時一過往，萬事進入歷史，灰飛煙滅，空留遺憾。邵雍詩語中有許多治亂、太平、時事、仁聖和利害的觀點，其實也可說是在塑建歷史觀察的語義類型。

徧數古來賢所得，歷觀天下事須真。（〈答友人〉，卷十三）

天意自分明，人多不肯行。（〈獨坐吟之二〉，卷十三）

浪把興亡閱。（〈天津晚步〉，卷十二）

況吾生長老，俱在太平中。（〈自慶吟〉，卷十一）

又復人間久太平。（〈年老逢春之三〉，卷十）

長安道上何沾巾，古時道行今時人。（〈長安道路作〉，卷二）

美酒易消閒歲月，青銅休照老容儀。（〈秋遊之五〉，卷二）

事觀今古興亡後，道在君臣進退間。（〈追和王常侍登郡樓望山〉，卷二）

包括經唐漢，并吞歷晉韓。（〈上寺看南山〉，卷三）

節改一時事，人懷千古心。（〈秋懷之二十〉，卷三）

興亡時去止堪哀。（〈天津感事之二〉，卷四）

今古推移幾度秋。（〈天津感事之五〉，卷四）

三千里外名荒服，一百年來號太平。（〈天津感事之十九〉，卷四）

照破萬古心，白盡萬古頭。（〈秋懷之二十〉，卷三）

治亂與廢興，著見于方策。吾能一貫之，皆如身所歷。（〈皇極經世一元吟〉，卷十三）

身經兩世太平日，眼見四朝全盛時。（〈插花吟〉，卷十）

燈前燭下三千日，水畔花間二十年。（〈安樂窩中吟〉，卷十）

皇王帝霸，父子君臣……千世萬世，中原有人。（〈經世吟〉，卷十七）

二晉亂亡成茂草，三君屈辱落陳編。（〈防邊吟〉，卷十八）

前日之事兮，今日不行；今日之事兮，後來必更。（〈時事吟〉，卷十八）

史籍始終明治亂，經書表裏見安危。（〈首尾吟之九七用畜時〉，卷二十）

## 五、以理爲本的語義類型

理學家，以講求說理，表達思想爲立論之基。邵雍詩有相當多篇幅，用於理語。邵子雖自云其詩爲「自樂之詩」，然其與純文學家所說的自樂自得有大差異，所謂「人和心盡見，天與意相連」（〈談詩吟〉，卷十八）就是其吟詠情性頗有哲思的用意，固然許多作品顯見語錄之氣味，也有不少詩作仍可發現天機自得之趣。今將其以理語爲基本的語義的詩句併合爲一類型，觀察詩人對於天理人道的省察是抽離情感而客觀的，置身事物外的，另一種觀察視角的特色。

命不可忽，天不可違。（〈四不可吟〉，卷十九）

小人無恥，重利輕死。（〈小人吟〉，卷十九）

真宰何嘗不發生。（〈三月吟〉，卷十九）

天人之際豈容鍼。（〈天地吟〉，卷十九）

須識天人理，方知造化權。（〈蒼蒼吟〉，卷十七）

禍福兆時皆有漸，不由天地只由人。（〈至論吟〉，卷十九）

因探月窟方知物，未躡天根豈識人。（〈觀物吟之一〉，卷十六）

居暗觀明，居靜觀動。（〈觀物吟〉，卷十八）

興廢先言人，然後語天地。（〈人物吟〉，卷十八）

物我中間難著髮，天人相去豈容絲。（〈病淺吟〉，卷十七）

誰能天地外，別去覓乾坤。（〈乾坤吟之二〉，卷十七）

自物觀心何心不均。（〈上下吟〉，卷十六）

萬物備于身，直須資養深。（〈坐右吟〉，卷十四）

言味止知甘膾炙，語真誰是識瓊瑤。（〈登山臨水吟〉，卷二）

引手探月窟，不負仁義心。（〈秋懷之三十二〉，卷三）

事到悟來全偶爾，天教閒去豈徒然。（〈小圃逢春〉，卷三）

唯我敢開無意口，對人高道不妨言。（〈自況之二〉，卷五）

暑濕偏時疾易生，聖智不能無蹇剝。（〈代書寄商洛令陳成伯〉，卷五）

願同巢許稱臣日，甘老唐虞比屋時。（〈謝富丞相招出仕之一〉，卷二）

鵷鴻自有江湖樂，安用區區設網羅。（〈謝富丞相招出仕之二〉，卷二）

侯門見說深如海，三十年來掉臂行。（〈龍門道中作〉，卷三）

君子屈伸方為道，吾儒進退貴從宜。（〈代書寄劍州普安令周士彥屯田〉，卷六）

道德有常理，富貴無定期。（〈偶見吟〉，卷七）

天意無言人莫欺。（〈天意吟〉，卷十二）

天人之間，內外察諸。（〈災來吟〉，卷十八）

小人君子，而皆有時。（〈有時吟〉，卷十八）

探春春不見，元只在胸中。（〈窮冬吟〉，卷十八）

已之欲處人須欲，心可欺時天可欺。（〈首尾吟八十八忖度時〉，卷二十）

## 六、超現實理想的語義類型

邵雍少壯有高志，然君臣際會難得，遂蹉跎至老以卒。今觀其詩集雖明取棄情觀物之理，實亦有暗藏鴻鵠高標之志，惟語吞吐含蓄，寓有高超理想的胸襟，雖不欲鄭重宣示，仍時在詩語中發露，今舉例以明之。現實的種種挫折並不能埋沒詩人的壯志，所以詩人說：「養志是生涯。」儲存於生命中的努力，在詩的園地上開花，展現超越現實的束縛，我們從詩中可以體貼到這種詩心。

便如平子賦歸田……卻無官守事拘牽。（〈和王中美大卿致政之一〉，卷十）

才沃便從真宰辟，半醺仍約伏義遊。（〈太和湯吟〉，卷十）

此身已許陪真侶，不為錙銖起重輕。（〈遊山之一〉，卷二）

小閣清風豈易當，一般情味若羲皇。（〈天宮小閣納涼之二〉，卷四）

因思濠上樂，曠達是莊周。（〈川上觀魚〉，卷四）

物情悟了都無事，未學顏淵已坐忘。（〈後園即事之二〉，卷五）

始信淵明深意在，北窗當日比羲皇。（〈後園即事之三〉，卷五）

莊周休道虧名實，自是無才悅眾狙。（〈和王不疑郎中見贈〉，卷六）

讀書每到天根處，長懼諸公問極玄。（〈和魏教授見贈〉，卷六）

安得仙人舊槎在，伊川雲水樂無窮。（〈自憫〉，卷六）

窮神知道泰，養素得天多。（〈消遙吟之三〉，卷七）

有樂有花仍有酒，卻疑身是洞中仙。（〈擊壤吟〉，卷八）

儘快意時仍起舞，到忘言處只謳歌。（〈林下五吟之三〉，卷八）

安樂窩中事事無，唯存一卷伏羲書。（〈安樂窩中吟〉，卷十）

有時自問自家身，莫是羲皇已上人。日往月來都不記，只將花卉記冬春。（〈謝君實端明用只將花卉記冬春〉，卷十一）

無涯風月供才思，清潤何人敢比肩。（〈別謝彥國相公之三〉，卷十一）

仲尼天縱自誠明，造化功夫發得成。見比當初歸魯事，堯夫才業若為情。。（〈別謝彥國相公之二〉，卷十一）

少日掛心惟帝典，老年留意只羲經。（〈旋風吟之一〉，卷十一）

道須能卷又能舒；人間好事不常有。（〈答客吟〉，卷十一）

奈何天地間，自在獨堯夫。（〈自在吟〉，卷十一）

盡送光陰歸酒盞，都移造化入詩篇。（〈天津敝居蒙諸公共爲成買作詩以謝〉，卷十三）

眼前無冗長，心下有清涼……若能安得分，都勝別思量。（〈何處是仙鄉〉，卷十三）

氣靜形安樂，心閒身太平。（〈感事吟之二〉，卷十七）

投足自有定，滿懷都是春。（〈月窟吟〉，卷十七）

俯仰天地間，自知無所愧。（〈不去吟〉，卷十七）

何止春歸與春在，胸中長有四時花。（〈自處吟〉卷十九）

陶真意向辭中見，借論言從意外移。（〈首尾吟之五九樂物時〉，卷十九）

已把樂為心事業，更將安作道樞機。（〈首尾吟之七三自得時〉，卷十九）

現實社會的拘限是不可改變的，但人生不能沒有理想，詩人邵雍往往藉著詩歌的語言表達對儒家、對道家的修正意見，將自己的理想超然的表述。另一方面邵雍的詩論其實也是一種超現實的理想，超越現實當代詩歌理論的統一觀，他無可無不可的想法，在他的詩論裡以「不限聲律，不沿愛惡，不立固心，不希名譽」的方式向現實挑戰，故能翱翔在超現實的理想中。

【附註】

註一：許世瑛，《中國文法講話》，1974，修訂十一版，第四節第4頁，台灣開明書店，台北。

註二：錢鍾書，《新編談藝錄》，1983，初版，第181頁，第八、九行，出版局不詳，香港。

註三：錢鍾書，《新編談藝錄》，1983，初版，第525、526頁，出版局不詳，香港。

註四：錢鍾書，《新編談藝錄》，1983，初版，第五、七節，189頁，出版局不詳，香港。

註五：錢鍾書，《新編談藝錄》，1983，初版，第二節，第11、12頁，出版局不詳，香港。

註六：楊良弼，《作詩體要》，1973，初版，337、338頁，廣文書局，台北。

註七：陳郁夫，《中原文獻》〈吾愛邵夫子〉，1977，第九卷六期，台北。

註八：胡應麟，《詩藪》〈內篇近體上〉，230頁，廣文書局，台北。「唐末宋元人不皆學杜，其體則杜集咸備。」

註九：錢鍾書，《宋詩選註》，29頁，第4、5行，新文豐出版公司，台北。舉「邵雍〈春遊詩〉」爲註釋。又第八頁，第七、八行再舉〈春遊詩〉首句爲註釋。

註十：程兆熊，《人生雜誌》〈邵康節的無可主張〉，1955，第十卷6期，114號，人生雜誌社，香港。

註十一：葉廷秀，《詩譚》〈讀邵康節詩〉，1973，十卷，廣文書局，台北。

# 第五章　邵雍詩的意象

語言的組織雖然是形式，而表達精確的語言卻需要高度的意象，透過意象才能夠呈現完整的詩意。「意象」一詞彙，起源於劉勰《文心雕龍》〈神思篇〉的「…尋聲律而定墨；…窺意象而運斤…」指大匠循意象揮斧的場面，而後世卻借用爲表達語言要素的兩大端。「聲律」是音樂節奏，意象是繪畫景象的重現。所以詩人覃子豪談意象，說：「詩的本質，既基於詩人的想像，使想像凝固而給讀者以美感的印象，便是意象。意象是經過了詩人對事物印象陶冶之後的再現…，這再現的印象，經過了詩人的思想和感情的淨濾後的創造，已不復是詩人初步攝入的印象，而成爲可感的意象了。」（註一）黃師永武在《中國詩學設計篇》〈談意象的浮現〉一文說：「意象是作者的意識與外界的物象相交會，經過觀察、審思與美的釀造，成爲有意境的景象。」言簡意賅，是最佳詮釋。

我們在上文談到邵詩的語源、色彩、詞藻、典故和語義類型，固然已對邵雍詩的語言特徵有基本的了解，但是邵詩的特殊意象技巧，其神秘面紗爲何？仍有待我們逐步揭露。陳衍在《石遺室詩話》說：「……不免腐氣，且正面說理，亦不能圓滿。」又說：「余謂……有無窮新哲理出，可以邊際之語寫之。」所謂「邊際之語」就是如歐陽修《六一詩話》所云：「意新語工」的言外之意（註二），自然也是意象技巧的揮灑。邵詩非不懂作詩需用意象技巧來創作，只是要表達的詞彙和語法有非常樸質的特性，因此其意象技巧往往需要以全詩觀察，也異於一般詩人摘句摘字的方式。近人程兆熊以爲邵詩是達人之詩，從白居易到邵雍一脈相承，千古高風，世人難明，而今歸納邵雍詩建構意象技巧有四，並作一一析明：

## 第一節　喜樂的意象

快樂而喜悅的意象，遍布於邵雍的詩篇。近人李霖燦說：「邵夫子的祠堂就在百泉邊上。這一派湖水清澈見底，鑑照冥思，真可以使人明心見性。邵夫子就是因此而留駐湖上，並且在蘇門山築有安樂窩一窩。……說是窩，一點也不錯，劈開赤崖一片，略可避避風雨，便是邵夫子的安身立命之處。」（註三）的確邵雍生命的喜悅以安樂窩直接爲明喻，而隱喻的部份融入在三千首詩歌中。

**生身有五樂，居洛有五喜。**

（〈喜樂吟〉，卷十）

自註：一樂生中國，二樂爲男子，三樂爲士人，四樂見太平，五樂聞道義。一喜多善人，二喜多好事，三喜多美物，四喜多佳景，五喜多大體。定國案：善人好事爲人事純樸，美物佳景係風光秀麗，大體指大環境安定。

又復無憂撓，如何不喜歡。

（〈歡喜吟〉，卷八）

樂天四時好，樂地百物備。樂人有美行，樂己能樂事……更樂微微醉。

（〈樂樂吟〉，卷九）

一喜長年為壽域，二喜豐年為樂國，三喜清閒為福德，四喜安康為福力。

（〈四喜〉，卷十）

和氣四時均，何時不是春。都將無事樂，變作有形身。

（〈靜樂吟〉，卷十一）

予何人哉？歡喜不已。

（〈歡喜吟〉，卷十二）

樂見善人，樂聞善事，樂道善言，樂行善意……為快活人。

（〈自樂吟〉，卷十七）

纔聞善事心先喜。

（〈安樂吟，卷十四〉）

花枝好處安詳折，酒盞滿時撋就持，閒氣虛名都忘了……。

（〈首尾吟之五五〉，卷二十）

此路清閒都屬我，這般歡喜更饒誰？

（〈首尾吟之三九〉，卷二十）

已把樂為心事業，更將安作道樞機。（〈首尾吟之七三〉，卷二十）

這意著何言語道，此情惟用喜歡追。（〈首尾吟之一二八〉，卷二十）

敢於世上明開眼，肯向人間浪皺眉？（〈首尾吟之一二九〉，卷二十）

綜觀這些詩篇，將一位快活人生的長者氣象，非常鮮明的刻畫出來。從「都將無事樂，變作有形身」這樣發自內心的喜樂意象，造就成邵雍詩一片春風氣息。

## 第二節　幽默的意象

高景逸評邵雍有「玩世」之風（《宋元學案》〈百源學案〉下），近人張健說：「未免玩世，正是康節的詩趣所在」（註四）玩世，即「幽默」的意思。中國文人以滑稽傳世者罕有，若東方朔則類俳優，若竹林七賢則過於激烈，若東坡居士則不合時宜，獨有寒山子和邵雍心性滑稽而行事溫煦和氣，人我兩歡。

……嘗苦樽無酒。每有賓朋至，盡日閒相守。……必欲典衣買，焉能得長久。（〈無酒吟〉，卷七）

案：無酒待客之窘困，盡付幽默中。

我本行年四十五。生男方始為人父。……我若壽命七十歲，眼前見汝二十五。
我欲願汝成大賢，未知天意肯從否？

（〈生男吟〉，卷一）

案：壯年得子，欣喜過望。期待子賢之殷殷，幽默向天問。

高竹如碧幢，翠柳若低蓋。幽人有軒榻，日夜與之對。

（〈高竹之四〉，卷一）

案：軒榻與高竹、翠柳日夜相對的設想十分俏皮，具有喜劇發噱的效果。

數片落花蝴蝶趁，一竿斜日流鶯啼。清樽有酒慈親樂，猶得階前戲綵衣。

（〈春遊之三〉，卷二）

案：老萊子綵衣娛親的行逕易說難爲，像邵雍有點天真滑稽情性，方容易逗樂慈親。

數聲牛背笛，一曲隴頭歌。應是無心問，朝廷事若何？

（〈牧童〉，卷三）

案：牧童豈有問朝廷事之舉，兩者極不搭配。應是詩人幽默的關心時政。

門前有犬臥，盡日無客來。

（〈秋懷之廿八〉，卷三）

案：這是秋靜的畫面，以最好動的犬也靜臥，幽默地凸顯出無客擾的閒樂。

年來得疾號詩狂，每度詩狂必命觴。樂道襟懷忘檢束，任真言語省思量。

（〈後園即事之三〉，卷五）

案：所謂「詩狂」，所謂「忘檢束」，像極邵雍玩世的態度。邵雍君子人也，無不良嗜好，無不宜言行，其玩世之說，只不過老天真的形象罷了。

既知富貴須有命，難把升沉更問天……紛華出入金門者，應笑溪翁治石田。（〈如登封裴寺丞翰見寄〉，卷五）

案：因爲賢人得時難，邵雍自謂「琴少知音不願彈」。遇人勸出仕之時，他仍免不了以韓愈進學解自嘲的方式，幽默自己一下。

情如落絮無高下，心似遊絲自往還。又恐幽禽知此意，故來枝上語綿蠻。（〈閒適吟之四〉，卷六）

案：本詩的設想，以落絮、遊絲具體的事物，暗喻詩人閒適的心情，又以幽禽故作惱人綿蠻之語的象徵意象，來誇飾詩人對擁有閒適生活的得失之情。這種手法也是詩人幽默意象的特色。

把似眾中呈醜拙，爭如靜裏且談諧。奇花萬狀皆輪眼，明月一輪長入懷。（〈先幾吟〉，卷七）

既來長是愧，相見只如親。飲食皆隨好，兒童亦自忻。（〈每度過東鄰〉，卷七）

只知閒說話，那覺太開懷。我有千般樂，人無一點猜。（〈每度過東街〉，卷七）

案：詼諧的生活態度，係邵雍真實生活的映照。

萬事去心閒偃仰，四支由我任舒伸。（〈林下五吟之二〉，卷八）

快秋意時仍起舞，到忘言處只謳歌。賓朋莫怪無拘檢，真樂攻心不奈何。（〈林下五吟之三〉，卷八）

言語丁寧有情味，後生無笑太周遮。（〈林下五吟之四〉，卷八）

鳳凰樓下逍遙客，郟鄏城中自在人。（〈安樂窩中酒一樽〉，卷九）

案：玩世的態度，係世人的誤會，所謂「安樂窩中雖不拘，不拘終不失吾儒」（〈安樂窩中吟之十三〉，卷十），也不過是天真的本性、趣味的待人態度和驚世駭俗的逍遙行徑，形成邵雍人格特質和詼諧人生的特有意象。

夫君惠我逍遙枕，恐我逍遙蹟未超。形體逍遙終未至，更知魂夢與逍遙。（〈依韻謝安司封寄逍遙枕吟〉，卷十六）

案：這裡一則係邵雍微醉的幽默一面，一則是謝友人寄贈逍遙枕的風趣道謝詩，已略窺詩人之脾性。

年老逢春猶解狂，行歌南陌上東岡。（〈年老逢春之十三〉，卷十）

一僕相隨幅巾出，群童聚看小車行。（〈司馬光和年老逢春之二〉，卷十）

窩名安樂已詼諧，更賦新詩訟所乖。（〈王尙恭和安樂窩中好打乖吟〉，卷九）

高趣逍遙混世塵。（〈呂希哲和安樂窩中好打乖吟〉，卷九）

能拋憂責忘勞外，不縱逍遙更待何。（〈任逵和安樂窩中好打乖吟〉，卷九）

儘把笑談親俗子。（〈程顥和安樂窩中好打乖吟〉，卷九）

頭上花枝照酒卮，酒卮中有好花枝。……酒涵花影紅光溜，爭忍花前不醉歸。（〈插花吟〉，卷十）

酒佳驀地泛一甕，花好有時簪兩枝，更縱無人訝狂怪……。（〈首尾吟之四七〉，卷二十）

箋云：甕頭噴液處，盞面起花時。有客來相訪，通名曰伏羲。（〈美酒飲教微醉後〉，卷十一）

以上我們把《擊壤集》裡一些點染幽默諧趣意味的句子挑出來提供參考。鍾嶸《詩品》評陶淵明詩用「辭興婉愜」，意境較近似幽諧的一面。司空圖的《詩品》有「曠達」這一項，更接近邵詩的精神面。從審美觀點來看邵雍幽默意象的作用，可以體會出詩人跳開格律後所追求的和諧和優美。這個原因，可能是改變緣情態度後的移情作用所造成。

## 第三節　恬淡的意象

邵詩喜悅的意象偏重於歡笑喜樂，幽默的意象偏重於玩世諧趣，而其恬淡的意象則側重在安恬淡薄。如果將安恬淡薄細分，仍見安恬生活多春意，與淡薄名利少機心兩者的區別。邵雍詩學理論主理抑情，其建構意象的方法除了轉向前述意象發展外，儘量重質而淡泊，有云淵明詩的平淡出於自然，但是邵雍的恬淡出於溫潤，溫潤之情來自詩人的師承和個性。其師李之才以共城令的身分自薦爲師，實已說明師承溫潤而無可無不可的學術走向，使其易於走入人群，易於親近平民，具備跳出名利的恬淡生命精神。故詩的意象也依此而築構。

## 一、安恬生活的意象

養道自安恬，霜毛一任添。

（〈和君實端明上元書懷〉，卷九）

安樂窩中春夢迴，併無塵事可裝懷。

（〈安樂窩中吟之五〉，卷十）

安樂窩中春不虧，山翁出入小車兒。……鳳凰樓下天津畔，仰面迎風倒載歸。

（〈安樂窩中吟之六〉，卷十）

一片春天在眼前，眼前須識好春天。……我生其幸何多也，安有閒愁到耳邊。

（〈春天吟〉，卷十八）

田園管勾憑諸子，樽俎安排仰老妻。不信人間有憂事……。（〈首尾吟之六八〉，卷二十）

只知人事是太古，不信我身非伏羲。（〈首尾吟之六九，卷二十〉）

筇杖藜杖到手拄，南園北園隨意之。（〈首尾吟之七一〉，卷二十）

金玉過從舊朋友，糟糠歡喜老夫妻。瓦燒酒盞連酩飲，紙畫棋盤就地圍。（〈首尾吟之一一九〉，卷二十）

國士待人能盡意，山翁道我會開眉。盞隨酒量徐徐飲，榻逐花陰旋旋移。……。（〈首尾吟之一二一〉，卷二十）

從這些示例中，可以看出邵雍安居生活是恬淡的，精神生活、道德修養也是恬淡爲主，儘將恬淡以外的生活雜質排除。當然排除的過程仍有許多挫折不順的地方。各位順下閱讀邵詩境界章後可獲知詩人人格和道德內斂昇華飽滿後的詩境，乃從意象技法、語言特徵、音樂節奏等特色而建構完成。

## 二、淡薄名利的意象

風月聊充藉手資，多少寬平好田地……。（〈首尾吟之三〉，卷二十）

人能知止是先機，面前自有好田地。（〈首尾吟之一二七〉，卷二十）

林間樂尚貪，……且免世猜嫌。（〈把酒〉，卷十）

恥把精神虛作弄，肯將才力妄施為。（〈六十三歲吟〉，卷十）

三盃五盃自勸酒，一局兩局無爭棋……。（〈首尾吟之十五〉，卷二十）

每見賓朋須疑曲，更和言語不思惟。方將與物同休戚，何暇共人爭是非。（〈首尾吟之八九，卷二十〉

好景盡將詩記錄，歡情須用酒維持。自餘身外無窮事，皆可掉頭稱不知。（〈安樂窩中吟之八〉，卷十）

自餘虛費閒思慮，都可易之為晝眠。（〈安樂窩中吟之十〉，卷十）

慮少夢自少，言稀過亦稀。……但見花開謝，不聞人是非。（〈省事吟，卷十〉）

名利既然是世網，脫離世網後，詩人的生活生命要如何發展？詩人一方面接近山水風月，一方面致力內省、靜坐、自得、洗心，甚至於微飲、晝眠、下棋、寫書法等等，總之尋找寬平的精神田地，這些都是淡薄名利的意象。而且淡薄名利不能絲毫牽強，才能不受名利是非的干擾，而損毀成真誠淡薄名利的意象。

## 第四節　禪機理趣的意象

禪機見機鋒，令人省思再三。理趣則如水中著鹽，令人會心頓悟，回味無窮。二者之差異，言語僅隔一線，欲了悟則端賴體會。嚴羽以禪說詩，世人遂有類似的詩評。宋以前當早有之，惟不特別標榜此精神。宋朝佛道盛行，詩家近佛近道，所以一片天機的禪機詩和回味無窮的理趣詩都是靈光流露的意象。由於詩人不反對鍛鍊字、句、意，這些理趣的禪機的字眼，經過布置安排，靈活運用，使陳舊的意象變得明白曉暢，因而舉重若輕意在言外。

## 一、禪機的意象

心靜始能知白日，眼明方會看青天。（〈詩酒吟〉，卷十六）

常觀靜處光陰好，亦恐閒時思慮多。日出自然天不暗，風來安得水無波。（〈試硯〉，卷十四）

池中既有雙魚躍，天際寧無一雁飛。（〈首尾吟之四〉，卷二十）

夢中說夢猶能憶，夢覺夢中還又隔。今日恩光空喜歡，當年意愛難尋覓。

水成流處書無聲，花到謝時安有色。過此相逢陌路人，都如元來曾相識。

（〈三鄉道中作，夢中吟〉，卷三）

請觀風急天寒夜，誰是當門定腳人。（〈崇德閣下答諸公不語禪〉，卷七）

花等半開宜速賞，酒聞纔熟便先嘗。大都美物天長惜，非是吾儕曲主張。（〈年老逢春之十一〉，卷十）

人間盡愛醉時好，未到醉時誰肯休。（〈太和湯吟〉，卷十）

長江一片常如練，幸自無風又起波。（〈學佛吟〉，卷十四）

一身都是我，瘦了又還肥。（〈窺開吟〉，卷十九）

風埃若不來侵路，塵土何由得上衣。（〈首尾吟之六〉，卷二十）

幾家大第橫斜照，一片殘春啼子規。（〈首尾吟之八六〉，卷二十）

先見固能無後悔，至誠方始有前知。（〈首尾吟之八八〉，卷二十）

面前地惡猶能掃，心上田荒何所欺。（〈首尾吟之九五〉，卷二十）

必欲全然無後悔，直須曉了有前知。（〈首尾吟之一一六〉，卷二十）

或讓或爭時既往，相因相革事難齊。（〈首尾吟之一一七〉，卷二十）

物中要妙眼前見，人上幾微心裏知。（〈首尾吟之一二六〉，卷二十）

事到強為須涉跡，人能知止是先機。（〈首尾吟之一二七〉，卷二十）

邵雍是不贊成佛理的，並非他不了解禪機佛理。相反的，從其母能倒背佛經，勸富弼不要參加法會，和自己結交佛界僧人來看，詩人深明佛理禪機，而且佛教興盛已是時代大環境的局勢，全面籠罩詩壇，利弊都有。邵雍是智者，援佛入詩，從本節實例中可得禪機之趣，故意象有此以素爲絢的審美特質。茲舉〈窺開吟〉詩爲例，這是極抽象的題目，非常不好寫。邵雍以「一身都是我，瘦了又還肥」來比喻開悟後境界，這種意象不輸給寒山詩的土饅頭等詩的意象。

## 二、理趣的意象

滿眼雲林都是綠，萬家輝舞半來新。（〈樓上寄友人〉，卷十）

萬里幕四垂，一片雲自飛。……既來曾無心，卻去寧有機。（〈和雲〉，卷九）

路上塵方坌，壺中花正開。（〈寄三城王宣徽之二〉，卷八）

人口各有舌，言語不能吐。（〈大寒吟〉，卷八）

水寒潭見心，木落山露骨，始信天無涯，萬里不隔物。（〈秋懷之三十二〉，卷三）

水流任急境常靜，花落雖頻意自閒。（〈天津感事之十五〉，卷四）

下有黃泉上有天，人人許住百來年。還知虛過死萬遍，都似不曾生一般。（〈極論〉，卷十四）

理順面前皆道路，義乖門外是荊榛。（〈感事吟〉，卷十六）
秋月千山靜，春華萬木榮。（〈百病吟〉，卷十七）
物外意非由象得，坐間春不自天迴。（〈舉酒吟〉，卷十七）
一片春天在眼前，眼前須識好春天。（〈春天吟〉，卷十八）
樂靜豈無病，好賢終有心。爭如自得者，與世善浮沉。（〈答和吳傳正贊善二首之二〉），卷十八）
草色依稀綠，花梢隱約紅；一般難道說，如醉在心中。（〈探春吟〉，卷十八）
梨花著雨漫城啼，柳絮因風爭肯住。（〈三月吟〉，卷十九）
忘在安時莫忘危，天道分明人自味。（〈首尾吟之九三〉，卷二十）

理趣的趣味，可能是從諧趣昇華而成。所謂「趣」是指作品的美感，理趣是從詩中體會出自然深刻的哲理，借淺語而味深，有時不合常理，有時是雙關語，但是詩意的統一性以諧合道。援本節〈樓上寄友人〉詩爲例，雲林的「綠」，萬家的「新」是風景上的視覺和心理上的感覺共識的意象造成，缺一不可。又以〈大寒吟〉爲例，人口有舌與不能吐言，因相反矛盾的文意而產生新鮮意象。餘皆如此二例，則不贅述。

【附註】

註一：覃子豪，《論現代詩》，1977，初版，第一輯〈意象〉章，第22頁，曾文出版社，台中。

註二：見古今詩話(一)，254頁，台北廣文書局本。

註三：李霖燦，〈邵康節學記〉，1980，台北中原文獻十二卷十二期。

註四：張健，〈邵雍詩研究〉，台北中國文學批評論集，卷五。

# 第六章　邵雍詩的音樂節奏

中國古典歌具有外在形式的齊整，和內在音樂節奏的律動，兩者相互影響，並互相滲透。詩歌和音樂像是孿生子難分難捨，所以詩歌和音樂節奏關係十分密切。

音樂節奏是借助聲音構成，詩歌也是借助吟誦歌唱來表達音樂節奏，由於彼此的關連性使然，和諧的音樂節奏，便成為詩歌不可或缺的要素。當然也有文人認為這種格律性的音樂節奏，是作詩的桎梏，反而限制詩人的視野和開展，無法飛躍。近人陳千武說：「不管作者持有單純、複雜、強或弱等任何感情，也要把它嵌入七言或五言的形式押韻裡詠為詩，這是需要有「藝」的鍛鍊。……在所謂藝的鍛鍊這種行為裡，自然會加有專業上制約困囿自己的性質。其中僅以幾個特殊優異才能的人，才能從這種制約超越了藝，開拓獨自的風格達到名人的境界。……因之，七言或五言的韻律，反而限制作者的精神展開和視野，使作者陶醉在遊藝的世界，不能飛躍。」（註一）陳說在反對韻律，但依然肯定語言的運用技術仍有訓練必要。我們都知道詩人追求自然的韻律是至高的理想，不論新詩或古典詩多少都力未能逮，惟有駕馭語言音樂節奏的能力愈強則愈有開拓獨自風格的可能。

詩歌的節奏依漢語的特性由音節組合，形成抑揚頓挫的音節整齊和意義的完整，同時因為押韻的關係，讓音節的組合更加一致而不失活潑，因為音節變化中有統一性，統一中又有音節的變化產生活潑性，兩者搭配吟詠則情性俱生。除了平仄、用韻外，句式句法亦能呼應音樂節奏，造成氣勢，故一併討論之。

## 第一節　平仄

《古歡堂集》論詩云：「……南軒之後，競趨道學，遂以村究語入四聲，去風人之旨實遠。況程、邵以下，誠齋一出，腐俗已甚。……」（註二）句中所談四聲，蓋指平仄而言，這是初涉道學詩的平仄而未及深論。詩評家為何一開口講道學詩便覺得腐俗？今舉〈絸齋詩談〉說法可作代表，云：「詩中談理，肇自三頌，宋人則直洩道祕，近於鈔疏，將古法婉妙處，盡變平淺，反覺腐而可厭。」（註三）定國案，這種說法將詩法與平仄混淆不清，何況盡是針對宋詩或道學詩的刻板印象，當可一哂而另議之。近人錢鍾書說邵雍詩轉調流利，自有所見，非作誣論。

平仄對於詩的聲調音節有重要性。晉宋沈約講求四聲八病，固然苛求，若完全不注重平仄，將失去音節長短和聲調抑揚的節奏感。是故沈約〈答陸厥書〉云：「自古辭人，豈不知宮羽之殊商徵之別，雖知五音之異，而其中參差變動所味實多，故鄙意所謂此秘未睹者也。……若以文章之音韻，同弦之聲曲，則美惡妍蚩，不得頓相乖反……故知天機啓則律呂自調，六情滯則音律頓舛也。……」（註四）沉言堪稱合理。《文鏡秘府》〈四聲論〉也支持此一看法，曰：「四聲之分既已大明，用以調聲，自必有術。八病苛細固不可盡拘，而齊梁以後，雖在中才，凡有製作，大率聲律協和，文音清婉，辭氣流靡，罕有挂礙，不可謂非推明四聲之功。」（註五）

邵雍對於音律有獨特的了解，若其《皇極經世》〈觀物篇〉中，以觀物系統發展出聲音圖，以四象公式，匯納四聲等呼之變化，其正確與否暫且不論，但是對於聲和韻的錯綜、疊用、呼應都有獨到之處。邵雍對音律之認知，乃在日常生活中之體驗，其深明音理，往往把四聲交互迭用，其調、韻流轉的功夫非比尋常詩人。今舉証以明之。

煙樹盡歸秋色裏，人家常在水聲中。

數行旅雁斜飛去，一簇樓臺峭倚空。（〈天津感事二十六首之十一〉卷四）

案：本詩合於七絕首句不押韻的仄起式。近人張健說：「天津感事二十六首，彼此的意境雖近似，但不乏佳構。」（註六）曾選錄本首詩。錢穆理學家詩鈔亦抄此詩，俱見慧眼識雅。詩作於邵雍五十二歲時，是年邵子居天津橋南，有水竹花木之勝，故作天津感事二十六首。以四聲而論，詩中「色」、「簇」是仄聲，所以首尾句皆四聲迭用，而二、三句則平上去交錯，在平仄的變化上輕脆勁潔。張健又云「完全寫景，一視一聽之後，由「旅雁斜飛去」溶合了聲色，最後後以視覺意象收攬全局。煙樹便是秋色，但「盡歸」一語使之活潑化；人家常在水聲中是馬致遠天淨沙「小橋、流水、人家」的前身。由樹到水到人家，有意無意中構成一三角，而數行旅雁穿梭其間，動態畢現，生機勃然。最後「一簇樓臺」便是人家的具象化，「峭倚空」則使「常在水聲中」的平淡頓顯高致。……詩協東韻，寬洪飽滿。但間以「裏、去」之幽咽別致，更耐尋味。」（註七）張氏之闡發析釋，文字優美，映照出詩人的詩心。

●○○●●○○　○●○○●●○

老年軀體索溫存，安樂窩中別有春。

●●●○○●●　●○○●●○○

萬事去時閒偃仰，四支由我任舒伸。

○○●●○○●　○●○○●●○

庭花盛處涼鋪簟，簷雪飛時軟布裀。

○●○○●○●　●○○●●○○

誰道山翁扭於用，也能康濟自家身。〈〈林下五吟之二〉卷八〉

案：這首詩是標準的七律，首句平起押韻。以平仄而言，除了第七句「拙」、「於」兩字當句互爲拗救外，餘合式也。七律、七絕、五律、五絕並是爲邵雍邵詩的主要創作領域，另外兼及五古、七古、四言詩、三言詩、六言詩和云五絕、五四言間答體、七四言雜體，所使用體裁變化多樣，亦多類歌行，是故諸家皆說邵詩體制格律多所變革，其實作品仍以合律居多，變革極少，倒是在句法上和體裁上，多所突破而尤以聲調流轉不滯最具功力，此實體貼古律、杜詩拗體及平仄聲韻都有心得。其拗體之法較之黃山谷更在前列。

●●●○○　●○○●○　●○○●●　○●●○○

好景信移人，直連毛骨清。為憐多勝概，尤喜近都城。

●●○○●　○○●●○　●○○●●　○●●○○

竹色交山色，松聲亂水聲。豈辭終日愛，解榻傍虛楹。〈〈宿壽安西寺〉卷三〉

案：本詩首句押韻，故以「仄仄仄平平（韻）」起句。次句一、三字平仄互拗救，其餘句均完全合律，在平仄方面謹守近體詩的格律。次聯、三聯、結聯在平仄的節奏上參差相應而四聲起伏調和，音律極美，非高於弦歌者，不易體悟。就詩意而言，首句好景的意象，雖然籠統，次句「毛骨清」不是詮釋了景色視覺上的清麗，且讓人有全身三千萬個毛細孔如吃人參果舒暢的觸覺。次聯平常，但確是實情，近都城的勝概，足以吸引遊客。三聯「竹色交山色」在碧綠的色彩上有深淺之分，並交得了首聯「毛骨清」的理由。「松聲亂水聲」，在聽覺上遠處近處的松鳴水鳴交錯迭生，蘊含有我之境，不同於王維山居秋暝「明月松間照，清泉石上流」的幽清明淨之爲我之境，然而兩人對於山居終是喜愛。邵詩結聯「豈辭終日愛，解榻傍虛楹？」，表達嚮往儒士人間修行，明知不可爲而爲的精神。恰與王維離遠都城，寄情山居純樸的理想大異其趣。

○●●○○　○○●●○　○○○●●　●●●○○

城裏住煙霞，天津小隱家。經書為事業，水竹是生涯。

●●○○●　○○○●○　○○○●●　○○●○○

恨為雲遮月，愁因風損花。恨愁花月外，何暇更知他。（〈愁恨吟〉卷十三）

案：此詩爲五律仄起首句押韻，以模糊的意象表達成邵詩典型的風格。首聯、次聯平仄爲誤。三聯「風」

字，結聯「何暇」平仄與格式不合。詩的缺點係「爲」、「恨愁」、「花月」字重出比例過大，又首聯文意堆疊有合掌之嫌。惟本詩在次聯、三聯刻畫出理學家之理想，是以錢穆宋明理學家詩鈔選錄之。經書是儒行的典範，水竹是隱士的天堂。「雲遮月」、「風損花」既是明喻也是暗喻，係雙料比喻，象徵現實社會對隱者挫擊。結聯吐露隱者對不能擴大時代影響力的無奈，也是堅持執著理學家理念的宣示。

●●○○　●●○●　○○●○　●●○●　○●○○　○●●●
賜酒于君，飲不知味。執法在前，恐懼無既。當此之時，一斗而醉。
○○●○　●●○●　○○●○　●○●●　○●○○　●●●●
宗族滿堂，既孝且悌。尊卑以親，少長有齒。當此之時，二斗而醉。
○○○○　○○●●　●○●●　○●●●　○●○○　○●●●
賓之初筵，蹌蹌濟濟。獻酬百拜，升降有禮。當此之時，三斗而醉。
●●●○　○○○●　○○●○　○○○●　○●○○　●●●●
里閈過從，如兄如弟。時和歲豐，情懷歡喜。當此之時，五斗而醉。
○●●○　●●○●　●●○○　○○○●　○●○○　○●●●

朋友往還，講道求義。樂事賞心，登山臨水。當此之時，八斗而醉。

○●○●　○○●●　○●○●　○○●●　○●○○　○●●●

男女雜坐，盃觴不記。燈燭明滅，衣冠傾圮。當此之時，一石而醉。（〈淳于髡酒諫〉卷十三）

案：四言古體詩，詩經以降既在，邵詩亦有。本詩一韻到，上去韻通用。句中平仄自由變化，雖有四平四仄者，然四聲迭出輕重有序，是故節奏鏗鏘婉轉，有歌行韻味。每節六句，六節成篇，惟每節後二句幾乎全同，有仿古歌行一唱三嘆的技法。詩題稱「酒諫」，則勸以凡飲酒八分為度，過與不及，並不知味。為何以「淳于髡」為名？乃以戰國時，齊威王作長夜飲，淳于髡作隱語力諫的典故為詩。又為之目的何在？是自勸，抑勸人？疑兼有之。並作養生哲學之道歟。

●○●○●○　○●●○○○　●●○○●●　●○●●○○

昔人乘車是常，今見乘車倉皇。既有前車戒慎，豈無覆轍兢莊。

○●●●○●　○●○○●○　●○●●○●　○●○○●○

將出必用茶飲，欲登先須道裝。軫邊更掛詩帙，轅畔仍懸酒缸。

○●●○○●　●○○●○○　●●○○●●　○○●●○○

輪緩為移芳草，蓋低因礙垂楊。水際尤宜穩審，花間更要安詳。

○●○○●● ●○●●○○ ○●●○○● ○○●●○●

朝出頻經履道，晚歸屢過平康。春重縱觀明媚，秋深飫看豐穰。

●●○○●● ○○○●○○ ○●○○○● ●○○●○○

五鳳樓前月色，天津橋上風涼。金谷園中流水，魏王堤外脩篁。

●●○○●● ○○○●○○ ●○●●●● ●●○○○●

靜處光陰最好，閒中氣味偏長。所經莫不意得，所見無非情忘。

●●○○○● ●●○●○○ ●●○○●● ●●●○●○

或見農人擁耒，或見蠶女求桑。或見蘼蕪遍野，或見蒺藜滿牆。

●●○○●● ●●○○○○ ●●○○●● ●●○○○○

或見荊棘茂密，或見芝蘭芬芳。或見雞豚狗彘，或見鵷鶵鸞凰。

●●●○●● ●●●○○○ ○●○○●● ○○●●○●

惡者既不見害，善者固無相傷。華嶽三峰岌嶪，黃陂萬頃汪洋。

●●○●○● ○●○○●○ ○●○○○● ○○●●○●

不為虛作男子，無負閒居洛陽。天地精英多得，堯夫老去何妨。（〈小車六言吟〉卷十四）

案：六言詩起於漢末，魏晉曹植、唐王維等偶有作品。王維之輞川六言（又名田園樂）用以寫退居輞川之樂趣，邵雍本詩題曰「小車六言吟」，亦有敘述洛陽隱居之樂的用意，且兼自述平生忘向。本詩平仄隨意，但十分注重平上去入四聲的間用，使聲調節奏起伏有致。首句押韻以平起，全詩由平聲陽、韻通押，其中「缸」韻，廣韻作下江切，方言音近「詳」，此處邵雍以爲屬陽韻。「忘」韻，可平可去，平聲在陽韻。「妨」韻可平可上，平聲在陽韻。由平仄可知本詩採古詩法押韻，取其自由也。

○○○　○●●　○○○　●○●　○○○　○●●　○○○　○●●

堯夫吟，天下拙。來為時，去無節。如山川，行不徹。如江河，流不竭。

○○○　○●●　○○○　○●●　●●○　●●●　●●○　●●●

如芝蘭，香不歇。如簫韶，聲不絕。也有花，也有雪。也有風，也有月。

●○○　●●●　○○○　●●●

又溫柔，又峻烈。又風流，又激切。（〈堯夫吟〉卷十八）

○●●　○○○　○●●　○●○

其骨爽，其神清。其祿薄，其福輕。（〈覽照吟〉卷十九）

案：邵雍三言詩僅有十首，多是枯燥的理學偈語。只有這兩首詩的意象活潑，頗類東方朔答客難，楊雄解嘲、班固答賓戲、韓愈進學解之流。〈堯夫吟〉，作於邵雍六十六歲，覽照吟作於六十七歲，俱有邵夫子最晚期不顧音律，自述生平形象的詩風。兩詩平仄不拘，以平聲句和入聲韻造成節奏間歇韻味的短歌行。詩中將詩人的人格形象以山川、江流、芝蘭、簫韶詮釋，意境高遠，聲色俱全。而以風花雪月來註腳其人格特質，尤堪稱妙。又用神骨清爽爲釋外相，則福祿輕薄終其一生，不亦趣乎。

## 第二節　用韻

近體詩佔邵雍詩集八成以上，古體詩則佔一成餘，以數量而言古體詩自是偏少，然而古體詩詩句多，篇幅壯觀，氣勢不凡，亦有殊勝處。以集中第一長詩〈觀棋大吟〉爲例，共五言三六〇句，而詩長一八〇〇字，全詩一八〇韻腳由平聲支、之、脂、微、齊韻混押，惟有末段「獲兔必以罝」的「罝」字爲「麻」韻，不論是否錯用則已見押韻十分寬鬆。

調韻流轉，用韻寬鬆，不受格律桎梏是邵詩的音樂性特質。近體詩外，邵雍擅長四言詩，而多達一三九首。至於五古七古雖不多作，然皆長篇，今作分析如後。

〈觀棋大吟〉（五言，二句一韻，一八〇韻，不重韻，平聲支、脂、之、微、齊韻通押）卷一。

〈寄謝三城太守韓子華舍人〉（五言，二句一韻，五〇韻，不重韻，平聲山、刪、桓、寒、元、先、仙韻通押）卷一。

〈鳳州郡樓上書所見〉（五言，二句一韻，首句押韻，九韻，不重韻，去聲泰、隊、怪、代韻通押）卷二。

〈和商守宋郎中早梅〉（七言，二句一韻，六韻，不重韻，平聲真、諄韻通押）卷二。

〈和陝令張師柔石柱村詩〉（五言，二句一韻，二十韻，不重韻，平聲文、元、魂、真、諄通押）卷三。

〈天津新居成謝府尹王君貺尚書〉（五言，二句一韻，十韻，不重韻，平聲東、鍾韻通押）卷四。

〈觀棋長吟〉（七言，二句一韻，首句押韻，十一韻，不重韻，平聲微、之、脂、支韻通押）卷五。

〈十四日留題福昌縣宇之東軒〉（七言，二句一韻，首句押韻，九韻，不重韻，平聲佳、麻韻通押）卷五。

〈傷二舍弟無疾而化之三〉(七言，二句一韻，首句押韻，九韻，不重韻，入聲屋、燭韻通押）卷六。

〈清風長吟〉(五言，二句一韻，十七韻，不重韻，平聲唐、陽韻通押）卷六。

〈垂柳長吟〉(五言，二句一韻，二十四韻，不重韻，平聲支、之、脂、微、齊韻通押）卷六。

〈落花長吟〉(五言，二句一韻，首句押韻，二十五韻，不重韻，平聲東、鍾韻通押）卷六。

〈芳草長吟〉(五言，二句一韻，首句押韻，二十五韻，不重韻，平聲庚、耕、清、青、蒸通押）卷六。

〈春水長吟〉(五言，二句一韻，二十韻，不重韻，平聲尤、侯、幽韻通押）卷六。

〈花月長吟〉(七言，二句一韻，首句押韻，十五韻，平聲魚、虞、模韻通押）卷六。

〈代書謝王勝之學士寄萊石茶酒器〉(七言，二句一韻，首句押韻，二十韻，不重韻，上聲有、厚韻和去聲宥韻通押）卷七。

案：成化本「方今莫如二虜醜」，至四庫本改爲「方今急務二敵首」，詩句由不重字改爲重字。原詩幾乎很少重字現象，所作重出者必有深意。

〈歲暮自貽〉(七言，二句一韻，首句押韻，十一韻，不重韻，平聲尤、侯韻通押）卷八。

〈書皇極經世後〉（五言，二句一韻，三十韻，不重韻，平聲陽、唐韻通押）卷八。

案：「七國爭強梁」句之「梁」字，宋本、蔡本、元本作「良」，則原詩不重字，成化本以後才重字。「強良」爲山海經大荒北經十二神之一，以多力聞名，成化本以後改強梁，則多力神竟淪爲強盜，誤矣。

〈履道會飲〉（五言，二句一韻，二十韻，不重韻，平聲真、文、諄、欣韻通押）卷八。

〈蒼蒼吟寄答曹州李審言龍圖〉（七言，二句一韻，首句押韻，七韻，不重韻，平聲陽、唐韻通押）卷八。

〈安樂窩中詩一編〉（七言，二句一韻，首句押韻，十一韻，不重韻，平聲先、仙、元韻通押）卷九。

〈安樂窩中一部書〉（七言，二句一韻，首句押韻，十一韻，不重韻，平聲魚、虞、模韻通押）卷九。

〈安樂窩中一炷香〉（七言，二句一韻，首句押韻，十一韻，不重韻，平聲陽、唐韻通押）卷九。

〈安樂窩中酒一樽〉（七言，二句一韻，首句押韻，十一韻，不重韻，平聲真、諄、文、魂韻通押）卷九。

〈感事吟〉（五言，二句一韻，首句押韻，八韻，重韻一字，平聲侵、真、魂韻，上聲獮、去聲線韻通押）卷十。

〈偶書〉（四言，二句一韻，四句一換韻，共二十句。首四句入聲質韻，去聲諍韻通押；次四句押唐韻；其次四句，入聲曷韻、薛韻通押；其次四句寒韻、先韻四句通押；最後四句代韻、泰韻通押）卷十。

案：本詩四句一換韻，出現入聲、去聲或上聲、去聲通押的情況。

〈流鶯吟〉（五言，二句一韻，首句押韻，七韻，不重韻，平聲之、微、齊韻通押）卷十一。

〈靜坐吟〉（五言，二句一韻，四句一換韻（共六韻，不重韻，首四句去聲定、勁韻通押，次四句上聲旨韻與平聲尤韻通押，末四句去聲霽韻、上聲哿韻通押）卷十一。

〈天津晚步〉（五言，二句一韻，六韻，不重韻，入聲黠、月、曷、諫、薛韻通押）卷十二。

〈謝傅欽之學士見訪〉（五言，二句一韻，八韻，不重韻，上聲紙韻與去聲祭、至、霽、志、寘韻通押）卷十二。

〈天津敝居蒙諸公共為成買作詩以謝〉（七言，二句一韻，首句押韻，十三韻，平聲元、先、仙韻通押）卷十三。

〈淳于髡酒諫〉（四言，二句一韻，十八韻，上聲止、旨、薺與去聲志、至、寘、未韻通押）卷十三。

〈皇極經世一元吟〉（五言，二句一韻，八韻，不重韻，入聲昔、職、陌、麥、錫韻通押）卷十三。

〈答友人〉（七言，二句一韻，首句押韻，七韻，不重韻，平聲真、文韻通押）卷十三。

〈王勝之諫議見惠文房四寶內有巨硯尤佳因以謝之〉（五言，二句一韻，十四韻，不重韻，入聲藥、覺、鐸通押）卷十四。

〈六十五歲新正自貽〉（五言，二句一韻，十四韻，不重韻，上聲獮韻與去聲換、翰、諫、霰、線韻通押）卷十四。

〈小車六言吟〉（六言，二句一韻，首句押韻，二十一韻，不重韻，上平聲江韻與下平聲陽、唐韻通押）卷十四。

〈安樂吟〉（四言，二句一韻，二十韻，不重韻，上聲紙、止與去聲至、志、寘、祭、未、廢韻通押）卷十四。

〈甕牖吟〉（四言，二句一韻，二十韻，不重韻，上聲有、厚韻與去聲侯、宥韻通押）卷十四。

〈盆池吟〉（四言，二句一韻，首句押韻，二十一韻，不重韻，平聲支、之、脂、微通押）卷十四。

〈大筆吟〉（四言，二句一韻，二十韻，不重韻，入聲質、沒、物、術、迄韻通押）卷十四。

〈小車吟〉（四言，二句一韻，二十韻，不重韻，全詩以平聲佳、麻、歌、戈韻通押爲主）卷十四。

案：全詩押平聲韻，而「帝王貞宅」之「宅」爲入聲陌韻（貞字，中圖特藏善本南宋末期本作真）和「士人淵藪」之「藪」爲上聲厚韻，疑「天地中央、帝王貞宅」和「聖賢區宇，士人淵藪」文字或韻腳有誤。

〈人貴有精神吟〉（五言，前四句每句押平聲真、諄韻。後十二句，每二句押韻，首句押韻，不重韻，七韻，通押上聲、紙、旨、止韻）卷十五。

〈李少卿見招代往吟〉（七言，二句一韻，首句押韻，四韻，不重韻，皆、咍韻通押）卷十五。

〈歲暮自貽吟〉（五言，二句一韻，前八句，首句押韻，五韻，不重韻，通押平聲真、諄、臻韻；後十二句換韻，二句一韻，重一字，六韻，去聲至、志、御通押）卷十六。

〈治亂吟之四〉（四言，三句一韻，四韻，不重韻，入聲薛韻一韻到底）卷十六。

案：本詩在三句一韻當中，又夾雜每二句既同韻又重字，句法取巧已極，甚是特別。

〈風霜吟〉（七、四言雜詩，前四句七言，每句押上聲馬韻，一韻到底。後四句四言，二句一韻，二韻，平聲陽韻，一韻到底）卷十六。

〈戰國吟〉（七言，二句一韻，首句押韻，九韻，不重韻，平聲耕、庚、蒸、登、青通押）卷十七。

案：本詩幾乎一句一韻，只有「都似一場春夢過」之「過」字出韻，疑文字有誤。然而在所有通押情況中，仍有細分脣齒喉舌之輕重。

〈堯夫吟〉（三言，二句一韻，十韻，不重韻，入聲薛、月、屑通押）卷十八。

〈樂毅吟〉（五言，二句一韻，九韻，不重韻，上聲旨、止韻和去聲至、寘、霽韻通押）卷十八。

〈詩畫吟〉（五言，二句一韻，二十四韻，不重韻，平聲青、淸、、庚、耕、蒸、登韻通押）卷十八。

〈詩史吟〉（五言，二句一韻，二十四韻，不重韻，平聲文、眞、諄、魂、欣韻通押）卷十八。

〈史畫吟〉（五言，二句一韻，共十六句。前四句入聲物、質韻通押，次四句換韻，押「淸」韻。再次八句又換韻，以去聲志、至韻與上聲止韻通押）卷十八。

綜上所述，可歸納邵雍古詩用韻之現象：

一、多以二句一韻爲常例，一句一韻，三句一韻，四句一韻亦有之。

二、全詩或換韻，或不換韻，惟以靈活用韻爲尙，就用韻通押的廣度而言變化多端。

三、幾乎不重韻，對韻腳的挑選極費心機，創作態度嚴謹。

四、嚴守古詩上、去、入通押的慣例，平聲則單獨析出，混韻現象極少。

五、通押範圍廣，故能調和韻腳的抑揚清濁，使全詩的旋律優美。

六、拗體之多，爲宋詩壇之先河，實對江西詩派產生重大啓示作用。

邵雍近體詩有一千二百九十一首，佔《擊壤集》的百分之八十五以上，足以明白其畢生心力之所在。近體詩以七律、五律、七絕三種體裁較能表達其思想，質量較好，五絕因字數僅二十字，遣辭用字需要仔細推敲，費時費心，不適合邵雍的創作慣性，是以質與量皆輸於上述三種體裁。

下文簡擇近體詩諸體各數首，詳加剖析，以概見邵雍近體詩用韻之情形。

首尾吟之九（卷二十）

堯夫非是愛吟詩，雖老精神未耗時。水竹清閒先據了，鶯花富貴又兼之。梧桐月向懷中照，楊柳風來面上吹。被有許多閒捧擁，堯夫非是愛吟詩。

〈首尾吟〉的詩，首句尾句不但文字相同，韻腳亦同。一般而言，認爲邵雍〈首尾吟〉有詩論的功能，若能結合其他詩篇，可探究邵詩創作理論之崖略。近人張健就持此論，他說：「〈首尾吟〉是一組七言律詩，每首第一句都作【堯夫非是愛吟詩】，末句全然雷同。第二句則有三種形式：一、【詩是堯夫〇〇時】，二、【詩看（或其他動詞）〇〇〇〇時】，三、【詩是堯夫〇〇〇】。其中以第一型最多。這一百三十四首詩，加上其他零星的詩篇（如詩史吟、觀詩吟等），所展現的詩的功能理論，其質其量都是中國文學批評史上首屈一指的，……。」其實第二句的句型還有「安樂窩中〇〇時」、「爲見〇〇〇〇時」、「〇〇〇〇〇時」三種。

〈首尾吟〉一百三十四首除去首句、次句、尾句僅得五句來表達文字之美和內涵之富。不論從謀篇的觀點，或從用韻的觀點而言，表面上是作繭自縛，而在用韻及文字表達的難度上而言卻是逐首遞增。近人程兆熊說：「此使康節之詩，康節之〈首尾吟〉，全是和氣，全是活句，全是工夫，全是道。」頗能欣賞邵詩的優點。

本詩韻腳，從首句押韻開始，爲「詩」、「時」、「之」、「吹」、「詩」，屬於平聲「之」韻。之韻的字，表達細膩的情感，並有從下上騰，比較挺直的意義。本詩的內容強調享受「許多閒」的樂趣，「水竹」和「鶯花」是講居宅環境之美，視擁有清閒爲富貴，「正是清風明月不要錢」閒民生活的寫照。這樣的富貴，人人可得，唯閒者居之。「梧桐月向懷中照，楊柳風來面上吹」寫享受風月情懷，由靜態的月透過梧桐照向月下人的視覺享受，漸漸上升至動態的風經楊柳拂面吹的觸覺享受，身與心的雙重體受，爲「許多閒」

作了最具象的表彰。邵雍在〈淸夜吟〉(卷十二)詩云:「月到天心處,風來水面時」,又在〈月到梧桐上吟〉(卷十二)詩云:「月到梧桐上,風來楊柳邊。」均作此一相同意境的描述。

春盡後園閑步(卷七)

綠樹成陰日,黃鶯對語時。小渠初瀲灩,新竹正參差。
倚杖閑吟久,攜童引步遲。好風知我意,故故向人吹。

這首詩的韻腳是「時」(之韻)、「差」(支韻)、遲(脂韻)、「吹」(支韻),因爲之、支、脂跳躍通押的緣故,使詩的活潑性變得很強。本詩在音樂上還有一項特色,即每句在平、上、去、入四聲調中最少具有三聲,在聲調上變化亦多。

首二句白描春深春盡的景緻。第一句靜中景,第二句動中景,都是生機勃勃的春情。次二句一寫春水綿延溝渠滿,而新的竹枝參差萌發的情形。一寫隱隱約約聽到渠水潺潺和新竹枝葉摩挲的聲音。併同前文,這四句都是後園即景。第五、六句以「吟久」、「步遲」來詮釋詩人「閑」的情感。最後二句用擬人化的手法,把「春風」屢屢向人吹拂的柔情做最佳的具象呈現。本詩的擬人技巧是反面的用法,可以將原文理解爲倒反的說法「我知好風意,故故向我吹」,很妙的將欣賞春殘、享受春風作爲總結上文,這是一種瀟脫的人生觀。

**天津感事之八（卷四）**

**自古別都多隙地，參天喬木亂昏鴉。荒垣壞堵人耕處，半是前朝卿相家。**

**天津感事之十一（卷四）**

**煙樹盡歸秋色裏，人家常在水聲中。數行旅雁斜飛去，一簇樓臺峭倚空。**

天津感事之作，頗見宋詩存有晚唐的意境，蓋感慨之語，意沿晚唐詩風。第一首七絕用麻韻，第二首七絕用東韻。韻既不同，詩的韻味顯然分別。第一首麻韻字有哽咽淒楚之音，第二首東韻字有虛空蒼茫的噓欷之音。張健在〈邵雍詩論研究〉中說：「【別都多隙地】，似涉弱筆，然冠以【自古】二字，便見神采；【參天】緊接【隙地】，似無關而實成對恃之勢。【亂昏鴉】是【昏鴉亂】之倒置，但正予讀者【喬木使昏鴉心亂】的錯覺，此句遂由純粹的白描提昇爲別有寓意。昏鴉即是【前朝卿相家】！亦可說昏鴉是歷史的觀照者，喬木是萬古常新之【光陰】。【荒垣壞堵】緊扣【昏鴉】，又是一種綿密章法之展延。垣堵俱寂，而【人耕】同於昏鴉之亂舞於參天喬木之間。此三句中間一字【都】、【木】、【堵】又諧音，表現了一種沉鬱感。而【鴉】、【家】協麻韻，原有一種舒放縱肆的情調，配合以上三字字音，則反構成一派淒涼激楚之音。【前朝】遠接【自古】，【家】字扣住【別都】、【喬木】、【荒垣壞堵】。堯夫筆力，於此盡見。」一段話所言細膩而正確，尚有可補充的，像「自古、別」從去聲轉入聲，「參天、喬」從陰平轉陽平，「荒垣、壞」從平聲轉去聲，「半是、前」從去聲轉平聲都有加大聲音落差層遞逼近的感覺，尤以「荒垣壞」三字聲母皆同，而韻母轉爲下沉，其沉鬱悲涼的覺受最爲強烈。

第二首詩，東韻虛空噓唏的感覺，透過流動的「水聲中」，眼見的「峭倚空」具體的展現。「秋色」包圍著「人家」已有無盡的蒼茫，襯以「旅雁」飛向懸空的「樓臺」更表達出「人家」的飄搖和危機，生命懸盪的不定感，油然而生。是以張健續說：「……完全寫景，一視一聽之後，評【旅雁斜飛去】溶合了聲色，最後復以視覺意象收攬全局。【煙樹】便是秋色，但【盡歸】一語使之活潑化；【人家常在水聲中】是馬致遠天淨沙【小橋，流水，人家】的前身。由樹到水到人家，有意無意中構成一三角，而【數行旅雁】穿梭其間，動態畢現，生機勃然。最後的【一簇樓臺】便是人家的具象化，【峭倚空】則使【常在水聲中】的平淡頓顯高致。……詩協東韻，寬洪飽滿。但間以【裏】、【去】之幽咽別致，更耐尋味。」張氏的詮解對於邵詩用韻在詩中聲情的作用一一析明，見解可貴。

春去吟（卷十一）

**春去休驚晚，夏來還喜初。殘芳雖有在，得似綠陰無？**

本詩「初」字魚韻，「無」字「虞」韻，如此押韻就近體詩而言是出韻，可見其用韻甚寬。五絕短詩在邵詩中是較弱一環，因為字少鍊字需要更精緻。第一句的「驚」表達對春晚的感受，不但是現實春景中的體會，也是生命中失去春天的心境。次句的「喜」是一種覺悟，針對「驚」而言，非常有反彈的張力，自然界和生命現象一樣，一階段有一階段的高低潮，所謂「東方風來滿眼春……梨花落盡成秋苑」《李賀詩》〈河南府試十二月樂詞之三月〉正是這種變化。前二句詩感覺上比較抽象，下二句詩將「殘芳」與「綠陰」對比，表面上好像與上文類似，就是詩家所說的合掌。其實第三、四句除了有將上文更具象化的作用以外，更有推進一層的思考用意。自然界現象，逝去的花容不能追回，人生中遭遇重挫也不值得頻頻回顧，所謂追悔不及，因為人生路上與其向後望不如向前看。人生中每一階段的「綠陰」正是柳暗花明的轉機。是以明朝高攀龍〈水居閉關〉詩說：「兩眼情親惟綠野，一生心契有青山」（註八）正伸明此義。

大筆吟（卷十一）

詩成大字書，意快有誰如？巨浪銀山立，風檣百尺餘。

這首詩的韻腳爲「書」、「如」、「餘」，皆屬平聲魚韻。魚韻的字能夠發揚痛快淋漓的意義，所以用韻對於本詩極有詮釋力。邵雍從十二歲始刻苦勵學，十八歲大字已寫得不錯。二十一歲時，其師李挺之勸其在理學上發展，有學書妨道之說。雖然邵雍接受師教，不再專注書道，然而也沒有從此不寫，也許或云其書藝不夠超逸精美，但說其善書則絕對不爲過譽。「巨浪銀山立」形容大字如山勢般的峻峭，「巨浪」、「銀山」把每個字墨瀋淋漓的韻味發揮的很好。就整篇全幅而言，以「風檣」、「百尺」狀描大字的連篇遒健勇壯的飛動氣勢，足稱構圖之美。近人黃少谷〈八十自壽詩〉云：「詩書醉我總流連」是極美的詮解（註九），而邵詩魚韻正是用以激發詩的意境的表達。

## 第三節　句法

句法的安排，可以一變常法，使平凡而增彩，使熟爛而新貌，但是萬萬不可越鍊越不通順，所以自然成句也是相當重要的。邵雍〈談詩吟〉云：「興來如宿構，未始用雕鐫。」（卷十八）正是表遠這一種想法。但是理想是一回事，臨作詩時又是另一番思考，他在〈論詩吟〉說：「何故謂之詩？詩者言其志。

既用言成章，遂道心中事。不止鍊其辭，抑亦鍊其意；鍊辭得奇句，鍊意得餘味。」若由此詩的說明邵詩還是極重視句法的鍛鍊。黃師永武在《字句鍛鍊法．鍛句的方法》中說：「可見神理情韻，不在章句之外，文章的骨髓雖是情理，文章的形貌卻必須依附字句」文章如此，詩亦如此。是故《文心雕龍．章句篇》曰：「然章句在篇，如繭之抽緒，原始要終，體必鱗次。」下文闡發邵雍詩句法的安排技巧，期能發掘他的詩在造句鍊字上的功力。

## 一、示現

示現的修辭法，為喚起讀者對現實狀況的如見如聞強烈觸感為原則，所謂讓「膚受之愬」《論語》〈顏淵篇〉歷歷在前，靈動羅映，驚心駭魄。示現之法，可以把過去的、現在的、未來的經驗或類似經驗的感受，表現得就像親身經歷一般真切，有超越時空的表達效果。如杜甫詩「峰火連三月，家書抵萬金」是遭遇家國破碎的人，共同的覺受，把家書的可貴，活現眼前。

### （一）林間車馬自稀到，塵外盃觴不浪飛。

（〈首尾吟之十二〉卷二十）

詩意是描寫詩人的老境生活。「林間車馬自稀到」，「車馬」是驅駕工具，原是動態生活，以

「稀到」作強烈動態的煞車，來反映老友漸逝，衰頹凋零，這是形容宅外的寂寥。「塵外盃觴不浪飛」，寫出宅內的寂寞。「塵外」固有隱者世外的涵意，而「盃觴不浪飛」，非但說明困於酒力，還彰顯一切無心緒的老態。詩人用「稀」、「浪」字眼，無非爲了強烈的示現故舊凋零，老態龍鍾的困境。

（二）蒼海有神搜鯨鯢，陸沈無水藏蛟螭。

（〈首尾吟之十九〉卷二十）

詩意是描繪詩人放逸書法狂筆疾書之狀。鯨鯢是巨魚，比喻大字。蛟螭是長龍，比喻書法中之長畫逸筆。蒼海見墨瀋之多，陸沈見乾筆之澀，都很活龍活現地把書法中的逸筆作了動人的示現。

（三）眼觀秋水斜陽遠遠，淚灑西風黃葉飛。

（〈首尾吟之五七〉卷二十）

這兩句詩，頗有詞風。邵雍的時代，文壇以詞爲主流，免不了受到詞風所影響。晏殊〈清樂〉詞曰：「春來秋去，往事知何處。燕子歸飛蘭泣露，光景千留不住。酒闌人散忡忡，閒階獨倚梧桐。記得年今日，依前黃葉西風。」（《全宋詞》第一冊晏殊）晏氏之詞意略近。有一事甚妙，見晏殊詞〈少年遊〉有句「綠鬢朱顏，道家裝束，長似少年時」。沒想到這位詞中宰相年輕時喜歡道家裝束。看來邵雍以儒士稱而著道士裝束並非先例。本詩原意在說邵雍年輕時的見解，以爲「天下只知才可處，人間不信事難爲」這是少不更事的英雄意氣，一旦遭遇事與願違，自然會「眼觀秋水斜陽遠，淚灑西風黃葉飛」。斜陽、西風、黃葉都是失意的表徵，眼觀秋水是悲傷的先兆，灑淚是悲傷的具體作爲，所謂英雄有淚不輕彈，只因已到無限傷心處，道學界的素王邵雍在壯年不得意時，也忍不住彈淚。這兩句詩，詞溢於言表，意現於形象，正可爲示現之例。

## 二、比擬

詩含六義，有比興之法。比是明的比附，興是隱的擬議。所謂比擬要將詩中不同類的事物，借著聲音、形貌、心理、事情相同的質素，由彼說此，使被比擬的事物彰顯而生動。《文心雕龍》〈比興篇〉說：「何謂爲比？寫物以附意，颺言以切事者也。……故比類雖繁，以切至爲貴。」譬如納蘭詞云：「愁似湘江日夜潮」〈憶王孫，卷一〉又如李賀〈宮娃歌〉：「願君光明如太陽，放妾騎魚撇波去」就是以潮水比擬愁之升沈不斷，以太陽比擬光明酷烈的手段。我們從邵詩中略尋數例以明之。

（一）語愛何嘗過父子，講和曾未若夫妻。

（〈首尾吟之六六〉卷二十）

父子天性情深，故用以比擬愛之無窮。夫妻床頭吵床尾和，默契的調和，無出其右，故比況講和。這兩句詩雖然平實，但很貼切。

（二）酒醺不怕暖生面，花好儘教香惹衣。

（〈首尾吟之七一〉卷二十）

臉色紅酡的面生暖熱正是酒醺之態，所以用「暖生面」來比擬酒醺的風情。一如劉禹錫〈百舌吟〉云：「酡顏俠少停歌聽」的酡顏。（《全唐詩》，三五六卷）衣上染香，暗香浮動，的確是好花盛景，此處即以「香惹衣」比擬「花好」的美與盛。

（三）松上見時偏淡潔，懷中照處特光輝。

（〈首尾吟之八十四〉卷二十）

在詩中，淡潔和光輝都是月亮的代名詞，比擬月圓月虧變化後的月亮。月亮的可愛，松上偏月也好，懷中的圓月也好，各具嬋娟之姿，詩人用比擬方式將月亮盈虧的情境說明得更清楚。

（四）須將賢傑同星漢，直把身心比鹿麋。

（〈首尾吟之九一〉卷二十）

老年的邵雍，早已悟澈人生，然而對於時光的流逝，不能無感。文天祥〈正氣歌〉云：「哲人日已遠，典刑在夙昔。」是古人聖賢的心聲。這兩句詩，上句將前輩賢傑比擬爲高高在上的銀河，令人仰望彌高，令人學習。下句把自己比擬作林下的麋鹿，成爲人間樂土的少數隱者。水竹之間的麋鹿就是林下士的化身，天上做爲典型的星漢就如同賢傑的榜樣。詩人所要說明的理想目標在世時如麋鹿般的生活，去世後同星漢般成爲人類的典型。

## 三、存真

質樸口語是邵詩句式的特徵。這種句式的形成可能與詩人林下生活的環境影響，和以理學家的避文避雅不避俗的自覺有關。何謂存真？黃師永武說：「爲了記存實事的情狀，或不避村俗的文句，或保留說話者的語氣，使被描繪者的情性、特點、活躍毫端，這種修辭法，叫做存真。」

### （一）睡思動時親甕牖，幽情發處旁盆池。

**尋芳更用小車去，得句仍將大筆麾。**

（〈首尾吟之一一八〉卷二十）

這四句詩中的「親甕牖」、「旁盆池」（旁讀作傍）、「用小車去」、「將大筆麾」都是明白如話的生活語，因爲如此把詩人「結廬在人境，而無車馬喧」的安居情境很親切的脫穎出來。

(二) 金玉過從舊朋友，糟糠歡喜老夫妻。

瓦燒酒盞連醅飲，紙畫棋盤就地圍。

（〈首尾吟之一一九〉卷二十）

詩句中用倒裝法，可把強調的重點先標出，而耐人尋味。這裡詩句的前二句係倒裝；原文應作「過從金玉舊朋友，歡喜糟糠老夫妻」，句經倒裝後對舊朋友的重視，對老夫妻的恩愛蠻貼切而自然的詮釋，將詩人平實待客接物的格調呼之而出。下面二句句意流暢無華，瓦燒、紙畫描繪樸實生活，連同前二句便把詩人溫潤和氣。「拍拍滿懷總是春」的形象作了最佳的表達。正如近人程兆熊〈論邵康節的首尾吟及其詩學〉云：「他以他的和氣，對治著一般的戾氣；他以他的活句，對治著一般的死句．．．」的確可信。

(三) 明著衣冠爲士子，高談仁義作男兒。

敢於世上明開眼，肯向人間浪皺眉。

（〈首尾吟之一二九〉卷二十）

這幾句詩說明詩人的男兒態。「明著衣冠為士子，高談仁義作男兒」是仁者無敵風範；「肯向人間浪皺眉？」是勇者不懼形象；「敢於世上明開眼」是智者不惑的宣示。《禮記》〈孔子閒居〉篇曰：「清明在躬，氣志如神」可作注解。詩人的面貌有儒行風采的一面，也有仙家氣象的一面（〈首尾吟之一二八〉卷二十），一則以和氣勝，一則以閒韻勝，融合而成謙謙隱士。「明開眼」三字極似智者，豈肯「浪皺眉」？凸顯勇士，文句存真，如見其人，應肯定詩人錬句的工夫。

（四）**一點兩點小雨過，三聲五聲流鶯啼。**
**盃深似錦花間醉，車穩如茵草上歸。**

（〈首尾吟之四四〉卷二十）

存真的造句法在邵詩中所佔比例甚高，隨手可得。「一點兩點小雨過」是小雨情景，既存視覺、觸覺的「景真」，又存「人真」。正如程兆熊說：「邵堯夫之為人，會真個是一點兩點小雨過」〈論邵康節的首尾吟及其詩學〉。下句「流鶯啼」，存聽覺、視覺的「景真」，又存「詩史之真」，程兆熊以為將來邵堯夫在詩學文學史上的地位也能如鶯啼可聞。盃深、車穩兩句平舖詩人的生活一環，搭連前兩句才點明春暖花開小雨細斜的春居春遊。原來存真的文句透過聯想更有鮮明詮解的說服力。

## 四、微辭

詩人活在現實生活中，有時也不得已會得罪世人，自云：「任他人謗似神仙」（〈小車吟〉卷十二），然而解謗、逃謗也不容易，如何在詩中以微言、微辭表達，就需有高度的寫作技巧。有時或以諷刺，或以自嘲等較含蓄的方式才容易表達，這種方式，我們稱之爲「微辭」。微辭的表達方式，有時接近含蓄，有時接近曲折，但多半帶有以自己爲對象的微諷微嘲，讓詩意委婉雋永。

（一）無限物情閒處見，諸般藥性病來知。
暗於成事事必敗，失在知人人必欺。

（〈首尾吟之十三〉卷二十）

詩人漸老漸多病，常患頭風（《頭風吟》，卷十一），有五十肩，手臂痛，不便梳頭不便穿衣（《臂痛吟》，卷十一），是故多病知藥性，這是事實。但是整首詩的深一層涵意，卻在表達對家國的關注。詩人的愛國心自少壯到老年都不曾稍減，惟詩意委婉不似陸游的直接和激烈。詩人《飲酒吟》云：「身居畎畝須憂國，事委男兒尚恤家」，而《天地吟》云：「長征戍卒思歸意，久旱蒼生望雨心」，對政府內憂外患的情況知之甚深而批評曲折的，所以後二句詩「暗於成事」、「失在知人」是沈痛的微辭。

（二）**少日治文章，亦曾觀國光。山林雖不返，畎畝未嘗忘。**
**麋鹿寧無志，鵷鴻自有行。還知今日事，大故索思量。**

（《代書答朝中舊友》，卷十四）

本詩作於詩人六十四歲。前因魏公韓琦的幕客王荀龍入洛見詩人，爲作說客，請詩人出洛作官，詩人婉拒。所以，此處「麋鹿寧無志」是含蓄地指自己畎畝生活的志向自有可取處，而「鵷鴻自有行」係指朝中舊友作官的主意也是自我簡擇的，因此，結聯「還知今日事，大故索思量」爲「求仁得仁」的微辭。一則說明國事敗壞，作官難爲，是友人的志向；一則表達自己無意出仕的決心。

（三）**時過猶能用歸妹，物傷長懼入明夷。**
**夏商盛日何由見，唐漢衰年爭忍思。**

（《首尾吟之一一〇》，卷二十）

易經歸妹卦，兌下震上，嫁妹之象。嫁宜及時，過時遲嫁，在嫁者之志是有所等待，所以詩人說「時過猶能用歸妹」。明夷卦，離下坤上，明入地中之象。含有賢者不得志，懼遭謗言，憂讒畏譏的情況。是以詩人言：「物傷長懼入明夷」。後二句舉夏商漢唐等的朝代已逝去，說明盛日世人都不見，而盛朝的衰年腐化一樣走入歷史，不堪聞問。這四句詩的真正用心，在針砭朝廷，若不用賢人，有盛時不再來的傷心。詩人借閱史掩卷的微辭表達宋朝局勢的不穩。從文句中的「猶能」、「長懼」都是從自身設想而遠及朝廷，含蓄至極。

## 五、儷辭

「如有華美辭句的經營，使詩句成為精緻的語句，因此文心雕龍有言對、事對、反對、正對四種，至初唐上官儀有六對八對之說，爾後愈演愈多，多達數十種。然約其句型有當句對、單句對、偶句對、長偶句對四種，而就其句意則分為相背、相向、相聯、相偶四種。以下所引諸例為邵雍詩儷辭方面的特色。

### (一)句型方面

#### 1、當句對

△八月光陰未甚淒，松亭竹榭尤為宜。

案：「八月」對「光陰」；「松亭」對「竹榭」。

（〈秋遊六首之三〉卷二）

△況當水竹雲山地，忍負風花雪月期。

案：「水竹」對「雲山」；「風花」對「雪月」。

（〈和人放懷〉卷二）

△衰草襯斜日，暮雲扶遠天。

案：「衰草」對「斜日」；「暮雲」對「遠天」。

（〈閒行〉卷三）

△淡煙羃疏林，輕風裊寒雨。

案：「淡煙」對「疏林」；「輕風」對「寒雨」。

（〈秋懷三十六之十二〉卷三）

△虛名浮利非我有，綠水青山何處無？

案：「虛名」對「浮利」；「綠水」對「青山」。

（〈閒適吟之一〉卷六）

△風花雪月千金子，水竹雲山萬戶侯。

案：「風花」對「雪月」;「水竹」對「雲山」。

（〈林下五吟之五〉卷八）

△此日榮爲他日瘁，今年陳是去年新。

案：「此日榮」對「他日瘁」;「今年陳」對「去年新」。

（〈年老逢春之十三〉卷十）

△燈前燭下三千日，水畔花間二十年。

案：「燈前」對「燭下」;「水畔」對「花間」。

（〈安樂窩中吟之三〉卷十）

△草色連雲色，山光接水光。

案：「草色」對「雲色」,「山光」對「水光」。

（〈秋望吟〉卷十二）

△也有花也有雪，也有風也有月，又溫柔又峻烈，又風流又激切。

案：此四句皆六言，每句都是當句對，每句前三字與後三字對仗。

（〈堯夫吟〉卷十八）

### 2、單句對

△雲意寒尤淡，松心老益堅。（〈閒吟四首之四〉卷一）

△月色林間出，泉聲砌下流。（〈高竹八首之二〉卷一）

△滌蕩襟懷須是酒，優遊情思莫如詩。（〈和人放懷〉卷二）

△洗竹留新筍，翻書得舊編。（〈秋懷之十八〉卷三）

△水寒潭見心，木落山露骨。（〈秋懷之三十二〉卷三）

△夜簷靜透花間月，晝戶晴生竹外煙。（〈小圃逢春〉卷四）

△人間好景皆輸眼，世上閒愁不到眉。（〈清風短吟〉卷六）

△幸逢堯舜為真主，且放巢由作外臣。（〈詔三下答鄉人不起之意〉卷七）

△花月靜時行水際，蕙風香處臥松陰。（〈依韻和劉職方見贈〉卷七）

△千花爛為三春雨，萬木凋因一夜霜。（〈蒼蒼吟〉卷八）

△靜中照物情難隱，老後看書味轉優。（〈歲暮自貽〉卷八）

△雨後靜觀山意思，風前閒看月精神。（〈安樂窩中酒一樽〉卷九）

△纔寒卻暖養花日，行雨便晴消酒天。（〈年老逢春之二〉卷十）

△花等半開宜速賞，酒聞纔熟便先嘗。（〈年老逢春之十一〉卷十）

△坐臥逸身惟水竹，登臨滿目但雲山。（〈世上吟〉卷十一）

△夏末喜嘗新酒味，春初愛嗅早梅香。（〈依韻和王安之少卿六老詩仍見率成七首之六〉卷十三）

△文章高摛漢唐艷，騷雅濃薰李杜香。（〈依韻和王安之少卿六老詩仍見率成七首之四〉卷十三）

△清泉篆溝渠，茂木繡霄漢。（〈六十五歲新正自貽〉卷十四）

△衣到敝時多蟣蝨，瓜當爛後足蟲蛆。（〈觀十六國吟〉卷十五）

△工居天下語言內，妙出世間繩墨餘。（〈瞻禮孔子吟〉卷十五）

△紅燭盛時翻翠袖，畫橈停處占青蘋。（〈和王安之同赴府尹王宣徽洛社秋會〉卷十六）

△雨後鳥聲移樹囀，風前花氣觸人香。（〈春月園中吟〉卷十六）

3、偶句對

△花貌在顏色，顏色人可效；花妙在精神，精神人莫造。（〈善賞花吟〉卷十一）

△樽中有美祿，坐上無妖氛；胸中有美物，心上無埃塵。（〈詩史吟〉卷十八）

一事承曉露看花，一事迎晚風觀柳；一事對皓月吟詩，一事留佳賓飲酒。（〈林下局事吟〉，卷九）

△聞人之惡，若負芒刺；聞人之善，如佩蘭蕙。（〈安樂吟〉卷十四）

△筇生蜀部石，貂走陰山壓；善扶巇嶮路，能暖瘦羸身。（〈和貂褥筇杖二物皆范景仁所惠〉卷九）

△眾人之所樂，所樂唯囂塵。吾友之所樂，所樂唯清芬。（〈履道會飲〉卷八）

4、長偶句對

△天地中央，帝王貞宅。漢唐遺烈，氣象自佳。聖賢區宇，士人淵藪。仁義場圃，聞見無涯。（〈小車吟〉卷十四）

△芝蘭芬芳，麒麟鳳凰；此類之人，鮮有不臧。狼毒冶葛，梟鴆蛇蝎；此類之人，鮮有不孽。（〈偶書〉卷十）

△冠劍何燁燁，氣體自舒閒，高談天下事，廣坐生晴煙。人莫敢仰視，屏息候其顏。此所謂男子，志可得而觀。又何必自苦，形容若枯鱣。道古人行事，拾前世遺編。而臨水一溝，而愛竹數竿。此所謂匹夫，節何足而攀。（〈寄謝三城太守韓子華舍人〉卷一）

㈡句意方面

1、句意相背

△前日之所是，今日之或非。

今日之所強，明日之或贏。（〈觀棋大吟〉卷一）

△當年曾任青春客，今日重來白雪翁。（〈和張少卿丈再到洛陽〉卷一）

△至微功業人難必，儘好雲山我自怡。（〈遊山之三〉卷二）

△有酒欲共飲，無賓可同歡。（〈月夜〉卷三）

△爭先徑路機關惡，近後語言滋味長。（〈仁者吟〉卷六）

△閒來略記一春事，老去難忘千里心。（〈代書寄濠倅張都官〉卷七）

△枯腸歡飲酒，病眼怕看書。（〈代書寄長安幕張文通〉卷七）

△長因訪舊歡無極，每為尋幽暮不歸。（〈答李希淳屯田〉卷九）

△未逢寒食梨花謝，不待春風柳絮飛。（〈安樂窩中看雪〉卷九）

△日出自然天不暗，風來安得水無波。（〈試硯〉卷十四）

△園池富有吟供筆，風俗淳無訟到衙。（〈和絳守王仲賢郎中〉卷十五）

2、句意相向

△雨滴幽夢時斷續，風翻遠思還飛揚。（〈竹庭睡起〉卷二）

△飲罷襟懷還寂寞，歡餘情緒卻無聊。（〈和商守新歲〉卷二）

△竹侵舊徑高低迸，水滿春渠左右流。（〈後園即事之一〉卷五）

△擺落塵埃非敢後，訪尋雲水奈輸先。（〈依韻謝登封劉、李、裴三君見約遊山〉卷五）

△千里難逃兩眼淨，百年未見一人閒。（〈閒適吟之四〉卷六）

△深思閒友開眉笑，重惜梅花照眼明。（〈東軒消梅初開勸客酒之二〉卷六）

△故國山川皆夢寐，舊家人物半丘墟。（〈代書寄友人〉卷七）

△花香遠遠隨衣袂，竹影重重上酒盃。（〈南園花竹〉卷八）

△儘快意時仍起舞，到忘言處只謳歌。（〈林下五吟之三〉卷八）

△天心月滿蟾蜍動，水面風微菡萏香。（〈依韻和王安之少卿六老詩仍見率成七〉卷十三）

△早年金殿舊遊客，此日鳳池將去人。（〈和王安之同赴府尹王宣徽洛社秋會〉卷十六）

3、句意相聯

△況當水竹雲山地，忍負風花雪月期。（〈和人放懷〉卷二）

△既乏長才康盛世，無如高枕臥南窗。（〈答人見寄〉卷四）

△既知富貴須由命，難把升沈更問天。（〈和登封裴寺丞翰見寄〉卷五）

△與其病後求良藥，不若醉時辭大觥。（〈代書答淮南憲張司封〉卷七）

△海壖曾共飲，洛社又同遊。（〈代書寄祖龍圖〉卷九）

△柳外晚猶囀，花前曉又啼。（〈流鶯吟〉卷十一）

△同於一流水邊飲，醉向萬株花底眠。（〈錦帡春吟〉卷十五）

△猶許艷花酬素志，更將佳酒發酡顏。（〈和和丞制見贈〉卷十六）

4、句意相偶

△角中飄去淒於骨，笛裏吹來妙入神。（〈和商守宋郎中早梅〉卷二）

△輕煙籠曉閣，微雨散青林。（〈晨起〉卷三）

△燕去燕來徒自苦，花開花謝漫相催。（〈新春吟〉卷四）

△能休塵境為真境，未了僧家是俗家。（〈十三日遊上寺〉卷五）

△酒向花前飲，花宜醉後看。（〈花前勸酒〉卷八）

△酒既對花飲，花宜把酒看。（〈對花吟〉卷九）

△偶爾相逢卻相別，乍然同喜又同悲。（〈所失吟〉卷十）

△閒看蜜蜂收蜜意，靜觀巢燕壘巢心。（〈旋風吟之三〉卷十一）

△幽花渾在霧，殘夢半隨風。（〈老翁吟〉卷十三）

△客去有時閒拱手，日高無事靜梳頭。（〈對酒吟〉卷十六）

## 六、頂真

頂真修辭的方法，是把前後鄰句頭尾蟬聯，而前句的結尾是後句的起頭，其目的或使文句的密度增加緊湊，或使前後文意自然明快。因爲頂真之故，使句式相連，十分順口，正如連珠直瀉，迴環生情。頂真的句式在「康節體」中非常多，不勝枚舉，今略舉數例，除說明詩人「頂真」的技巧之外，且將全詩藉頂真串連的效果闡發，以明詩心。

**面前路徑無令窄，路徑窄時無過客，過客無時路徑荒，人間大率多荊棘。**（〈路徑吟〉卷十六）

第二句與第三句很明顯的因爲「過客」兩字頂真，使上半首詩與下半詩連成一氣。首句「路徑」與第二句、第三句的「路徑」雖然不是直接頂真，在文意上依然覺得串連迴環，可以看出詩人強調行走「路徑」的重要性。「路徑」爲雙關語，一表行路的方向，一表人生的方向，這是詩人一生溫潤行事，閒適度日的人生哲學，所謂得饒人處且饒人。最後一句「人間大率多荊棘」寫法很特別，跳脫「路徑」的思路，而回到首句無令「窄」的思路。因爲路上多荆棘，所以窄路無法引人親近，使生命中減少許多樂趣。末句在思路上勾住首句，使全詩首、中、尾一氣呵成，其趣味當然在二、三句頂真的句法上。

何人頭不白，我白不因愁。只被人多欲，其如我不憂。
不憂緣不動，多欲為多求。年老人常事，如何不白頭。
（〈白頭吟〉卷十六）

第四句、第五句「不憂」，因頂真而將上下文結合，文意重點在強調詩人之不憂。第三句句尾「多欲」與第六句句首產生跳躍式頂真，將上下文意湊緊，重點在說明世人多欲故頭白。首句「白」字與次句隔字頂真，又與末句「白頭」重字，環環遙接，產生轆轤回文的效果。不憂不愁，所以詩人雖然年老白頭而心情既閒又樂。世人多欲，不待老而頭白。詩人因白頭而聯想到世人多求多欲之憂愁，此正是哲意之所在。

翠竹叢深啼鷓鴣，鷓鴣聲更勝提壺。江南江北常相逐，春後春前多自呼。
遷客銷魂驚夢寐，征人零淚濕衣裾。愁中聞處腸先斷，似此傷懷禁得無。
（〈鷓鴣吟之二〉卷十七）

首、次兩句以「鷓鴣」一詞頂真。鷓鴣鳥，體大如鳩，嘴紅，頭頂暗紫赤色，背灰褐色，腹黄色，腳深紅，群棲，造巢於土穴中。此鳥性畏霜露，晚稀早出，向日而飛，夜棲於木，多對啼，叫聲像「行不得也哥哥」，雖不至於類杜鵑那樣斷腸，也絕不似黃鶯那般動人，一般而論，邵詩重視樂觀和蘊藉，必不過於傷情，本詩卻一反常態。次句所說的「提壺」是指「鵜鶘」，鵜鶘體形比鵝大，色灰白帶紅，頷下有大喉囊，叫聲不美。此鳥善水性，漁人繫舟用以捕魚。

本詩頂真「鷓鴣」的用意，是加重鷓鴣啼聲的印象。由於鷓鴣春天時節在北地，入秋便南飛趨暖，鷓鴣群啼象徵送春的意味濃郁。本詩的前數首有〈王公吟〉責備王公大人「輕流薄習，重損威嚴」，又鄰首〈觀物吟〉云：「能言之人，未必能行」，具見本詩「鷓鴣吟」有「憂時畏譏」之感。這一點與五代溫庭筠〈菩薩蠻〉表現鷓鴣體帶金黃色那種雍容華貴「金鷓鴣」的意象是完全不同的。

**頭上花枝照酒卮，酒卮中有好花枝。身經兩世太平日，眼見四朝全盛時。**
**況復筋骸粗康健，那堪時節正芳菲。酒涵花影紅光溜，爭忍花前不醉歸。**

（〈插花吟〉卷十）

生活即藝術，這是詩人自然的美學觀。在上古時期，人類把音樂、舞蹈、詩歌視爲三位一體的藝術，其內涵就是生活的藝術。詩人在作品中處處顯露「遊戲心」，把世俗的嚴肅化爲生活的幽默。這是「康節體」真正的精神之所在。

首句與次句，以頂真的「酒卮」二字首尾連接。不但如此，每句中「酒卮」與「花枝」回環相生，而酒卮、花枝又疊韻諧音，於是首聯便生起民歌俚曲的順口，和天真自然的情懷。詩人在寫這首詩時的年齡已高達六十三歲，依然純真地把鮮花插上日漸稀疏禿髮的頭上，由於顧盼弄清影，使得酒卮中也有花枝的倒影，這是平民生活中最開心的場景。第三、四句寫詩人所處的時代背景。第五、六句用「況復」、「那堪」層遞的字眼，把歡樂心情推到最高點。末聯以酒酣耳熟，人、花、酒三者混爲一體的醉歸作結，使歡情持續到醉歸猶未了。

本詩的次第，依序原爲頷聯、頸聯、首聯、尾聯，「那堪時節正芳菲」乃問話，「爭忍花前不醉歸」係答語，自問自答之間將北宋開國後的一段昇平氣象和人民的滿足感蒸發無餘。但是詩人卻特別將情感澎湃的句子置於首聯尾聯，而把敘事性的理性頷聯，頸聯安排於全詩的中段。讓全詩的渾融更佳。詩人是寫詩的高手，「酒涵花影紅光溜」使飲酒、賞花的現場一片熱鬧，氣氛熱烈，而且酒光花影閃爍的情形，也足以顯示醉態的意趣，爲下句「爭忍花前不醉歸」預舖線索，詩人的幽默感和詩情的趣味，藉著人、酒、花的交融，展現詩人生活的率真一面。

古人不見面，止可覯其心。其心固無他，而多顧義深。
今人不見心，正可覯其面。其面固無他，而多顧利淺。

**顧義則利人，顧利則害民。利人與害民，而卒反其身。其身幸而免，亦須殃子孫。**

（〈感事吟〉卷十）

案：邵雍的詩有很多不是講情性的，是明講人生哲學的，所謂道學派的詩，本詩可為寫作範例。此類的詩，有點像三字經、百家姓、千字文，佛家偈語或了凡四訓、菜根譚之流，凡三字、四字、五字、六字、七字都有，極盡搬弄驅遣文字之能事。就詩情而言，當然索然無味，但是就詩人所要表達的詩學理論及道學思想而言，這種令人忘了格律窘縛的雜言詩，反而是令人難忘最成功的演出。本詩在上半首，每二句兩兩相對，每聯之間以頂真連接，如第二、三句的「其心」，第六、七句的「其面」，因為頂真之故，具有連珠的效果，文意緊湊。每隔四句又以重複字串接，如第一句與第五句重複「人不見」，第二句與第六句重複「可觀其」，第三句與第七句重複「固無他」，第四句與第八句，重複「而多顧」，如此就音樂性而論能產生節奏並利於記誦。下半首詩第九、第十句以重複字「顧義」、「顧利」遙接第四句、第八句，而又以跳躍式的頂真方式使第十一句的「利人」、「害民」詞彙接上第九、第十句，於是全詩映帶成為轆轤式的句法。我們要知道這種類似遊戲的詩，詩人是以最嚴肅的態度在展現，這是邵雍詩最大的特色，也是授人以抨擊的把柄。優劣如何？我們不當以常態詩法來批判，因爲此係「康節體」所欲表達原本已極抽象的道學思想的方式。

## 七、複疊

疊字的使用能夠讓文意聲情畢現，神完氣足，所謂疊字摹神即是此意。由於疊字是同聲同韻同義的字重複出現，對於詩句的音樂性和響度實大有幫襯之功。另有一種重複的一字或數字在上下句緊相連接，甚或隔句跳接，在意義並不等同，這種重複又稱重出現象，在詩的音樂上，也會有迴腸蕩氣流動的效果。疊字通常都是狀詞，重複字則不限於狀詞。總之，不論疊字或重複字都以鮮活不嫌爲寫作的技巧。最明顯疊字的例子，就是李清照的〈聲聲慢〉：「尋尋覓覓，冷冷清清，淒淒慘慘戚戚。……梧桐更兼細雨，到黃昏點點滴滴。這次第，怎一個愁字了得？」首句連下十四個疊字，把一個少婦獨處的坐立難安、寂寞無聊的起伏愁緒發揮到極致。又複字之例，如孟子〈梁惠王篇上〉：「老吾老以及人之老，幼吾幼以及人之幼。」將吾老，人老、吾幼、人幼鮮明的區隔，再用一老字、幼字回文聯結情感，將人道的輝光燃燒到最亮麗。

### （一）疊字句

邵雍詩在疊字複字方面所下的工夫相當考究，成果斐然。左文略舉數例以釋。

霜扶清格高高起，風駕寒香遠遠留。
太守多情客多感，金樽倒盡是良籌。

（〈和商洛章子厚長官早梅〉卷二）

案：「高高」修飾梅花的清格，「遠遠」修飾梅花的寒香。

既得希夷樂，曾無寵辱驚。泥空終日著，齊物到頭爭。
忽忽閒拈筆，時時自寫名。誰能苦真性，情外更生情。

（〈放言〉卷三）

案：「忽忽」是不經意之義，襯託「閒」情。「時時」表示勤於寫詩當作座右銘。名即「銘」也。詩意分明抨擊佛、道，而首句言「希夷樂」可見詩人重視儒道的精神面，並非外相細節等事；末聯正好作此詮釋，並且重出「情」字，說明真性、真情之外無其他所謂「情性」可言。

臨溪拂水正依依，更被狂風來往吹。薄暮不勝煙羃羃，深春無奈日遲遲。
誰家縹緲青羅帔，何處蹁躚金縷衣。猶恐離人腸未斷，滿天仍著亂花飛。

（〈垂柳短吟〉卷六）

案：首句「依依」狀垂柳之風姿。第三句「羃羃」，狀黃昏時之煙嵐霧氣。第四句「遲遲」乃春深近夏之長日悠悠。這些疊字的表達均能恰和其分，貼切。「青羅帔」是承第三句煙嵐之比擬，「金縷衣」是承第四句夕陽霞光四射之比擬。本詩頗有詞味。詞是宋代的典範藝文，從邵雍詩中多少也能體會詩人對詞的雅好和了解，詞在邵雍詩裡依然可見影子。

當年志意欲橫秋，今日思之重可羞。事到強圖皆屑屑，道非真得盡悠悠。
靜中照物情難隱，老後看書味轉優。……一枕晴窗睡初覺，數聲幽鳥語方休。
林泉好處將詩買，風月佳時用酒酬。三百六旬如去箭，肯教襟抱落閒愁。

（〈歲暮自貽〉卷八）

案：本詩作於詩人六十歲的年尾。詩人在三十七歲考場失意，落第病歸河南共城，次年遷洛陽，年近四十已覺功名之路非所望。四十五歲詩人成家，四十七歲生男，年垂五旬，於科宦早已心如槁木死灰矣。是故本詩所云：「三百六旬如去箭」即回顧十年前之往事也。詩中用「屑屑」疊字，形容行事強圖多半只是瑣細而無功。以「悠悠」疊字形容假的真理是全然枉費的。「屑屑」又狀紛飛之態，「悠悠」則又似盡付時空之漫長悠邈，讓抽象的道理變成具象的情景，下筆動人。

幾何能得鬢如絲，安用區區鑷白髭。在世上官雖不做，出人間事卻能知。
待天春煖秋涼日，是我東遊西泛時。多少寬平好田地，山翁方始會開眉。

（〈喜老吟〉卷十五）

案：詩中疊字「區區」係細碎之意。詩人對於如白絲般的鬢髮，毫不排斥，希望添滿不願鑷，這是順時適性的人生態度，可與末句樂觀「開眉」的趣味呼應。唐人韋莊詩曰：「白髮太無情，朝朝鑷又生。」卻得反面之趣。首聯寫不諱老，頷聯寫現實生活，「出人間事卻能知」是詩人自信之言，二程說詩人學問廣博，心性寂靜能未卜先知，正指此也。腹聯寫閒居生涯，係屬於精神層面的生活。尾聯更提昇至言外見意，所謂「退一步海闊天空」。「山翁」是詩人另一個自稱，詩中常喜用之。

## （二）複字句

「梅」覆「春」溪「水」遶山，「梅」花爛漫「水」潺湲。
南秦地暖開仍早，比至「春」初已數番。

（〈和商洛章子厚長官早梅〉卷二）

案：「梅」字重複扣住題旨，「春」字首尾重複點明季節，「水」字重複在首句，表示溪水纏遶山形之勢，次句則描述水流之悠閒。

名利到頭非樂事，風波終久少安流。稍鄰「美譽」「無多」取，纔近「清歡」與賸求。
「美譽」既「多」須有患，「清歡」雖賸且「無」憂。滔滔天下曾知否，覆轍相尋卒未休。

案：「美譽」與「清歡」重複出現，以示對等看待。美譽是指虛名、虛利；清歡係指拋開名利，宜放襟懷在清景。另外頷聯第三句「無多」二字，至腹聯分散參差在第五句重出「多」第六句重出「無」，在複字的音樂性效果稍差，但是文意卻遙遙呼應，非常有趣。尾聯「滔滔」疊字既籠罩「天下之人」，也籠罩全詩。末句「覆轍」一詞之轍指名利之轍，回應首句，章法嚴謹。

（〈名利吟〉卷三）

△清風「無人」兼，「自可入吾」手。明月「無人」并，「自可入吾」牖。中心既已平，外物何嘗誘。餘事豈足論，但恐樽無酒。

（〈秋懷之十〉卷三）

案：首聯與頷聯，重複「無人」、「自可入吾」諸字，文意相對。詩意說清風明月雖是造物者的無盡藏，而一般人卻不懂得享用。頸聯「中心既已平」是見道之言，將萬物之消長了然於心。尾聯妙在跳脫前三聯詩意，而超然物外，以飲酒作結，餘味在言外。

多病筋骸五十二，新春猶得共啣盃。踐形有說常希孟，樂內無功可比回。「燕」去「燕」來徒自苦，「花」開「花」謝漫相催。此心不為人休戚，二十年來已若灰。

（〈新春吟〉卷四）

案：「燕」、「花」重複。燕有勞燕的意象，花乃時花的意象。前者表示世人追逐名利之苦，後者中說歲月易得催人老的無奈。詩不爲休戚而作，是詩人文學理論之一部分。因此詩人在外相實踐方面效法孟子的培養浩然正氣，待時而起，在心性樂趣修養方面傾向模仿顏回安貧樂道的精神。孟子〈公孫丑上〉首章曰：「雖有智慧，不如乘勢；雖有鎡基，不如待時。」這是孟子一生的期待，也是詩人一生的期待。

**秖恐身閒心未閒，心閒何必住雲山。果然得手情性上，更肯埋頭利害間。**
**動止未嘗防忌諱，語言何復著機關。不圖為樂至于此，天馬無蹤自往還。**

（〈思山吟〉卷六）

案：首聯重複「閒」字三次「心」字二次，爲「心閒」與「身閒」作區隔。所謂「心閒」即爲頷聯，腹聯所說的遠離利害，不著心機內涵。尾聯以心閒之樂有如天馬無蹤自往還，不須長住雲山間作結，詩趣盎然。

**半記不記夢覺後，似愁無愁情倦時。擁衾側臥未忺起，簾外落花撩亂飛。**

（〈懶起吟〉卷十）

案：半記不記，重複「記」字；似愁無愁，重複「愁」。本詩是七言古絕在平仄和押韻都極自在。重複字把「夢覺」後「情倦」的慵懶舒緩釋放得淋漓盡致。「未忺起」，宋末本，成化本作「忺」，音先，有「欲」的意義。四庫本因見「忺」字爲難檢字，改爲「歡」，四庫提要及坊間本作「欲」。欲字仄聲，不合全句的自然音節；歡字平聲，音聲諧和，惟意義不若欲字平穩，有破壞全詩美感之虞。此三字真難簡擇，且從詩人原稿吧。詩雖以首句、次句對稱，而句序應先二句、三句、次首句、末句，全詩因倒敘之故而文意搖曳生姿，末句以「落花撩亂」迭宕在原意之外，渾然忘我，將詩情迷亂之美藉形象而烘托。難怪，司馬光喜而抄錄在紙窗（聞見前錄）。

草色連雲色，山光接水光。危樓一百尺，旅雁兩三行。（〈秋望吟〉卷十二）

案：首句、次句除了重複字以外，還兼當句對。本詩的寫作目光從芳草往上看及於浮雲，再從山景往下瞧及於水面。最後停留在百尺的危樓和危樓邊的兩三行旅雁。詩短而繪畫性高，直有倪雲林之淡筆韻味。

## 第四節　句式

依詩的音節與音節之間的區隔字數，可以明白詩的節奏，此種安排稱爲句式。句式有變化，節奏有變化，詩的旋律才會生動和諧。詩的節奏，來自於音節和韻的串連，否則不免雜亂無章。用韻必用現代語，詩人於此有自覺，常能自選恰當的韻腳。邵詩音節的安排，頓逗的次第，俱見深解平仄音律，極有聲情的展現。而詩人往往能突破固定格律的束縛，總有出人意表的節奏旋律，此乃其勇於嘗試首尾吟等各種新格律詩體的精神，令人折服。今分析邵詩音節的排列如後文。

### 安樂窩前蒲柳吟（卷十三）

**安樂窩—前—小—曲江，新蒲—細柳—年年—綠**
**眼前—隨分—好—光陰，誰道—人生—多—不足。**

「安樂窩」是詩人住宅之別稱，安閒康樂是詩人的職志。本詩是七言詩標準的四、三節奏。首句三、一、一、二爲音節之頓，次句二、二、二、一爲頓，第三句二、二、一、二爲頓，末句二、二、一、二爲頓。每句的第二音節爲逗，所以形成四、三節奏。雖然每句都是四、三節奏，但是全詩仍有三句在逗的地方形成變化，於音樂的旋律和文意的表達都有幫助。首句安樂窩宅不是豪門巨富，仍有曲江，故云前有「小曲江」。次句年年綠的「綠」字將主人的樂觀和生命韌力詮釋得頗佳。第三句「隨分」就是滿足，就是詩人的人生觀，是首閒適的小詩。

### 冬不出吟（卷十四）

冬—非—不欲—出，欲—出—苦—日短。年老—恐—話長，天寒—怕—歸晚。

山翁—頭—有—風，鄉友—情—非淺。必欲—相—招延，春光—況—不遠。

詩以五言二、三節奏而成篇。其中有一、一、二、一頓，有一、一、一、二頓，也有二、一、二頓；首句、次句在第二音節逗，其餘句都在第一音節作逗，形成五言基本的二、三節奏中仍有變化。這首詩以平淡的生活語陳述老人絮絮叨叨之言，句句喋喋不休，句句深入人心。末句「春光況不遠」一語雙關，展現詩人的生命情懷，超然物外的境界盡出。

對酒吟（卷十六）

有酒—時時—泛—一甌，年—將—七十—待—何求。

齒衰—婚嫁—尙—未了，歲—旱—田園—纔—薄收。

客—去—有時—閒—拱手，日—高—無事—靜—梳頭。

霜毛—不止—裝—詩景，更可—因而—入畫—休。

這首詩的旋律極美，變異多端。構成本詩的音節係二、二、一、二，一、一、二、一、二和二、二、二、一，其節奏固然是四、三形式，但是逗的變化參差錯綜，有利節奏的起伏抑揚。首聯寫生平的滿足感，頷聯寫生民的耽心事。前後兩聯一喜一憂，形成反差之美，將升斗小民的惱人事凸顯出來。腹聯的第一句「客去有時閒拱手」，把客人已走主人呆立的情形做了生動的描述。次句「日高無事靜梳頭」，分明記無事晚起的悠閒，此年詩人因手臂痛已無法自己梳頭，這裡是倩人梳頭。由於生活「閒靜」所以末聯說白髮詩人可以粧點詩景而進入畫中，是首幽默情調的詩歌。本詩閒中有耽憂，閒中有手痛，但一切不如意都被「閒」的精神消融而不計較了。

堯夫吟（卷十八）

堯夫—吟，天下—拙。來—無時，去—無節。
如—山—川，行—不徹。如—江—河，流—不竭。
如—芝—蘭，香—不歇。如—簫—韶，聲—不絕。
也有—花，也有—雪。也有—風，也有—月。
又—溫柔，又—峻烈。又—風流，又—激切。

三言詩音節的安置較不容易有變化。但是本詩在二、一，一、二的變化之外，還有一、一、一的音節，因此朗讀本詩的時候，節奏如擊小鼓，輕脆活潑，不會覺得僵滯。本詩是詩人爲自己的詩在作「自畫像」。從詩句可以看出詩人對自己的詩的自信，詩人自述己詩的特徵，一拙，二柔，三烈，四風流，五激切。

落花吟（卷十九）

萬紫—千紅—處處—飛，滿川—桃李—漫—成蹊。
狂風—猛雨—日—將暮，舞榭—歌臺—人—乍稀。
水上—漂浮—安有—定，徑邊—狼籍—更—無依。
流鶯—不用—多—言語，到了—一番—春—已歸。

詠物詩佔邵詩的比例不高，而且多半非純然詠物，常有引申的雙關議論。本詩音節由二、二、二、一和二、二、一、二組成，節奏依然是七言四、三形式。全詩並無「花」字，但處處談花，很高明。首聯描寫桃花李花的紛飛，飄逸味濃。頷聯描寫陪襯的外景；腹聯生出對落花飄零的感慨，語有雙關意，寓藏詩人的挫折經歷。尾聯「流鶯不用多言語」又是雙關語，係針對時人的毀謗而言但是生機顯然，生命力旺盛。詩人「胸中別有春」（〈自貽吟〉卷十九），故春歸與否，順應自然，此乃自處之道（〈自處吟〉卷十九）。另外

履道會飲（卷八）

眾人—之—所樂，所樂—唯—囂塵。吾友—之—所樂，所樂—唯—清芬。
清芬—無—鼓吹，直與—太古—鄰。太古者—靡它，和氣—常—絪縕。

里閈—舊情—好，有才—復—有文。過從—一日—樂，十月—生—陽春。
洛陽—古神州，周公—營—縷陳。四時—寒暑—正，四方—道里—均。
代—不乏—英俊，號爲—多—縉紳。至于—花—與—木，天下—莫敢—倫。
而—逢此—之—景，而—當此—之—辰。而能—開口—笑，而—世—有—幾人。
清衷—貫—金石，劇談—驚—鬼神。天地—爲一指，富貴—如—浮雲。
明時—緩—康濟，白晝—閒—經綸。莫如—陪歡伯，又復—對—此君。
商於六百里，黃金—四萬—斤。不能—買—茲樂，自餘—惡足—論。
接䍦—倒戴—時，蟾蜍—生—海垠。小車—倒載—時，山翁—歸—天津。

首詩記詩人去洛陽履道坊與朋友會飲，酣暢而回歸天津橋南畔之自宅。朋友是誰？疑指司馬光。是時司馬光、富弼、呂公著皆住於附近，過著致仕後頤養天年的生活。本詩音節有二、一、二、二、二、一、三、二、一、二、二及一、二、一、一、一、一、二、一等六種變化，於五言古詩而言，變化多姿多釆。其基本節奏是三、二，然而也有二、三的情況，於是聲調跌宕，舒緩有味。本詩第二十一句起連用四個「而」字，斬釘截鐵地陳述詩人豁達的胸襟，「而能開口笑，而世有幾人」真是豪氣干雲。末四句把乘月醉歸，頭巾倒戴的山翁形象描寫得頗爲生動。

綜上所述，詩人對於平仄、用韻、句法、句式都能流暢地運用，表現出詩人當行本色，不僅是以理學家的眼光寫詩，更是以詩人作詩的態度來作詩，有創有守，堪爲理學詩的大旗手，也是北宋詩壇的大作手。

【附註】

註一：陳千武，民六十八，《現代詩淺說》〈詩的韻律〉，初版，學人文化事業公司，頁六七。

註二：田雯，民七十四年，《古歡堂集》〈雜著卷一〉，在〈《清詩話續編》〉六九五頁。初版，藝文印書館，台北。

註三：張謙宜，民七十四年，《絸齋詩談》〈統論上卷一〉，在《清詩話續編》七九二頁，藝文印書館，台北。

註四：劉勰，民六十七年，《文心雕龍黃注本》，〈聲律卷七〉，在二十一頁附註中。台十四版。開明書局，台北。

註五：劉勰，民六十七年，《文心雕龍黃注本》，〈聲律卷七〉，在十二頁附註中。台十四版。開明書局，台北。

註六：張健，民六十七年，《文學評論第五集》〈邵雍詩論研究〉，第五十八頁，天華書局，台北。

註七：張健，民六十七年，《文學評論第五集》〈邵雍詩論研究〉，第六十頁，天華書局，台北。

註八：參見錢穆〈理學六家詩鈔〉《景逸詩鈔》，頁二〇八。

註九：劉榮生，民八十七年《東橋說詩》〈黃少谷及其詩〉，第二七七頁，初版，文史哲出版社，台北。

# 第七章　邵雍詩的境界

明朝黃省曾編《名家詩法》云：「詩要有天趣，不可鑿空強作，待境而生自工。或感古懷今，或傷今思古，或因事說景，或因物寄意。一篇之中，先立大意，起承轉結，三致意焉，則工緻矣。」（註一）詩有天趣，待境而生，可移作邵雍寫詩三昧。詩在邵雍並非餘事，作品中處處鮮明真實地表達生命情懷，以及萬物自然之理。他說：「拍拍滿懷都是春」（卷九），境界之豁達而超然出塵，在歷代道學派中是第一流人物，決不作第二人想。

《擊壤集》〈四庫全書總目提要〉云：「自班固作〈詠史詩〉，始兆論宗，東方朔作〈誡子詩〉，始涉理路，沿及北宋，鄙唐人之不知道，於是以論理為本，以修詞為末，而詩格於是乎大變，此集其尤著者也。」提要所言允當，邵雍詩的確以論理為本，所作〈詠史詩〉和〈誡子詩〉即循論理的理念產生的創作品。〈提要〉又云：「然北宋自嘉祐以前，厭五季恌薄之弊，事事反樸還淳，其人品率以光明豁達為宗，其文章亦以平實坦易為主，故一時作者，往往衍長慶餘風。……邵子之詩，其源亦出白居易，而晚年絕意世事，不復以文字為長，意所欲言，自抒胸臆，原脫然於詩法之外，……不苦吟以求工，亦非以工為厲禁。……」提要此段文字泰半不錯。邵雍的人品光明豁達而更近溫潤，尤其體貼人情，堪稱顏回第二。其詩作果然以平實坦易爲主，但非不工，乃不欲刻意求工耳，故自抒胸襟，不受詩法窘縛。惟學問淵源，疑出自陶潛更甚於白居易，出自於諸子百家更甚於科場經典，而實際上源自半生耕讀，周遊吳、楚、齊、魯、梁、晉之所見（註二），益以師友傳承及生活中的體驗。且以後者生活的美學、生活的境界才是邵雍詩藝的菁華。

宇宙之間，孰非道之事，而聖人之動靜語默，無非至教。邵雍的生活，觸處所呈露的不僅是孔門漆雕開，曾點之流的情性，更深識悠然自得之趣，往往展現出因閒觀時，因靜照物的詠志、詠史、詠物的詩歌，是故宋朝當代人魏了翁說：「秦漢以來，諸儒無此氣象，讀者當自得之。」（註三）近人程兆熊說：「邵雍的詩則和生活打成一片。同時邵雍的生活又和儒道打成一片。」（〈論邵康節的〈首尾吟〉及其詩學〉，新亞書院學術年刊第十二期）這種性情之真誠，生命之廣大，是可以想見邵雍心靈澈悟，對其境界提昇的重大影響。

王國維在〈人間詞話〉中標舉「境界」一詞，說：「有境界則自成高格，自有名句。」又說：「境非獨謂景物也。喜怒哀樂，亦人心中之一境界。故能寫真物，真感情者，謂之有境界。」（註四）這種境界說並不能詮釋所有作家及所有作品，於邵雍詩亦然。然而，不妨藉用此一批評文學的方法較容易拈出詩人詩心之所在，而逆溯其創作的心路歷程，便於探究詩意。所以我們並不排斥地也採用此法，大略歸類詩人的詩境爲內省挫折、憂道和氣、養生恬樂、閒靜沖淡、自然理趣、天機幽默，請見後文的剖析。

## 第一節　內省挫折的境界

邵雍詩的作品從詩人三十九歲至生命終了，在此之前的作品，千尋不得一，但是我們翻閱《邵雍年譜》與《擊壤集》集外篇的〈共城十吟〉竟然獲得詩人毀棄少作的原因和遭遇挫折的線索（註五）。據此線索讀邵雍詩，方能了解爲何詩中時有流露對昔日受挫的回顧和悵然。詩人在三十六歲秋闈科場重挫，病歸共城（河南輝縣）。三十七歲春天，寫下〈共城十吟〉詩。從此，不再與試，專心於養志與著述，贏得安樂窩山翁之名。邵雍詩主要的基調，固然落在閒、靜、和、樂、機、趣六大類，然而仍有不少的詩，隱隱約約透露出對於昔日不得意和後來聲名洋溢所帶來的種種毀謗的省思，這類的哲人之思，極富有種種濟世無望，生命無奈的困頓和脫離塵網的慶幸混雜的複雜迷情。這在全集中是巒藍色的生命情調，原與風儀灑落的隱士風格大異其趣，而多少有儒家子路所說君子固窮之歎。

病起復驚春，攜笻看野新。水邊逢釣者，隴上見耕人。
訪彼形容苦，酬予家業貧。自慚功濟力，未得遂生民。

（〈共城十吟之二，春郊閒步〉，卷二十）

春風必有刀，離腸被君斷。春風既無刀，芳草何人剪。
腸斷不復接，草剪益還生。誰人有芳酒，為我高歌傾。

（〈共城十吟之三，春郊芳草〉卷二十）

風暖囀鳴禽，天低薄薄陰。煙容凝隴曲，雨意弄河心。
柳隔高城遠，花藏舊縣深。獨憐身臥病，猶許後春尋。

（〈共城十吟之六，春郊晚望〉，卷二十）

九野散漫漫，連昏鳥道間。坐中迷遠樹，門外失前山。
襏襫耕夫喜，帲幪居者閒。騷人正凝黯，天際意初還。

（〈共城十吟之七，春郊雨中〉，卷二十）

花開風雨後，忍病欲消磨。未是疏狂極，其如困頓何。
梁間新燕亂，天外去鴻多。總是灰心事，冥焉晝午過。

（〈共城十吟之九，春郊舊酒〉，卷二十）

自從三度絕韋編，不讀書來十二年。大甕子中消白日，小車兒上看青天。
閒為水竹雲山主，靜得風花雪月權。俯仰之間無所愧，任他人謗似神仙。

（〈小車吟〉，卷十二）

這裡舉五首〈共城十吟〉的小詩和一首〈小車吟〉對照互閱。前五首小詩，風味柔媚婉約，詩的內涵敘述詩人病起後賞春的心情，其中念念不忘傷心人的懷抱。如〈春郊閒步〉的「自慚功濟力，未得遂生民」寫出未出仕的讀書人許多的無奈。在〈春郊芳草〉的「春風必有刀，離腸被君斷」並不是單純比擬，而是用暗喻方式刻劃詩人人生重挫的傷痕。在「春郊晚望」的「獨憐身臥病，猶許後春尋」及〈春郊雨中〉的「騷人正凝黯，天際意初還」除了自憐自怨外，還能如何？是以〈春郊舊酒〉云：「總是灰心事」也。詩人刻意模糊少年求學過程和科考經歷的一段光陰，若非我們配合年譜的考證，對於類似〈小車吟〉詩中所說「自從三度絕韋編」的詩意，根本無從了解，還以為泛泛之辭，很容易錯失了詩人真意之所在，也讓詩人不斷省思這一段挫折的回顧詩失去了真解。至於詩人後來永不踏入仕途的決定是否正確？是詩人一生的省思。如此，內省生命和生活的經歷，在〈首尾吟〉等詩篇也隱約可見，這對詩人的影響絕對重大，而造成含蓄性的內省詩境也是相當特殊的。

堯夫非是愛吟詩，詩是堯夫試硯時。玉未琢前猶索辨，金經鍛後更何疑？
當時掉臂人皆笑，今日搖頭誰不知。天外鳳凰飛處別，堯夫非是愛吟詩。
（〈首尾吟之二十一〉，卷二十）

堯夫非是愛吟詩，詩是堯夫試筆時。以至死生猶處了，自餘榮辱可知之。

適居堂上行堂上，或在水湄言水湄。不止省心兼省力，堯夫非是愛吟詩。

（〈首尾吟之二十二〉，卷二十）

堯夫非是愛吟詩，詩是堯夫試墨時。十室邑中須有信，三人行處豈無師。謀謨不講還疏略，思慮傷多又忸怩。機會失時尋不得，堯夫非是愛吟詩。

（〈首尾吟之二十三〉，卷二十）

堯夫非是愛吟詩，詩是堯夫默坐時。天意教閒須有謂，人心剛動似無知。煙輕柳葉眉間皺，露重花枝淚靜垂。應恨堯夫無一語，堯夫非是愛吟詩。

（〈首尾吟之四十二〉，卷二十）

堯夫非是愛吟詩，詩是堯夫試手時。善死自明非不死，有知誰道勝無知。楊朱眼淚惟能泣，宋玉心胸只解悲。為報西風漫相侮，堯夫非是愛吟詩。

（〈首尾吟之五十六〉，卷二十）

堯夫非是愛吟詩，詩是堯夫憶昔時。天下只知才可處，人間不信事難為。眼觀秋水斜陽遠，淚灑西風黃葉飛。此意如今都去盡，堯夫非是愛吟詩。

（〈首尾吟之五十七〉，卷二十）

堯夫非是愛吟詩，詩是堯夫自省時。義若不為無勇也，幸如有過必知之。

面前地惡猶能掃，心上田荒何所欺。從諫如流是難事，堯夫非是愛吟詩。

（〈首尾吟之九十五〉，卷二十）

首尾吟百餘首是邵詩的一大系統，所作非一時，所表非一事，是以自中年到晚年，斷斷續續貫串詩人的行事和生命。這裡挑出數首，有關省思年輕時的掙扎和決定。如：「當時掉臂人皆笑，今日搖頭誰不知」〈首尾吟之二十一〉又如：「掉臂行時莫顧人」〈進退吟〉。詩人對此決定相當自負，不過有時也會陷入極度傷悲的境地，甚至激動得覺得當年挫折是榮辱生死的事。例如：「楊朱眼淚惟能泣，宋玉心胸只解悲」〈首尾吟之五十六〉。又如：「煙輕柳葉眉間皺，露重花枝淚靜坐」〈首尾吟之四十三〉都是藉他物之酒杯澆自己胸次之磊塊，可見當年之痛苦。如此猶未足，乃至「以至死生猶處了，自餘榮辱可知之」〈首尾吟之二十一〉或「善死自明非不死，有知誰道勝無知」〈首尾吟之五十六〉皆在說明重大挫折之前後心態的詭異變化，所謂生死一線間。

長憶當年掃敝廬，未嘗三徑草荒蕪。欲為天下屠龍手，肯讀人間非聖書。否泰悟來知進退，乾坤見了識親疏。自從會得環中意，閒氣胸中一點無。

（〈閒行吟之一〉，卷七）

行年五十二，老去復何憂。事貴照至底，話難言到頭。上有明天子，下有賢諸侯。飽食高眠外，自餘無所求。

（〈弄筆〉，卷四）

何者謂知幾，惟神能造微。行藏全在我，用舍繫於時。
每恨知人晚，常憂見事遲。與天為一體，然後識宣尼。

（〈浩歌吟〉，卷十六）

從此之後詩人走入沈潛的階段，不復有「欲爲天下屠龍手」〈閒行吟〉的意氣，逐漸知所進退，了解北宋的形勢「上有明天子，下有賢諸侯」，局勢太平，並非奇時，也不是自己能施展奇才抱負的情況，所以飽食高眠外，自餘無所求〈弄筆〉，然後始解孔子之用舍行藏正是繫於時〈浩歌吟〉，此時的詩人雖然多少有些消極，但是轉而在理學方面發展，焉知非後世之福。

世上紛華都不見，眼前惟見讀書尊。百千難過尚驚惕，三十歲前尤苦辛。
少日只知艱險事，老年方識太平身。家風幸有兒孫繼，足以無心伴白雲。

（〈歲暮吟〉，卷二十）

安樂窩中好打乖，自知元沒出人才。老年多病不服藥，少日壯心都已灰。
庭草剷除終未盡，檻花檯舉尚難開，輕風吹動半醺酒，此樂直從天上來。

（〈自和打乖吟〉，卷九）

六十有六歲，暢然持酒盃。少無他得志，老有此開懷。
往往英心動，時時秀句來。尚收三百首，自謂敵瓊瑰。

（〈六十六歲吟〉，卷二十）

人人共戴天，我戴豈徒然。須識天人理，方知造化權。
功名歸酒盞，器業入詩篇。料得閒中樂，無如我得閒。

（〈舉酒吟〉，卷十七）

詩人在了悟得失以後，其發展方向已作調整。其一，詩人轉向理學研究，著述爲《皇極經世書》。「窮日月星辰，飛走動植之數，以盡天地萬物之理」（《皇極經世書卷一》），以見天下離合治亂的道理，目的想要用天時來驗証人事。其中〈觀物內篇〉、〈漁樵問對〉不乏人生哲學和歷史哲學的研究。此書的最後一篇爲〈無名公傳〉，值得注意，疑是詩人自述求學的歷程。云：「年十歲求學於里人，遂盡里人之情，……年二十求學於鄉人，遂盡鄉人之情，……年三十求學於國人，遂盡國人之情，……年四十求學於古人，遂盡古人之情，……年五十求學於天地，遂盡天地之情，……。」同時自述優點，能「善與人群」、「不妄與人交」、「君子不器」，而自認爲「無可無不可」的主張是同於天地的。這種理學的範疇實是亦道亦儒的結晶體，也是儒、道匯合的新儒學。其二，詩人轉向詩學研究。壯年以後的詩人，勤於寫詩，至死不輟。詩人說：「時時秀句來……自謂敵瓊瑰」（六十六歲吟〉，又說：「功名歸酒盞，器業入詩篇」〈舉酒吟〉，詩人後半生心血寄託在《擊壤集》，但是世人囿於傳統詩歌的美學觀，並不重視這本巨著。近數十年來，詩家另類如李商隱詩、李賀詩、王梵志詩都在翻身，邵詩也漸受重視。邵雍詩的素質純美，將來尚有許多研究空間。其三，詩人轉向潛居養志，跳出名利框。詩人說：「得志當爲天下事，退居聊作水雲身」又說：「自問此身何所用？此身惟稱老林泉」。詩人甘心老林泉，但是潛居的生活並沒有消磨詩人豪壯的志氣，仍然與司馬光、富弼、呂公著、王拱辰往來，並有不少學生、侶友在朝爲官，詩人對於政情的建議，仍有間接的影響力，尤其對於洛陽民風的左右最具影響。

人生無定準，事體有多端。客宦危疑處，家書仔細看。可憎憂險阻，方信喜平安。男子平生事，須於論定觀。

（〈所感吟〉，卷十八）

時止則須止，時行則可行。時行與時止，人力莫經營。

（〈行止吟〉，卷十八）

時難得而易失，心雖悔而何追。不知老之已至，不知志與願違。

（〈得失吟〉，卷十九）

繫自我者可以力行，繫自人者難乎力爭。貴為萬乘亦莫之矜，賤為匹夫亦莫之凌。

（〈貴賤吟〉，卷十九）

何止千年與萬年，歲寒松桂獨依然。若無揚子天人學，安有莊生內外篇。已約月陂尋白石，更期金谷弄清泉。誰云影論紛紜甚，一任山巔復起巔。

（〈和王規甫司勳見贈〉，卷十七）

陋巷簞瓢世所傳，予何人斯恥蕭然。既知富貴須由命，難把升沈更問天。
靜默有功成野性，騫驤無路學時賢，絢華出入金門者，應笑溪翁治石田。
（〈和登封裴丞翰見寄〉，卷五）

當年計過之，今日事難隨。天命不我祐，雲山聊自貽。
無何緣淡薄，遂得造希夷。卻欲嗤真宰，勞勞應不知。
（〈閒坐吟〉，卷四）

一日去一日，一年添一年，饒教成大器，其那已華顛。
志意雖依舊，聰明不及前。若非心有得，亦恐學神仙。
（〈歲杪吟〉，卷十七）

凌晨覽照見皤然，自喜皤然一叟仙。慷慨敢開天下口，分明高道世間言。
雖然天下本無事，不那世間長有賢。自問此身何所用？此身惟稱老林泉。
（〈覽照吟〉，卷十一）

內省挫折，讓邵雍誠的詩心，時而撲朔迷離，時而激情感動，時而戚戚我心，時而放懷胸襟，時而攤卷長思，詩人不隔之情，躍然紙上，這種澀苦藍調的境界，有如啜飲苦茗咖啡，走入詩人當代當時的時光隧道，深深涵詠到詩人〈共城十吟〉沈潛的呼吸，不料其後竟成爲哲人之師那石破天驚的抉擇。詩人有道：「當年志意欲橫秋，今日思之重可羞。事到強圖皆屑屑，道非真得盡悠悠……」(〈歲暮自貽〉，卷八)可爲後世賢人進退之借鏡。

進退兩途皆曰賓，何煩坐上苦云云。低眉坐處當周物，掉臂行時莫顧人。
齒髮既衰非少日，林泉能老是長春。行於無事人知否，寵辱何由得到身。

(〈進退吟〉，卷十九)

許多詩人透過瞑想和感興，來構成詩思。內省則有助於瞑想，挫折的省思則有助於感興的抒發。邵雍家世的困與窮，造成對於其詩有大量的內省挫折的境界。本詩〈進退吟〉是邵雍六十七歲，去逝當年的作品。此時的邵雍早已坐忘進退之道，那已是不相干的事，連閒談偶及都是多餘的，所以首聯說「進退兩途皆是賓，何煩坐上苦云云。」頷聯表面上言動靜之理，內涵是在解釋對動靜之道的看法。對於自己的行事，要親自負責，他人的看法至多只能參考。「低眉坐處當周物」在寫內省修養的功夫，「掉臂行」則顯出詩人果毅的判斷力。接著腹聯蘊藏對苦日挫折的回顧，而尾聯「行於無事」很傳神地肯定自己渾沌真淳的修養。

安有太平人不平，人心平處固無爭。棋中機械不願看，琴裏語言時喜聽。
少日掛心惟帝典，老年留意只義經。自知別得收功處，松桂隆冬始見青。

松桂隆冬始見青，蒿萊盛夏亦能榮。光陰去後繩難繫，利害在前人必爭。
萬事莫於疑處動，一身常向吉中行。人心相去無多遠，安有太平人不平。

（〈旋風吟二首〉，卷十一）

以〈旋風吟〉命題在歷代詩集都是罕見的，蓋取光陰如駒，從少至老，如風而逝之意。〈旋風吟〉之一，內省的重點在於生命中轉捩點的選擇，所謂「別得收功處，隆冬始見青」。〈旋風吟〉之二，內省的重點在於省思的歷程的檢討，即「萬事莫於疑處動，一身常向吉中行」。一般人行事多半從疑處疑而不決，能內聖外正功夫的邵雍，則於疑處捨而不隨便更動，乃趨吉避凶也。由於步步穩妥，故有收功。這兩首詩是首尾環接的回文體。詩人採擇各種非正統的詩體來試作己詩，勇於創體、勇於變化詩法的精神為歷代詩家鮮見。

何者堪名席上珍，都緣當日得師真。是知佚我無如能，惟喜放懷長似春。
得志當為天下事，退居聊作水雲身。胸中一點分明處，不負高天不負人。

（〈自述之一〉，卷十二）

本詩邵雍自述進德修業的過程。首聯以「席上珍」明喻自己貫通經史諸子百家的醞釀過程，有如聚百料而成一席上珍饌。「師真」是指得自李之才師承系統的真傳。頷聯自謙無才華但有開放的胸襟。腹聯「得志當為天下事，退居聊作水雲身」是委婉含蓄地表達平生志向。而與結聯的光明磊落自負自傲的道德修養形成強烈的錯位乖離的思考方式。前面六句詩都是一緊一鬆、一鬆一緊、一緊一鬆從容不迫的興託造句表現技法。前面經過六句陪襯，直至最後二句忽然平地一聲雷，打開亮度、響度，將全詩的能量全部釋放而出，讓讀者感受到溫柔詩教中的豪放志氣。詩人以意迎志的本體內省思想和一切挫折經驗的內斂修爲是圓融無憾的，在很多的詩歌中都有一致的傾向。是以所形成的詩境，在而後的江西詩派詩家和王安石晚年小詩等都深受影響。

## 第二節　憂道和氣的境界

宋朝積弱的國力和繁華的經濟、文化反差，造成整個時代民胞物與的憂患意識。這種憂患意識容易產生愛國詩人，但是邵雍的憂道意識所形成的詩境，仍然走在詩壇的前端，而其內容又多所不同。邵雍有大才，深明於治道。自料不能鵬飛萬里，遂安貧樂道，不將閒氣放於心中，如君子之吐露芝蘭，予世人以春風和氣，予自已以詩酒太和。乃學閒健身，同於時和，頤養心性，同於天和。詩人的涵養施於天下能如此，自然能放懷一切。前人宣尼顏子亦有所憂，詩人寧免乎？明朝葉廷秀云：「邵子詩：天下止知才可處，人間不信事難爲。（〈首尾吟之五十七〉，《詩譚》「才可處」誤作「才可愛」，今據改）

二句一連讀，可謂深於言治道者矣。」葉氏所言深知邵雍的治世之才。

邵雍行事往往有「康濟」之念，此即憂道的憂患意識。然所憂之道爲何？邵雍所體認的道，以儒道爲基，以道家爲師，雜以當代的佛教禪宗思想，如此，事實上已雜揉三家，混合爲其道的本體了。所以我們細述詩人所憂之道有三：其一家國君臣之憂，其二養志自處之憂，其三憂道之不傳。今首先探討其憂道之心境，其次再了解其和氣之所蘊，詳加分析。

## 一、家國君臣之憂

時時醇酒飲些些，頤養天和以代茶。無雨將成大凶歲，負城非有好生涯。
身居畎畝須憂國，事委男兒尚恤家。人問老來何長進，鑑中添得鬢邊華。

（〈飲酒吟〉卷十九）

安樂窩中一部書，號云皇極意何如？春秋禮樂能遺則，父子君臣可廢乎。
……，治久便憂強跋扈，患深仍念惡驅除，……。

（〈安樂窩中一部書〉，卷九）

既為文士，必有武備。文武之道，皆吾家事。

（〈文武吟〉，卷十五）

九州環遶峙棋枰，萬歲嵩高看太平。四海有人能統御，中原何復有交爭。
長憂眼見姦雄輩，且願身為堯舜氓。五十三年蕪沒事，如今方喜看春耕。

（〈登嵩頂〉，卷五）

不憤曹公誇許昌，苟非梁益莫爭王。三分區宇風雷惡，橫截西南氣勢強。
行客往來閒指點，史官褒貶浪文章。後人未識興亡意，請看江心舊戰場。

（〈和夔峽張憲白帝城懷古〉，卷六）

自古防邊無上策，唯憑仁義是中原。王師問罪固能道，天子蒙塵爭忍聞。
二晉亂亡成茂草，三君屈辱落陳編。公閭延廣何人也，始信興邦亦一言。

（〈防邊吟〉，卷十八）

邪正異心，家國同體。邪能敗亡，正能興起。

（〈家國吟〉，卷十四）

奴強主殃。臣強君殃。尾大于身。
冰堅于霜，辨之不早，國破家亡。

（〈偶書〉之三，卷十四）

僕奴凌主人，所患及人國。自古知不平，無由能絕得。

（〈思患吟〉，卷八）

中原之師，仁義為主。仁義既無，四夷來侮。

（〈中原吟〉，卷十八）

「身居畎畝須憂國，事委男兒尙恤家」這是詩人愛國恤家的精神，因此每讀史事，多有感慨。邵雍詩歌是體道的工具，詠史詩在邵雍的寫作領域中是一大系統，我們將以專章闡析，此處暫略。詩人以奴強主殃比喻金、夏與宋朝之間的邊患戰爭，而辨敵之不早，將會造成國破家亡最令人耽心。歷史以事實爲証，不斷告訴世人「後人未識興亡意，請看江心舊戰場」，而世人卻以「長憂眼見姦雄輩，且願身爲堯舜氓」爲劫後生的最大幸福的盼望。詩人時洩天機，預言「王師問罪固能道，天子蒙塵爭忍聞」，後來竟不幸而言中。總之，詩人生在太平世，活在太平世，死在太平世，卻終其一生未忘家國之憂，這是宋朝國力常處積弱難振的情勢下讀書人共同的隱憂。

四賢當日此盤桓，千百年人尚享顏。天下有名難避世，胸中無物漫居山。事觀今古興亡後，道在君臣進退間。若蘊奇才必奇用，不然須負一生閒。

（〈追和王常侍登郡樓望山〉）

定國案：四賢，指漢初隱士商山四皓，曾出山爲太子繼位事做說客，事畢，返歸山林。

皋陶遇舜，伊尹逢湯。武丁得傅，文王獲姜。齊知管仲，漢識張良。諸葛開蜀，玄齡啟唐。

（〈偶得吟〉，卷十六）

堯夫非是愛吟詩，詩是堯夫處否時。信道而行安有侮，樂天之外更何疑。
受疑始見周公旦，經阨方明孔仲尼。大聖大神猶不免，堯夫非是愛吟詩。

（〈首尾吟之一〇二〉，卷二十）

堯夫非是愛吟詩，詩是堯夫代記時。官職固難稱太史，文章都欲學宣尼。
能歸豈謝陶元亮，善聽何慚鍾子期。德若不孤吾道在，堯夫非是愛吟詩。

（〈首尾吟之六十三〉，卷二十）

予敢對客曰，事有難其詮。身非好敝縕，口非惡珍饘。
豈不知鞶鞄，而固辭執鞭。蓋懼觀朵頤，敢忘賁丘園。
深極有層波，峻極有層巔。履之若平地，此非人所艱。
貧賤人所苦，富貴人所遷。處之若無事，此誠人所難。
進行己之道，退養己之全。既未之易地，胡為乎不堅。

（〈寄謝三城太守韓子華舍人〉，卷一）

君臣之間最忌猜疑，詩人在〈樂毅吟〉詩云：「樂毅事燕時，其心有深旨。……自古君與臣，濟會非容易。……」（卷十八），來表達徒有康濟天下之心，而不得志之慨嘆。邵雍藉許多的詠史詩表達君臣不相得的窘困和遺憾，同時也暗示功成不居，才是君臣相處之道最圓滿的結局。詩人曾養志待發地說：「若蘊奇才必奇用，不然須負一生閒」。他自信滿滿地期待著，一生就飛也似的進入暮年。詩人徜徉山林，坐臥水雲，依然不忘養志。此處〈偶得吟〉所舉的賢人都是極端受重用的奇才，故明為皋陶、伊尹、傅說、姜太公、管仲、張良、諸葛亮、房玄齡等人慶幸，暗則替自己叫屈。否則人生徒走一遭，只有「信道而行安有侮，樂天之外更何疑」。詩人隱居於市，仍難逃謗疑之言，其時宋朝的文字獄初興，故其詩仍時露「深極有層波，峻極有層顛」的畏懼。詩人聰穎絕倫，早悟退進之道，且養且待，方能偷得三十年之清閒。

## 二、養志自處之憂

堯夫非是愛吟詩，詩是堯夫自勵時。適道全由就師學，出塵須是稟天資。
好賢只恐知人晚，樂善惟憂見事遲。多謝友朋常見教，堯夫非是愛吟詩。

（〈首尾吟之十六〉，卷二十）

堯夫自處道如何？滿洛陽城都似家。不德於人焉敢異，至誠從物更無他。
眼前只見羅天爵，頭上誰知換歲華。何止春歸與春在，胸中長有四時花。

（〈自處吟〉，卷十九）

才高命寡，恥居人下。若不固窮，非知道者。

（〈偶書之四〉卷十四）

盛衰有時，才高命寡，詩人知功名無分，於是從名利窟中，及早抽身。雖然水竹野居度歲月，花開花謝撩亂飛，詩人卻不忘自勵自強，既不隨波逐流，也不願狂放頹廢，仍過著養浩然正義，固窮安貧的日子，養浩然氣，以儒家而言即是養志的表現。這種惟憂不能守住天爵的心情，讓詩人在世時一片清明，去逝後影響深遠。也讓詩人心胸襟抱長有中和之氣，春如四時之花，自然綻放。此處詩人也說到學問的出處在於「就師學」，是否能表現不凡則在「天資稟賦」。至於轉憂爲樂善的最好方法，就是思慮周詳，見事不遲，則不受其災殃。

日日步家園，清風不著錢。城中得野景，竹下弄飛泉。
自願無嗟若，何妨養浩然。卻慚天下士，語道未忘筌。

（〈依韻和田大卿見贈〉，卷七）

今舉〈依韻和田大卿見贈〉詩爲例，來說明邵雍憂道和氣的境界。儒家詩學言志爲傳統，而邵雍的言志是走復古路線，不由陸機以後體物緣情的路線，而回復到詩經時代的表達方式，因此他在本詩中講「何妨養浩然」是蘊有儒家政治理想和倫理理想的看法。田棐爲富弼的門下士，官大卿。宋神宗熙寧初年，富弼爲相，欲舉薦遺逸，曾派遣田棐來詢詩人肯出仕否？是以詩人與田棐相知相善。首聯談詩人家居生活，頷聯寫出遊之樂。以上兩聯都是講外境的安樂。腹聯，話頭一轉，進入詩人內心世界的表達。「自願無嗟若，何妨養浩然」是說詩人甘心爲逸士，無意嗟歎，願意時時涵養浩然正氣。「嗟若」即嗟歎，語出易經離卦，我們見到詩人的靈活用典的方式。尾聯是全詩重點，凸顯詩人未能忘情於道通天人之際的才華而仍思有奇用之一天。「忘筌」用《莊子．外物篇》的故實，又見詩人的用事技巧。全詩憂道之心溢於言表，但是前四句詩的溫和之氣融貫全篇，不帶任何煙硝味。

三、憂道之不傳

痛矣時難得，悲哉道未傳。今年年已盡，明日是明年。（〈痛矣吟〉，卷十九）

堯夫非是愛吟詩，詩是堯夫詫劍時。當鍛煉時分勁節，到磨礱處發光輝。長蛇封豕休撩亂，狡兔妖狐莫陸離。此器養來年歲久，堯夫非是愛吟詩。（〈首尾吟之一三四〉，卷二十）

陳摶與詩人都是大器，都是振古之豪傑。在〈首尾吟〉的最後一首詩，詩人以詫劍爲題旨，象徵詩人的鍛鍊成長、發輝、除亂的一連串志氣，也吐露一生的大不平，可惜不世之人不世之才，終未受重用。接著今日復今日，今年復明年，詩人長憂道業真不得傳。詩人學問廣大，先天易學至沒世而未多傳，其餘諸學尚有子嗣邵伯溫等繼承，稍可安慰者矣。

憂道固儒家之本色，但是道只在人心，惟心憂之。得憂時先天下之憂而憂，可放手處當自在度日，同樂易友，如此面前道路才能寬廣。詩人明白多欲爲多求，多欲多求則多憂。爲了平衡情性，過著歡樂人生，詩人以和氣舒散在生活當中，讓既清乂和的情味，充滿胸臆，充滿生活，帶給交往的友人，甚至於不相識的鄉人。下文來探討和氣的詩境。

酒涵花影滿卮紅，瀉入天和胸臆中。最愛一般情味好，半醺時與大初同。

（〈寄亳州秦伯鎮兵部之六〉，卷八）

堯夫何所有？一色得天和。夏住長生洞，冬居安樂窩。
鶯花供放適，風月助吟哦。竊料人間樂，無如我最多。

（〈堯夫何所有〉，卷十三）

二室多好峰，三山多好雲。看之不知倦，和氣潛生神。
一慮若動蕩，萬事從紛紜。人言無事貴，身為無事人。

（〈遊山之二〉，卷三）

平生如仕宦，隨分在風波。所損無紀極，所得能幾何？
既乖經世慮，尚可全天和。樽中有酒時，且飲復且歌。

（〈閒吟四首之一〉，卷一）

靜坐養天和，其來所得多。耽耽同廈宇，密密引藤蘿。
忘去貴臣度，能容野客過。繫時休戚重，終不道如何。

（〈和君實端明花庵獨坐〉，卷九）

春至已將詩探伺，春歸更用酒追尋。酒因春至春歸飲。詩為花開花謝吟。
花謝花開詩屢作，春歸春至酒頻斟。情多不足強年少，和氣衝心何可任。
（〈喜春吟〉，卷十）

清而不和，隘而多鄙。和而不清，慢而鮮禮。
既和且清，義無定體。時行則行，時止則止。
（〈清和吟〉卷十六）

性亦故無他，須是識中和。心上語言少，人間事體多。
如霖迴久旱，似藥起沈痾。一物當不了，其如萬物何。
（〈中和吟〉，卷十九）

閒與賓朋飲酒盃，盃中長似有花開。清談纔向口中出，和氣已從心上來。
物外意非由象得，坐間春不自天迴。施之天下能如此，天下何憂不放懷。
（〈舉酒吟〉，卷十七）

和之一字從心上來，時和也罷，中和、天和也好，皆是和氣，皆是發自內心，形諸外體，融和在詩境中。以〈舉酒吟〉爲例，首聯「閒與賓朋飲酒盃，盃中長似有花開」已點明「花開」的和氣在酒盃、賓朋之間瀰漫，這樣歡愉的場景，才能舖陳頷聯「清談纔向口中出，和氣已從心上來」。腹聯上句雖然抽象，早有前四句作先鋒，不難理解，下句又以具象的春天，遙接首聯，這些比擬手法都是象徵性的，並非真的有花、真的有春天。結聯「放懷」兩字生動，「天下」兩字擴張力健強，故全詩由近及遠，想像的擴張性如酒醺人，詩人能把相當理性的詩，寫得具體而雋永，耐咀嚼，耐回味，和氣晏如的境界，頓忘今古，與憂道真誠之境，互輔互成，天然中和。

雖老仍思鼓缶歌，庶幾都未喪天和。明夷用晦止於是，無妄生災終奈何。
似箭光陰頭上去，如麻人事眼前過。中間若不自為計，所損其來又更多。

（〈戊申自貽〉，卷六）

邵詩「和氣」的境界，來自於詩人的道德修養和心理証悟的綜合成就。這種「和」的意境，打破了詩經以來詩可以怨可以不平的詩教，卻符合了溫柔敦厚的詩教，兩者之間看似矛盾，實際上自有詩以降迄今，這些說法是並存的，只是歷朝歷代的詩論偏重方向不同而已。宋朝理學家對中庸的喜怒哀樂發而中節的中和思想，頗能接受，前先由邵雍引入詩歌中，以致於後來宋儒樓鑰、朱熹分別提「心平氣和」、「平淡自攝」的詩論（參觀《宋代詩學通論》第二章五八頁），最後導致詩歌宋調、唐音的分野。今舉〈戊申自貽〉爲例說明。首聯詩人相當趣味性的說作詩老而彌愛。「缶歌」指《擊壤集》；「天和」表述詩人心境。頷聯「明夷」、「無妄」係用易經的典，以典爲喻爲詩，是詩人活用詩法的技巧。頷聯的重點指出自己的困境所在。腹聯，將頷聯的困境輕輕平和的化解，從淡語中見詩人曲折轉變的功力。尾聯在概括的總結，把一路走來的得失作了說明。尾聯除了回應腹聯之外，也照顧了頷聯的文意。詩境由的憂道和氣結合成特別的平和的情韻。

## 第三節 養生安樂的境界

養生安樂的境界，是一種達觀的人生態度。我們據前文已知詩人一生的挫折不斷，如何能釋放鬱悶並宣泄憂思呢？於是詩人從快意人生的道德和心理層面去做到突破苦吟，解脫困境挫折。一方面心理道德修養上，達而不困，安樂自適，另一方面保持身體康泰，養生自適，這種自喜自得的寬廣徑路，形成詩人特有的養生安樂的風格和詩境。

詩人自述寫詩的態度不願陷入過於悲傷過於狂樂的情況，所謂「惡則哀之，哀而不傷。善則樂之，樂而不淫」（〈答傅欽之〉，卷十二）此乃善於養生之道。《詩譚》卷六也引一段邵詩養生的文字，云：「節飲食，減嗜慾，此養生六字符也。……偶讀邵康節一詩曰：仁者難逢思有常，平居慎勿恃無傷。爭先徑路機關惡，近後語言滋味長。爽口物多終作疾，快心事過必爲殃。與其病後能求藥，不若病前能自防。嗚呼！養生之道盡之矣。」觀其所云頗能夠了解邵詩的養生境界。

詩人之居曰安樂窩，自號安樂先生。安樂逍遙原是詩人的詩境之一，宋史邵雍傳曰：「（程）顥為銘墓，稱雍之道純一不雜，就其所至，可謂安且成矣。」安且成之出處想必從詩人的謚名而來。詩人謚康節，安即康之義，安康、安樂、康濟天下是其內涵。成即節之義，成節、誠心、成就內聖外王之學是其內涵。所以善養生者知安樂，有安樂之心者善養生，互為形影，形成逍遙的精神境界，可見安樂逍遙的詩境與養生的詩境是互補融合的，此為邵雍詩的養生安樂的境界也（註六）。將舉例說明之。

將養精神便靜坐，調停意思喜清吟。如何醫藥不尋訪，近日衰軀有病侵。

（旋風吟之四）

老苦頭風已病軀，新添臂痛又何如。無妨把盞只妨拜，雖廢梳頭未廢書。
不向醫方求效驗，惟將談笑且消除。大凡物老須生病，人老何由不病乎。

（〈臂痛吟〉，卷十一）

人不善飲酒，惟喜飲之多。人或善飲酒，惟喜飲之和。
飲多成酩酊，酩酊身遂疴。飲和成醺酣，醺酣顏遂酡。

（〈善飲酒吟〉，卷十一）

把酒囑兒男，吾今六十三。處身雖未至，講道固無慚。
世上榮都謝，林間樂尚貪。語其貧一也，且免世猜嫌。

（〈把酒〉，卷十）

名利到頭非樂事，風波終久少安流。稍鄰美譽無多取，纔近清歡與賸求。
美譽既多須有患，清歡雖賸且無憂。滔滔天下曾知否，覆轍相尋卒未休。

（〈名利吟〉，卷三）

天網疏難漏，世網密莫通。我心久不動，一脫二網中。
高竹漱清泉，長松迎清風。此時逢此景，正與此心同。

（〈燕堂閒坐〉，卷三）

心安身自安，身安室自寬。心與身俱安，何事能相干。
誰謂一身小，其安若泰山。誰謂一室小，寬如天地間。

（〈心安吟〉，卷十一）

待物莫如誠，誠真天下行。物情無遠近，天道自分明。
義理須宜顧，才能不用矜。世間閒緣飾，到了是虛名。

（〈待物吟〉，卷十一）

握固如嬰兒，作氣如壯士。二者非自然，皆出不容易。
心為身之主，志者氣之帥。沈珠於深淵，養自己天地。

（〈攝生吟〉，卷十九）

山高水復深，無計奈而今。地盡一時事，天開萬古心。
輕煙籠曉閣，微雨散青林。此景雖平淡，人間何處尋。
（〈晨起〉，卷三）

詩人在〈攝生吟〉提到攝生之道在存養自己心志天地，不必像嬰兒般固執，不必像莽夫般生氣，順時而出，順勢而潛。有達觀的念頭和行事才能取得真樂，將養精神。詩人將養精神的方法是靜坐調身心，有病也不亂服成藥，保持談笑的心情，選擇適當的春、秋季作戶外活動。詩人好酒，但頗懂得微醺即止，不造成身體的病痾。這些攝生法，付諸行事，便是放棄世間名利熱，離開世網的陷阱，追求林間樂，追求寬廣的心安，心安則身安矣。就以〈晨起〉一詩為例，讀詩人從養生見天地寬廣、灑然的詩境，油然而生。首聯兩句說世途的險惡，頷聯兩句豪氣干雲。腹聯、末聯則由情入景；腹聯寫實景，語淡雅而味甘醇。尾聯點明作結，稍嫌蛇足。全詩表達詩人從天地事物中體悟自然界的變遷和歷史的哲學。

生身有五樂，居洛有五喜。人多輕習常，殊不以為事。
吾才無所長，吾識無所記，其心之泰然，奈何人了此？
自註：一樂生中國，二樂為男子，三樂為士人，四樂見太平，五樂聞道義。
一喜多善人，二喜多好事，三喜多美物，四喜多佳景，五喜多大體。（〈喜樂吟〉，卷十）

詩人把真樂的感覺寫在詩中（〈逍遙吟之二〉，卷七），並在〈安樂吟〉詩，以第三人稱方式自述快樂的原因（註七），他說：「安樂先生……樂見善人，樂聞善事。樂道善言，樂行善意。……爲快活人，六十五歲。」（卷十四）快活是樂的表現，是泰然的心態，是以詩人在〈喜樂吟〉詩標舉五樂五喜，這十件樂事更甚於前文所說的範疇。

遶欄種菊一齊芳，戶牖軒窗總是香。得意不能無興詠，樂時況復過豐穰。
深秋景物隨宜好，向老筋骸粗且康。飲罷何妨更登眺，爛霞堆裏有斜陽。

（〈秋暮西軒〉，卷七）

〈秋暮西軒〉詩，首聯形容詩人西軒一角的秋色，菊有黃、白、紅諸色繽紛，色美而淸香，有形色有味覺還有一股雅意，寫得眞好，次聯敘述愉悅的小園環境感染了詩人，眞樂的心，益以當時社會豐穰眞樂的大環境，湧上的諸多快樂足使詩人的詩興躍躍欲試。那知第三聯加上詩人的身體狀況尙康健，將快樂意思推至顛峰。結聯逐漸將歡情舒散至傍晚的霞光，由情及景。結聯非常優美，這在詩人理學詩中是較少的傑作。又結聯首句「飲罷」二字眞妙，如此方見全詩皆沈醉在歡樂的情境中，點睛之妙，境界全出。

數朝從款走煙霞，縱意憑欄看物華。百尺樓臺通鳥道，一川煙水屬僧家。

直須心逸方為樂，始信官榮未足誇。此景得遊無事日，也宜知幸福無涯。

（〈龍門石樓看伊川〉，卷五）

〈龍門石樓看伊川〉詩，首聯寫前赴龍門憑欄賞景。數朝，是記多次，非一朝而係數朝。從款，從駕也。頷聯首句「百尺樓」狀寫石樓之高，從遠眺寫曲徑鳥道。次句白描煙水之美。山間有僧，故有廟，而擁有一川煙水。詩人不寫僧家住在一川煙水間，而逆寫「一川煙水屬僧家」，把詩人欣羨僧家日月山水爲樂的心理很微妙的刻盡出來，且有蒼茫煙水一僧家的繪畫之美。腹聯，尾聯講「心逸」、「無事」正足以明白養生與真樂屬於一體二面的心境。

歡喜又歡喜，喜歡更喜歡。吉士為我友，好景為我觀。
美酒為我飲，美食為我餐。此身生長老，盡在太平間。

（〈歡喜吟〉，卷十）

每度過東街，東街怨暮來。只知閒說話，那覺太開懷。
我有千般樂，人無一點猜。半醺歡喜酒，未晚未成迴。

（〈每度過東街〉，卷七）

人言別有洞中仙，洞裏神仙恐妄傳。若俟靈丹須九轉，必求朱頂更千年。
長年國裏花千樹，安樂窩中樂滿懸。有樂有花仍有酒，卻疑身是洞中仙。

（〈擊壤吟〉，卷八）

吾常好樂樂，所樂無害義。樂天四時好，樂地百物備。
樂人有美行，樂已能常事。此數樂之外，更樂微微醉。

（〈樂樂吟〉，卷九）

不把憂愁累物華，光陰過眼疾如車。以平為樂忝知分，待足求安恐未涯。
食罷有時尋蕙圃，睡餘無事訪僧家。天津風月勝他處，長是思君共煮茶。

（〈依韻和王不疑少卿見贈〉，卷六）

物理人情自可明，何嘗慼慼向平生。卷舒在我有成算，用舍隨時無定名。
滿目雲山俱是樂，一毫榮辱不須驚。侯門見說深如海，三十年來掉臂行。

（〈龍門道中作〉，卷三）

吾家職分是雲山，不見雲山不解顏。遊興亦難拘日阻，夢魂都不到人間。
煙嵐欲極無涯樂，軒冕何嘗有暫閒。洛社交朋屢相約，幾時曾得略躋攀。

（〈和祖龍圖見寄〉，卷五）

洛城春去會仙才，春去還驚夏卻來。微雨過牡丹初謝，輕風動芍藥纔開。
綠楊陰裏擁樽罍，身健時康好放懷。

（〈李少卿見招代往吟〉，卷十五）

堯夫非是愛吟詩，詩是堯夫入夏時。醪酒竹間留客飲，清風水畔向人吹。
嬋娟月色滿軒檻，菡萏花香盈袖衣。樂莫樂于無事樂，堯夫非是愛吟詩。

（〈首尾吟之四五〉，卷二十）

堯夫非是愛吟詩，詩是堯夫盡性時。若聖與仁雖不敢，樂天知命又何疑。
恢恢志意方閒暇，綽綽情懷正坦夷。心逸日休難狀處，堯夫非是愛吟詩。

（〈首尾吟之九六〉，卷二十）

詩人生長在太平之世，對於太平安樂的感受特別深刻，尤其詩人家境不豐，能平順安逸度日已是慶幸，因薄有名聲，雖不爲官且能交游士族、地方官員、世人，所以展眉歡喜之心是異於常人的。但是真正太平安樂的來源，是源自內心的平和和養生的覺知。「身健時康好放懷」〈李少卿見招代往吟〉、「樂莫樂于無事樂」〈首尾吟之四五〉、「樂天知命又何疑」〈首尾吟之九六〉，都可以作爲養生真樂境界的註解。當見詩人覺得此樂只應天上有，人間只有我會嘗，甚至連夢中也樂哪。

洛水近吾廬，潺湲到枕虛。湍驚九秋後，波急五更初。
細為輕風背，毫因驟雨餘。幽人有茲樂，何必待笙竽。

（〈天津水聲〉，卷四）

〈天津水聲〉詩就是描寫詩人在睡中享受洛水天籟之音。首聯說洛水水聲由遠及廬及枕，水流溫柔潺湲，此與李白「黃河之水天上來」的奔騰，大異其趣。頷聯突然氣勢一轉，柔水變激湍，在五更時分驚醒了詩人。腹聯，「毫」係「豪」之形誤字。細、豪文理相對，文意明顯。上句講流水聲因背風故而細柔，下句說驟雨之餘流水因狂奔故聲勢驚人，如此頷腹兩聯相承無礙。尾聯亦妙結。笙竽是人工之樂，溪河屬天籟，把若即若離的洛水水聲寫得靈活極了。

洛川秋入景尤佳，微雨初過徑路斜。水竹洞中藏縣宇，煙嵐塢裏住人家。
霜餘紅間千重葉，天外晴排數縷霞。溪淺溪深清瀲灩，峰高峰下碧查牙。
鳥因擇木飛還遠，雲為無心去更賒。蓋世功名多齟齬，出群才業足咨嗟。
浮生日月仍須惜，半老筋骸莫強誇。就此巖邊宜築室，樂吾真樂樂無涯。

（〈十四日留題福昌縣宇之東軒〉，卷五）

〈留題福昌縣宇之東軒〉詩是首排律。首聯寫洛川雨後的秋景，寫法是從遠及近。次聯講到縣宇，已扣緊詩題。前二聯遣詞清雅。其次二聯全寫景先近景後遠景，有溪流有高山，用字綺麗，有晚唐詩風。再次二聯借飛鳥與浮雲暗喻詩人進退的猶豫，以及才無所用的噓唏。最後二聯詩意轉向內斂，以珍重歲月養生善攝，真樂度日爲收。這首詩保有詩人早期的詩風，也可見得詩人自中年前後已排除苦吟而在心態上轉向樂吟、笑吟，足以化解詩人困境而成爲安頓人生的心靈慰藉。

## 第四節　閒靜恬淡的境界

閒靜是一種溫潤寬舒的世界，同時與絕妙的恬淡也連成一氣。可以說，閒靜恬淡是一以貫之的詩境。程顥《明道集》〈和堯夫首尾吟〉云：「醉裏乾坤都寓物，閒來風月更輸誰？」「閒」是邵雍詩的主要精神。所以朱熹在《南宋文範》〈六先生畫像贊〉給康節先生的評價云：「閒中今古，醉裏乾坤」，這顯然襲自程顥的詩，而同樣有見地。朱熹說：「康節爲人，須極會處置事爲，他神閒氣定，不動聲氣，須處置得別，蓋他氣質本來清明，又養得純厚，不曾枉用了心，他用心都在緊要上爲，他靜極了，看得天下事理精明。」《宋名臣言行錄外集》卷五程頤也形容他「心虛而明」《宋史》，二人將邵雍閒與靜的源頭講得明白。明朝陳白沙說：「康節以鍛鍊入平淡，可說語不驚人死不休，何必要算老杜才精工？古今詩能與康節相比，只有寒山、靖節二老而已，但也未必如康節之工。」指出邵詩的平淡係經過鍛鍊，在「淡」的美感之中，仍致力於內涵的老成變化和理語雋永的深化。吾以爲邵雍的詩非「平淡」，非「沖淡」，淡固然是宋詩共同的特色，而溫潤有餘的「恬淡」，卻是邵詩獨有的，此乃邵雍個性使然，呈現於詩境亦如此。或云：「香山詩恬淡閒適之趣，多得之于陶韋。」（註八）即言凡詩人有此靜閒的心靈方有此趣味，白香山，陶淵明、韋應物和邵雍皆有此故。邵雍一生淡泊明志，返樸歸真，著重以物觀物的觀照中見閒靜見恬淡，別人以爲困他不以爲困，別人以爲貧他不以爲貧，用心如鏡，如鑑現形，這種脫然於世俗之外，脫然於詩法之外的心靈和活句，造成邵雍詩風，變化紛華而進入閒靜恬淡的意境。這裡把詩人春秋之際，小車出遊行樂的路線，略作敘述。嘉祐壬寅歲，堯夫再遷至天津橋附近的新居。此後，冬夏之交住在安樂窩，又稱長生洞，都不外出。只在春秋兩季始駕車驅牛而出。起駕前先飲茶，身著道裝，手拿麈尾，車軫掛詩帙，車轅懸酒缸，朝出履道坊，行經五鳳樓、天津橋、金谷園、魏王堤、月陂街、銅駝街、東街。晚間歸來，則經過平康里至道德坊的宅第。有時一天即歸，有時數天方歸，閒而恬的意味就在其間。居家常晨時焚香，偶而彈琴、閑即著棋、飲美酒、賞好花、作皇極、吟新詩，然後揮毫大字書。出行則閑遊、賞花、登山、上高樓，時或獨步洛濱、閑倚天津橋，時或參加洛社文會。總之，都是生活快樂事。

△竹雨侵人氣自涼，南窗睡起望瀟湘。茅簷滴瀝無休歇，卻憶當初宿夜航。

（〈閒居述事之二〉，卷四）

△林下居常睡起遲，那堪車馬近來稀。春深晝永簾垂地，庭院無風花自飛。

（〈暮春吟〉，卷十三）

△樂靜豈無病，好賢終有心。爭如自得者，與世善浮沈。

（〈答和吳傳正贊善之二〉，卷十八）

△年年長是怕春深，每到春深病不任。傷酒情懷因小會，養花天氣為輕陰。歲華易革向來事，節物難迴老去心。唯有前軒堪靜坐，臨風想望舊知音。

（〈暮春寄李審言龍圖〉，卷六）

△花前靜榻閒眠處，竹下明窗獨坐時。著甚語言名字泰，林間自有翠禽知。

（〈寄李景真太博〉，卷八）

△閒坐更已深，就寢夜尚永。展轉不成寐，卻把前事省。莫枕時昏昏，擁衾還耿耿。西窗明月中，數葉芭蕉影。

（〈不寢〉，卷四）

△風背河聲近亦微，斜陽淡泊隔雲衣。一雙白鷺來煙外，將下沙頭卻背飛。

（〈依韻君實端明過洛濱獨步之二〉，卷十）

〈過洛濱獨步之二〉係邵雍和司馬光韻的一首絕句。首句寫河聲之微，次句繪出斜陽之淡美。「風背」、「隔雲衣」塑造出山色水意的朦朧美。第三句「白鷺」是實物，亦係高潔的象徵意象。而「一雙」遣詞恬潤，性格合群，詩人一樣是在寫自己形象。「煙外」有跳出塵外之想。尾句利用視覺一上一下反差的效果，伸張詩空間的張力。將白鷺棲息和遠揚的矛盾情景與詩人不願受名利牢籠所拘的徘徊心境雜揉對比，在閒靜中確有掙扎。歷代詩評家頗喜愛這首詩，但詩後的背景皆不甚了了。

△上陽光景好看書，非象之中有坦途。良月引歸芳草渡，快風飛過洞庭湖。
不因赤水時時往，焉有黃芽日日娛。莫道天津便無事，也須閒處著功夫。
（〈二十五日依韻和左藏吳傳正寺丞見贈〉，卷五）

△老年軀體索溫存，安樂窩中別有春。萬事去心閒偃仰，四支由我任舒伸。
庭花盛處涼鋪簟，簷雪飛時軟布裀。誰道山翁拙於用，也能康濟自家身。
（〈林下五吟之二〉，卷八）

△初晴僧閣一憑欄，風物淒涼八月間。欲盡上層嘗腳力，更於高處看人寰。
秋深天氣隨宜好，老後心懷只愛閒。為報遠山休斂黛，這般憶意久闌珊。
（〈秋霽登石閣〉，卷九）

△身老太平間，身閒心更閒。非貴亦非賤，不饑兼不寒。
有賓須置酒，無日不開顏。第一條平路，何人伴往還。
（〈太平吟〉，卷十一）

△伊嵩有客欲無言，進退由來盡俟天。好靜未能忘水石，樂閒非為學神仙。
休嗟紫陌難為客，且喜清風不用錢。枉尺直尋何必較，此心都大不求全。
（〈右客吟〉，卷四）

△洛陽城裏任西東，二十年來放盡慵。故舊人多時款曲，京都國大體雍容。池平有類江湖上，林靜或如山谷中。不必奇功蓋天下，閒居之樂自無窮。

（〈天津閒步〉，卷七）

△晚步上陽堤，手攜筇竹枝。靜隨芳草去，閒逐野雲歸。月出松梢處，風來蘋末時。林間此光景，能有幾人知？

（〈晚步吟〉，卷十二）

△堯夫非是愛吟詩，詩是堯夫得意時。這意著何言語道，此情惟用喜歡追。仙家氣象閒中見，真宰功夫靜處知。不必深山更深處，堯夫非是愛吟詩。

（〈首尾吟之一二八〉，卷二十）

△晴窗日初曛，幽庭雨乍洗。紅蘭靜自披，綠竹閒相倚。榮利若浮雲，情懷淡如水。見非天外人，意從天外起。

（〈秋懷三十六首之二〉，卷三）

邵雍〈秋懷三十六首〉如同郭璞〈游仙詩十四首〉，係託慕仙客，自抒襟抱，又如杜甫〈秋興八首〉借秋聲秋色，細述暮年多病，關心國運的一腔忠憤，故詩人無力正乾坤的託喻自然流露。〈秋懷三十六首〉作於邵雍五十一歲，本詩為詩組中的第二首，前四句寫秋景，後四句抒情兼說理言志。首聯詞采清新明朗，把雨後幽庭的潔淨和晴窗的柔亮點綴出恬淡的秋意。頷聯用色新鮮，紅蘭翠竹閒靜中見自然氣息。腹聯「榮利若浮雲，情懷淡如水」是自抒名利淡薄的襟懷，刻畫詩人平凡中不凡的寫真。尾聯「見非天外人，意從天外起」感覺好像在說些塵世之外的道理，其實仍是由上一聯聯想而引伸，詩人自謙形象不是「天外之人」，但是秋懷和詩興卻是從天外而生的，有自然閒靜的意境。邵雍在自謙自抑之中猶有自負的志氣。本詩首句不押韻，韻腳押「洗」、「倚」、「水」、「起」，古韻相通，然上聲韻的聲調響度稍啞欠亮，流露出秋情迤邐。全詩靜中帶動，動靜悠閒之間，顯出蘭竹、浮雲、淡水的意象，似乎已塑造出詩人飄逸清癯的形貌。

△水流任急境常靜，花落雖頻意自閒。不似世人忙裏老，生平未始得開顏。

（〈天津感事之十五〉，卷四）

△冬至子之半，天心無改移。一陽初起處，萬物未生時。玄酒味方淡，太音聲正希。此言如不信，更請問庖犧。

（〈冬至吟〉，卷十八）

△草軟沙平風細溜，雲輕日淡柳低捼。狂言不記道何事，劇飲未嘗如此盃。景好只知閒信步，朋歡那覺太開懷。必期快作賞心事，卻恐賞心難便來。

（〈同程郎中父子月陂上閒步吟〉，卷十二）

〈冬至吟〉詩中。邵雍恬淡的詩風曾以淡淡的「玄酒」爲釋，這種超然虛融淡泊的人生哲學，與其詩論以物觀物而澄澈寧靜的觀照方式一致，它代表了邵雍追求向內心圓滿的審美觀念。〈天津感事之十五〉詩句裡「水流任急境常靜，花落雖頻意自閒」頗有文人畫的境界，詩中有畫，畫中有閒，字字平常而恬淡詩境高絕，乃意內言外，鍛鍊字句的卓越寫照。本詩首聯的遣字用詞在平淡之中有些甜意。首句詩人用軟、平、細溜的字眼修飾草、沙和風的溫潤感。次句詩人將輕、淡、低挼的字眼裝飾雲、日、柳的慵弱懶散。首聯所組合的畫面上下天光草色的閑靜滋味。再看「細溜」、「低挼」的字眼並非常見，其鍛鍊的工夫和功力都是十分驚人的。頷聯一反上聯的溫潤而以激昂的語氣，暢述平生大志所以說是「狂言」；又高亢率性的呑飮，謂之「劇飮」。起伏落差懸殊的上下聯，足見詩人長於造境。腹聯上句「景好」回顧首聯，下句「朋歡」呼應頷聯。尾聯將熱烈的場景，返璞歸眞，回到恬淡的哲學思考。朋歡景好的賞心樂事，是可遇難求的，時空交會難得，故盛會不再。全詩的閑靜恬淡氣氛甜美無比。

> 吾亦愛吾廬，吾廬似野居。性隨天共淡，身與世俱疏。
> 遍地長芳草，滿床堆亂書。自從無事後，更不著工夫。
>
> （〈吾廬吟〉，卷十八）

本詩首聯「吾廬」的意象從魏晉至宋代跨越好幾個世紀，緊緊連接「吾廬」後，是「野居」的意，此已顯露出「淡」的韻味。頷聯的造句方法類似。王勃的「落霞與孤鶩齊飛，秋水共長天一色」。詩人把身世、天性連辭訴說著一段疏淡的生平和志向。這一段生平相信是極坎坷的，其中隱約有無限無奈。腹聯寫心境和實境；上句「遍地長芳草」即境即心，透出詩人的積極人生的生命力，下句「滿床堆亂書」係實境，將詩人野居的野味表露無遺，且見一生的用功歷程。尾聯的「不著工夫」閑靜意味濃厚，不著痕跡地刻畫出吾廬中的老詩人的形象。

人苦天津遠，來須特特來。閒餘知道泰，靜久覺神開。
悟易觀棋局，談詩捻酒盃。世情千萬狀，都不與裝懷。

（〈天宮幽居即事〉，卷四）

## 第五節　天機幽默的境界

天宮寺的住宅是邵雍初到洛陽時的暫借下塌處。首聯敘述居處離洛陽繁華區天津街甚遠。頷聯寫閑靜之情。腹聯說觀棋體悟易道，飲酒以助談詩的閑靜之事。尾聯似乎翻轉詩意，世事一切不入懷，其實依舊在詮釋閑靜恬淡的詩境。

宋史記載程顥之言說：「堯夫放曠」，其意即指邵雍處世一派天機。近人程兆熊在〈論邵康節的首尾吟及其詩學〉一文云：「堯夫本人實於易甚精，而且談的是先天易，這使他的詩，更全是天機，全是道。其詩之難學，亦正在此。而且學其詩者，如不善學，便完全不成樣子，亦正因此。」「天機」無非指邵雍運用先天易學忘機天然的處世之道、做詩之道，王應麟《困學記聞》引用張文饒語曰：「處心不可著，著則偏；作事不可盡，盡則窮。先天之學止是。此二語，天之道也。」（卷十八〈評詩〉）如此先天之學的一派天機正符合邵雍的處世之道。後來陸游《劍南詩稿》卷二五〈夜讀詩稿有感走筆作歌〉提到：「……天機雲錦用在我，剪裁妙處非刀尺。……」這些「天機」的概念，用來闡發詩人的創作需從實際生活體悟而來。不僅源自江山山水之助，不管從書史觀察所得，多少還要根植於詩人的天性真淳，胸襟的透脫無礙和思維的自在靈活，禪宗所謂「心不孤起，托境方生」，將後天的學養，混同先天的內在質素，融滲發揮。邵雍立身溫潤，詩藝書藝都略帶滑稽，正是其詩歌言爲心聲，詩如其人的展現。在邵雍的詩論裡提到「久欲罷吟詩，還驚意忽奇。坐中知體物，言外到天機。」（〈罷吟吟〉，卷十七）可知其作詩構思的階段是由觀、而驗、而悟，這種「言外到天機」意思就是把體悟的思維移轉爲作詩之道。

宋史曰：「當時學者因雍超詣之識，務高雍所爲，至謂雍有玩世之意。」玩世者並非玩世不恭，係說值得玩味，幽默之謂也，也正是玩心高明的表現。所以近人陳郁夫在《中國歷代思想家》書中介紹

〈邵雍〉說:「這是一本理學家詩的代表作(案指《擊壤集》),其中有很多天趣昂然,頗堪玩味的作品」。正指出天趣玩味的詩風的確是邵雍詩的特色之一。我們不必諱言詩人處心不著跡,作事替人留餘地的心理或幽默滑稽之態,這正是詩人人格的昇華,也是一片玄妙諧趣詩境的揭露。

堯夫非是愛吟詩,詩是堯夫得意時。物向物中觀要妙,人於人上看幾微。物中要妙眼前見,人上幾微心裏知。且是有金無處買,堯夫非是愛吟詩。

(〈首尾吟之一二六〉,卷二十)

堯夫非是愛吟詩,詩是堯夫處困時。事體極時觀道妙,人情盡處看天機。孝慈親和未必見,松柏歲寒然後知。匪石未聞心可轉,堯夫非是愛吟詩。

(〈首尾吟之一〇一〉,卷二十)

堯夫非是愛吟詩,詩是堯夫擲筆時。事體順時為物理,人情安處是天機。堅如金石猶能動,靈若鬼神何可欺。此外更無言語道,堯夫非是愛吟詩。

(〈首尾吟之一〇四〉,卷二十)

心足而家貧,體疏而情親。開襟知骨瘦,發語見天真。

萬里幞四垂,一片雲自飛。秖知根抱石,不為天為衣。

(〈憶夢吟〉,卷十一)

既來曾無心，卻去寧有機。未能作霖雨，安用帝鄉歸。（〈和雲〉，卷九）

久欲罷吟詩，還驚意忽奇。坐中知物體，言外到天機。
得句不勝易，成篇豈忍遺。安知千萬載，後世無宣尼。（〈罷吟吟〉，卷十七）

忽忽閒拈筆，時時樂性靈。何嘗無對景，未始便忘情。
句會飄然得，詩因偶爾成。天機難狀處，一點自分明。（〈閒吟〉，卷四）

夏去暑猶在，雨餘涼始來。階前已流水，天外尚驚雷。
曲几靜中隱，衡門閒處開。壯心都已矣，何事更裝懷。（〈初秋〉，卷三）

雲勢移峰緩，泉聲出竹遲。此時無限意，唯有翠禽知。（〈十一日福昌縣會雨〉，卷五）

箋云：瓮頭噴液處，盞面起花時。有客來相訪，通名曰伏羲。（〈美酒飲教微醉後〉，卷十一）

花前把酒花前醉，醉把花枝仍自歌。花見白頭人莫笑，白頭人見好花多。

（〈南園賞花之二〉，卷八）

舊雪未及消，新雪又擁戶。階前凍銀床，簷頭冰鍾乳。
清日無光輝，烈風正號怒。人口各有舌，言語不能吐。

（〈大寒吟〉，卷八）

堯夫非是愛吟詩，詩是堯夫半老時。肥遯雖無潤屋物，勞謙卻有克家兒。
筋骸幸且粗康健，談笑不妨閒滑稽。六十二年無事客，堯夫非是愛吟詩。

（〈首尾吟之三十一〉，卷二十）

春在花爭好，春歸花遂殘。好花留不住，好客會亦難。
酒既對花飲，花宜把酒看。如何更斟滿，乃盡此時歡。

（〈對花吟〉，卷九）

堯夫非是愛吟詩，詩是堯夫自笑時。閒散何嘗遠人事，語言時復洩天機。
至微勳業有難立，儘大功名或易為。成敗一歸思慮外，堯夫非是愛吟詩。

（〈首尾吟之三十二〉，卷二十）

今簡取本節諸例中之〈首尾吟之三十二〉爲例。「天機」的辭意，就邵雍而言，有禪宗流變的自得之悟，有道家天然存在的天性根蒂，也有儒家道德修養的通達天際的修為精神，甚至還有帶些神秘色彩的未卜預知的直覺和叛逆的審美的思想。所以「天機」的內涵，總有心理學上「最富有創造性和想像力」的因子（〈藝術心理學新論〉，頁三九〇）。

〈首尾吟〉詩，頭尾重複，文意多餘，是故我們從首聯第二句開始說明。首聯第二句「詩是堯夫自笑時」，這是題旨，也就是主題。詩人「自笑」的原由，在於頷聯的「閒散」和「洩天機」。閒散固是詩人快樂的泉源，但是詩人隱於市而不是隱於山，不離開人事的閒散才是最難得的快樂。有些隱士深居山林，生活不便且不說，寂寞的事實讓人受不住，何況詩人猶有鯤鵬等待時機而起的想法。「語言時復洩天機」，代表詩人驚世駭俗的處世之道，語言包括交游、作詩、寫《皇極經世》等，為了想要有奇用的機會，軼事常記載詩人預知前事的能耐和事跡。腹聯上下兩句以矛盾式的寫法，隱約揭露了詩人康濟世人的企盼。尾聯的「成敗一歸思慮外」與首聯的「詩是堯夫自笑時」呼應，同時也與「語言時復洩天機」串接。成敗不較和一笑置之的態度，彰顯出詩人曠達的胸襟和修為也有詼諧自嘲的趣味。洩天機尚無助於奇世奇用則事非人謀不臧，而是世間本有不可為的定數存在，相信詩人深明象數之學，自知無可奈何也。明知不可為而為，在詩人而言，依然有強烈的儒士色彩。

洛下園池不閉門，洞天休用別尋春。縱遊只卻輸閒客，遍入何嘗問主人。
更小亭欄花自好，儘荒臺榭景纔真。虛名誤了無涯事，未必虛名揔到身。

（〈洛下園池〉，卷七）

邵雍居洛下，洛陽城裡任西東。本詩首聯、頷聯將主人不在，而閑客入遊園池的浪漫點畫出尋春的意境。詩人眼中所見不同於世俗，景荒未必心荒，花好亭美未必心自在，因此腹聯、尾聯有洩露天機的用意。詩人看到世間的真景，知所進退是本詩的題旨。尾聯的上句「虛名誤了無涯事」值得玩味再三，懇勸世人的用心甚明。下句「未必虛名摠到身」，以跳躍式的思考，用反問法。因爲很多世人連所謂的虛名，都沾不上邊而儘往虛名中奔波，豈不可笑。另有一層意思詩人仍然是希望有施展抱負的機會，期待虛名之外的實用。宋代文字禍端出虛名，謗訕朝庭遭貶竄的詩人，時有所聞，邵雍以諧謔態度作詩，除了玩世高明的用心外，疑有遠禍含蓄的意圖。

先幾能識是吾儕，慎勿輕為世俗咍。把似眾中呈醜拙，爭如靜裏且談諧。
奇花萬狀皆輸眼，明月一輪長入懷。似此光陰豈虛過，也知快活作人來。
（〈先幾吟〉，卷七）

識先幾的功夫，是要具備跳脫迷情、虛妄的卓識。所以〈先幾吟〉的首聯已經點明避免踏入世俗的陷阱。頷聯「把似眾中呈醜拙」、「爭如靜裡且談諧」做了對比。將不能見微知著的醜態活靈活現的置諸眼前，與穩妥談諧的畫面尖銳對照。腹聯以奇花經眼、明月入懷具象的說明洞察世事，跳出世俗之累的愉快。尾聯很幽默地敘述目前的快活姿態，略有玩世不經嘲諷當代士人的意味，並且爲自己人生的困境解套。本詩尚有一個特點，詩人刻意以俗爲雅，善用俗語，以熟語、俚語安排詩句中，放棄詩句常見的古人陳言的造句法，而改採意新詞新的語法，一反常態，詩有遊戲三昧的幽默，的確達到很好的機智和諧趣效果。

## 第六節　自然理趣的境界

自然原爲繪畫美學的審美觀念，透過詩人直觀哲學的傳達，將活躍的生命，呈現在詩歌中。自然與人生是交織交融的，所以這種一切任運自然的生活態度和詩境，不是平面的自然現象而是深層的人格理想的建構。如果換一種方式說，凡是象外之象，景外之景或味外之味，這種深層整體的美感意境就是詩人邵雍所欲表現的文道融合的自然境界。在邵詩中對萬物的體驗，有逐漸從自然的意象而轉化成人文意象的傾向，將自然風景從外在欣賞的角色轉變成自然如畫的人文審美概念，自然景物有時不僅是人格的象徵，同時也是人物的化身，像邵詩的〈高竹〉八首，它就是予以人格化了，這種人文旨趣的心理，後來影響到宋朝詩壇的物化、理化的現象。同樣地，以活潑生命力所表現的理趣，也是隱士發人深省的文學趣味和心理現象。這兩種對於自然萬物的觀照，詩人直覺體悟，若能不由理路，而由理趣，並從自然現象超越表象，以「花開」、以「洗心」、以「默識」、以「天心」等象喻「自然理趣」

的詩境，是真正體現自然高妙而忘情地觀照的境界。

近人陳郁夫〈論邵康節的詩〉云：「康節的另一部份說理詩，則透露晶瑩的智慧，有豐富的理趣，使人如飲瓊漿，得到很大的啓示。」（註九）所言極確。詩歌走向理趣，原本就有覺世喚醒之妙用，用平易的言詞，造成不平易的警世效果，是最好的理趣詩。理趣與禪趣極類似，但是禪趣多半無理而妙，而理趣則大多以合理爲妙，具有化深刻哲理轉化成具體生動形象的高妙手法。後文所舉的詩例，時有融合文道的、自然意境的體悟，時有哲思的理趣，多咀嚼自然可知。

春在對花飲，春歸花亦殘。對花不飲酒，歡意遂闌珊。
酒向花前飲，花宜醉後看。花前不飲酒，終負一年歡。
（〈花前勸酒〉，卷八）

一兩一番新，非關鼓鑄頻。縱多難贈客，便失不猜人。
遍地未為富，滿階那濟貧。買愁須有為，酤酒斷無因。
散處如籌計，重時似索陳。不能賙己急，何暇更賙親。
（〈苔錢〉，卷九）

年老逢春認破春，破春不用苦傷神。身心自有安存地，草木焉能媚惑人。
此日榮為他日瘁，今年陳是去年新。世間憂喜常相逐，多少酒能平得君。
（〈年老逢春之十三〉，卷十）

天意無他只自然，自然之外更無天。不欺誰怕居暗室，絕利須求在一源。未喫力時猶有說，到收功處更何言。聖人能事人難繼，無價明珠正在淵。（〈天意吟〉，卷十）

有客常輕平地春，失春不得不云云。能安陋巷無如我，既上高樓還憶君。滿眼雲林都是綠，萬家輝舞半來新。憑欄須是心無事，誰是憑欄無事人。（〈樓上寄友人〉）

所失彌多所得微，中間贏得一歔欷。人榮人悴乃常理，花樹花開何足追。偶爾相逢卻相別，乍然同喜又同悲。只消照破都無事，何必區區更辨為。（〈所失吟〉，卷十）

近日頭風不柰何，未妨談笑與高歌。人才相去不甚遠，事體所爭能許多。閉目面前都是暗，開懷天外更無它。若由智數經營得，大有英雄善揣摩。（〈頭風吟〉，卷十一）

聖人難處口能宣，何止千年與萬年。心靜始能知白日，眼明方會看青天。鬼神情狀將詩寫，造化功夫用酒傳。傳寫不干詩酒事，若無詩酒又難言。（〈詩酒吟〉，卷十六）

人言垂釣辨浮沉，辨著浮沉用意深。吾恥不為知害性，等閒輕動望魚心。

（〈天津感事之七〉，卷四）

緣飾了時稱好手，作為成處是真家。須防冷眼人覷覷，傀儡都無帳幕遮。

（〈緣飾吟〉，卷五）

仁者難逢思有常，平居慎勿恃無傷。爭先徑路機關惡，近後語言滋味長。

爽口物多須作疾，快心事過必無映。與其病後能求藥，不若病前能自防。

（〈仁者吟〉，卷六）

非有非無是祖鄉，都來相去一毫芒。人人可到我未到，物物不妨誰與妨。

失即肝脾為楚越，得之藜藿是膏梁。一言千古難知處，妙用仍須看呂梁。

（〈和吳沖卿省副見贈〉，卷六）

吾道本來平，人多不肯行。得心無後味，失腳有深坑。

若未通天地，焉能了死生。向其間一事，須是自誠明。

（〈逍遙吟之一〉，卷七）

堯夫非是愛吟詩，詩是堯夫可愛時。已著意時仍著意，未加辭處與加辭。

物皆有理我何者？天且不言人代之。代了天工無限說，堯夫非是愛吟詩。

（〈首尾吟之七八〉，卷二十）

堯夫非是愛吟詩，詩是堯夫默識時。日月既來還卻往，園林纔盛又成衰。登山高下雖然見，臨水淺深那不知。世上高深事無限，堯夫非是愛吟詩。

（〈首尾吟之一一二〉，卷二十）

形狀類于魚，其心好蠹書。居常遊篋笥，未始在江湖。為害千般有，言烹一物無。年年當盛夏，曬了卻如初。

（〈蠹書魚〉，卷十四）

蠹書魚即「銀魚」，俗稱「書蟲」，被所有文人既愛又恨的昆蟲。文人似書蟲，嗜書如命，故愛之。書蟲蛀書噬卷，毀文人之所好，故恨之。如此愛恨矛盾的情懷，惹得詩人常以蠹書魚爲題爲詩，不獨邵雍寫之。本詩的理趣所在有二句。一句係「居常遊篋笥，未始在江湖」，暗喻詩人自身不能得意於江湖之嘆。又一句是「年年當盛夏，曬了卻如初」，句意襲同白居易詩：「斬草不除根，春風吹又生」。白詩把「草」的韌性表露無遺，而邵雍詩以蠹書魚自況，有意凸顯「貧如書魚不得烹，愛書尤甚書蠹魚」的命意。

良如金玉，重如丘山。儀如鸞鳳，氣如芝蘭。

（〈善人吟〉，卷十八）

「善人」一詞抽象已極，邵雍詩特別拿「金玉」來修飾善人之良好、珍貴，用「丘山」比喻善人之厚實、價値，以「鸞鳳」、「芝蘭」象徵善人之氣質、行誼，以具象、形象表達抽象定是好詩，而且邵詩的遺詞，「理味」濃郁。

造化從來不負人，萬般紅紫見天真。滿城車馬空撩亂，未必逢春便得春。

（〈和張子望洛城觀花〉，卷六）

今以〈和張子望洛城觀花〉詩爲例。首句是從人的角度看自然界的一切，所以說「造化從來不負人」。次句卻從萬花的角度看人，因此說「萬般紅紫見天真」。萬花的生命意境在天真，人亦在天真之列。前半首詩呈現出詩人的自然觀。第三句詩，由自然界的表象轉向哲學的思考。「滿城車馬空撩亂」是一種假象的心境，如同陶詩「結廬在人境，而無車馬喧。」係「即心即境」的外象。結句「未必逢春使得春」，以「得春」襯托出人生的春天的可愛、完美，但是光是「逢春」是不夠的，因爲「滿城車馬」並非真來尋春，春天離人未遠，春即在心中，詩心即境。自然界的天真在「有我之境」的心中，不假外求。由於後半首詩與前半首詩之間的跳躍式思考方式，讓本詩成爲自然理趣融合的康節體詩歌。

邵雍率二程子去天街看花，並說：「物物皆有至理，吾儕看花，異於常人，自可以觀造化之妙。」（邵伯溫《易學辨惑》）這種以物觀物的態度是邵詩自然理趣境界的根源。

不知何鐵打成針，一打成針只刺心。料得人心不過寸，刺時須刺十分深。

（〈傷心行〉，卷六）

再舉〈傷心行〉詩爲例。全詩的詞彙完全口語化。詩人把所有的情感擱置一傍，全然脫棄《詩經》言志緣情的詩教方式。本詩的趣味在於理性化的思考，以一種很平常很自然的態度寫出不平常非自然的悲痛。首句「不知何鐵打成針」？不像是屈原的〈天問〉、〈天問篇〉是在混亂複雜的心情下胡亂的呼天喊地，而邵雍此句好似在痛定思痛後的自省反問？詩句的內涵暗藏哲思。次句是一半回應上句，一半再度自問。爲什麼「一打成針只刺心」？在表面的回應中實隱藏無限的錐心蝕骨之痛。第三句，轉向驚疑的猜測。末句表達一種了悟後的心境。第三句、第四句的思路是從第二句的末二字「刺心」而來。「心」字衍成第三句「料得人心不過寸」，「刺」字敷陳爲第四句「刺時須十分深」。邵雍論詩有所謂「無可」的主張，就是寫詩不要只訴自己一生一時的休感，應該化個人的傷悲爲天下兄弟的情的傷悲。走寬廣的路徑，無不可的隘心，將失去兄弟的痛楚變成對人生的了悟哲學，這是本詩所呈現自然理趣境界值得欣賞的地方。

誰言為利多於害？我謂長渾未始清；西至崑崙東至海，其間多少不平聲。

（〈題黃河〉，卷二）

以〈題黃河〉詩爲例，在用字遣詞方面，不僅口語化、樸實無華，而「利多於害」、「長渾未清」是有世界觀的一種視覺角度。而第四句「其間多少不平聲」，對於世事的不平，表達強烈的關心。全詩文從字順之中，顯示出自然理趣的境界。

人多求洗身，殊不求洗心。洗身去塵垢，洗心去邪淫。
塵垢用水洗，邪淫非能淋。必欲去心垢，須彈無絃琴。

（〈洗心吟〉，卷十八）

再舉〈洗心吟〉詩爲例。在邵雍高層次的理趣詩裡，往往把理學思想的精緻深刻哲理，很自然的融會貫通到生動形象的層面，不僅意象活潑，而且哲意一唱三歎，咀嚼有味。〈洗心吟〉詩的佳處在尾聯，以反常的結論，「必欲去心垢，須彈無絃琴」表達奇思和合乎儒釋道的哲學。本詩首聯平常，洗身和洗心，一形於外，一潛於內，內外方向不同，但是「掃除污垢」的共識相通。頷聯，「洗身去塵垢，洗心去邪淫」順上句而回應。「去邪淫」便帶領讀者進入心學的世界，世上所謂萬惡之源一在邪一在淫。腹聯的次句「邪淫不能淋」是轉入尾聯的關鍵。心學是理學家致力處，非是表面上克己復禮、謹言慎行就算達成。其內涵在於存天理去人欲，而且「過猶不及」，與宇宙同心同理，方不失偏頗，所以領略「須彈無絃琴」的自由自在的心態，將人我、心垢俱忘，才是陶淵明和邵雍灑脫境界的所在。寓道理的趣味在平常自然的詩句中，不腐不澀，化理障爲理趣是自然理趣詩的最高境地。

【附註】

註一：黃省曾，《名家詩法》，卷四，一八四頁，六十二年九月初版，廣文書局，台北。

註二：范祖禹，《范太史集》，卷三十六，四〇一頁，七十五年初版，四庫全書一一〇〇冊，台灣商務印書館，台北。

註三：魏了翁，《影宋本鶴山先生大全文集》，卷五十二，四部叢刊本，台灣商務印書館，台北。

註四：唐圭璋，《詞話叢編》第五冊，四二三九至十二四〇頁，七十七年台一版，新文豐出版公司，台北。

註五：鄭定國，〈邵雍共城十吟詩的探究〉，《雲林科大科技學刊第八卷第三期》，八十八年，雲林科技大學，雲林。

註六：參見蔡宏〈道家道教對宋明理學本體論形成和發展的影響〉，《孔孟月刊》第三十七卷第十一期，八十八年七月，台北。

註七：擊壤集卷十四有〈小車六言吟〉、〈安樂吟〉、〈甕牖吟〉、〈盆池吟〉、〈小車吟〉、〈大筆吟〉六篇都是詩人自述之作，不能匆匆讀過，可以解析其行誼和心理狀態。懂得把生活中的一切轉化為心靈享受的詩人是真正享受養生真樂的人，我們佩服詩人有「樂吾真樂樂無涯」之想法，真是幸福的人生。

註八：《清詩話續編》《甌北詩話》卷四，一一七八頁，藝文印書館，台北。

註九：參見陳郁夫，〈論邵康節的詩〉，《中華文化復興月刊》，第十二卷十一期，民六八年十一月出版，台北。

# 第八章 結論

## 第一節 開創理學詩的新紀元

以義理入詩是邵雍詩《擊壤集》的特色，詩人以觀物所得部分寫入《皇極經世書》，另外大部分則落入詩篇，所以說理乃邵詩的主要內容。

詩自三百篇以後，皆以言情為主流，魏晉之間則多詠田園山水，以言景為主流，及至唐代王維、杜甫、韓愈以下時露理音，俟宋朝興起，理學運動雲湧風行，既以砥礪士大夫，又以影響文學藝術。邵雍生於北宋初年，北宋五子於理學之成就各有春秋，難分軒輊，惟獨理學詩的開創，厥功至偉，則以邵雍為當仁不讓，最具孤光先明。南宋朱熹集理學之大成，亦善於寫詩，然就以投入的精神和質量而言，仍是以邵雍最為專注，也走在前頭。回顧理學詩的一路走來，邵雍開其先峰已是不爭的事實。

宋詩窮力爭新，貴在秀出意態清新的生活，北宋初年詩家匪少，能以全部生活擁抱詩的領域者，只有邵雍，也就是邵雍的詩全部都是生活詩。他的閒語、淡語、俚語、樂語、諧語甚至道語。都是與當代文風，洛陽民風相應相和的，抽離邵雍的生活面，邵詩就變成毫無意義的一堆爛詞。後世一直抨擊邵雍以後的道學詩夠爛，但是爛詩一直延續下來，明、清乃至民國仍有作者，這表示什麼？表示道學詩原有一定支持者，由於作者都沒有邵雍生活的背景、心態和情境，是很難學習的，理學詩由邵雍樹立大纛，而為泰斗，當代也許看不清楚，今日視昔則非常清楚。

我們整體的分析邵詩，其詩情理趣俱妙者非常多，有道學詩派大家風範，但這不是最重要的事。重要的，他開創理學詩的歷程如何？也就是他的詩歌理論在那裡？這才是真正能確立理學詩開創的重點。今分析如下：

## 一、詩載道而不廢言志

詩人不贊成寫詩成為溺於情好，關心個人休慼的言志工具，這與當代詩人林逋、寇準、歐陽修、梅堯臣、蘇東坡的主張相反。詩人自序說：「一身之休慼，則不過貧富貴賤而已，一時之否泰，則在夫興廢治亂者焉。……蓋垂訓之導，善惡明著者存焉耳。」這裡主張誠有垂訓後世指導善惡明著的功能。詩人自序又說：「近世詩人……身之休慼，發於喜怒；時之否泰，出於愛惡，殊不以天下大義而為言者，故其詩大率溺於情好也。」邵雍對於近世詩人，不以天下大義為言的觀點，說出極重的批評。這一點是理學詩載道又言志的呈現。

## 二、惟心能觀物，觀物之樂，在乎萬物映照自身

心性學說，從周敦頤、邵雍影響到陸九淵。詩人以爲心性溺於情而受傷，則道亦從之傷。所以自序說：「不若以道觀道，以性觀性，以心觀心，以身觀身，以物觀物，則雖欲相傷，其可得乎？若然，則以家觀家，以國觀國，以天下觀天下，亦從而可知之矣。……是故哀而未嘗傷，樂而未嘗淫。雖曰吟詠情性，曾何累於性情哉？」這段文字就是詩人主張觀的映照要像鑑的應形、鐘的應聲，沒有雜質的直接反映，沒有喜怒愛惡之情存在，即忠實的反映詩歌的原貌。

## 三、詩乃觀察萬物自得之趣

詩人自序：「《擊壤集》，伊川翁自而之詩也。非唯自樂，又能樂時與萬物之自得也。」詩人作詩態度如此，其詩論亦如此。

## 四、鍛鍊辭意，生新奇句

詩人不反對鍊辭與鍊意，認爲新句和雅言是詩歌的必備條件。〈論詩吟〉曰：「何故謂之詩？詩者言其志。既用言成章，遂道心中事。不止鍊其辭，抑亦鍊其意。鍊辭得奇句，鍊意得餘味。」（卷十一），〈談詩吟〉又說：「詩者人之志，非詩志莫傳。人和心盡見，天與意相連。論物生新句，評文起雅言。興來如宿構，未始用雕鐫。」（卷十八）這是詩人廣義的鍛鍊辭意的新主張，反對過於雕琢，但支持詩

句應適當的鍛鍊。

## 五、以詩為史，張揚詩教

詩人深明傳統歷史演進的法則和興亡的軌跡。在《擊壤集》中第十五卷、第十三卷、第十八卷幾乎是詠史詩的專卷，第十六卷、第十七卷、第十九卷幾乎是詩以載道篇的專卷，其他篇章論及明史重道的精神仍所在多有。詩人贊聖贊賢，對於孔孟道統、莊子、惠施、陳摶、范仲淹古今諸賢無不支持，不佞禪伯、不以道家自居，自認為是純一不雜的儒家，表面上放懷玩世味濃厚，實際上，則守儒戒而自律甚嚴。詩人〈教勸吟〉詩曰：「若聖與仁吾豈敢，空言猶足慰虛生。明開教勸用常道，永使子孫持善名。此日貽謀情未顯，他時受賜事非輕。庶幾此意流天下，天下何由不太平。」詩意中重道明史是極顯然的。第十八卷的〈詩畫吟〉、〈詩史吟〉、〈演繹吟〉、〈史畫吟〉諸篇均為張揚詩教之作，詩人說：「史筆善記事，畫筆善狀物……詩史善記意，詩畫善狀情……」〈史畫吟〉將詩與史同等齊觀，詩即史也，是以詩人以為「萬事入沉吟，其來味更深」〈演繹吟〉。自孔子刪詩，以詩為教，班固詠史之作質木無文，魏晉阮籍，本有濟世之志，生處亂世，詠懷詩篇，寄託深遠。邵雍雖生於太平，死於太平，然志不能伸，動靜猶受疑謗，詠史之作，意在刺譏當局，而詩多隱避，故以道學出之。藉道學以詠史，藉道學以張揚詩教。今舉邵雍〈觀詩吟〉來作明詩教，承道統的註腳。詩云：「愛君難得似當時，曲盡人情莫若詩。無雅豈明王教化，有風方識國興衰。知音未若吳公子，潤色曾經魯仲尼。三百五篇天下事，後人誰敢更譏非。（卷十五）。」

## 六、不拘詩題形式格律

詩人之詩率以情理出之，不拘詩之題材、形式和格律。以題材而言，名教、名利、名實、邪正、觀物、觀性、義利、極論、天命、恩怨、庶幾、洗心、治心、知非，固然是理學詩的特色，其他繩水、緣飾、人鬼、人靈、污亭、藥軒、放小魚就不是常見的題目，又有考証地名的「辨熊耳」、「石柱村詩」也能入詩，又有「君子與人交」、「生平與人交」、「唯天有二氣」、「趨嚮」如此枯燥難明的詩題，也可以作，蓋無詩題不可作，專此一事，就可謂超絕前賢。前云詠史詩、以詩代書、誡子、教子詩、自述詩、詩論之類也是蠻受後人關注的作品。以形式而論，近人陳郁夫〈論邵康節的詩〉云：「在形式上，《擊壤集》有三言，有四言，有五言，有六言，有七言；有古詩，有絕句，有律詩，有俳律。康節還創了一些詩的新形式，如〈首尾吟〉，……〈安樂窩中吟〉……〈年老逢春〉……有些詩則形式自由得太過分，簡直不像詩了，如〈風霜吟〉。」陳氏所云大致不差。北京大學版《全宋詩》尚有〈訓世孝弟詩十首〉亦類〈首尾吟〉體，但邵詩仍有其他創新形式，前文已述，此不贅言。陳氏又說：「《擊壤集》自序中康節自稱作詩「不限聲律」實則他詩的用韻也沒有規摹唐人，而以當時汴洛一地的方音為準。近人周祖謨〈宋代汴洛語音考〉一文說：「比者讀邵雍『皇極經世』聲音倡和圖，頗怪其分聲析韻與『廣韻』大相逕庭，及取其『擊壤集』讀之，觀其詩文協韻，無不與圖相合，方知此實爲特出，原不以韻書自拘。」一般說來，康節「不限聲律」的作品當在題後帶個「吟」字，這些作品有時連韻腳也省去。這種大自由、大自在，便是康節胸次浩大的寫照。」陳氏、周氏所言是也。不過據本書研究，邵詩用韻大致仍同《廣韻》，盡可能合律，至於少數押韻以汴洛地方音爲準，實同鄉音口語之故。總之，不拘任何束縛，是邵詩的創意和特色。

## 七、天人合一的人生哲學

邵雍生活化的詩境就是天人合一的人生哲學。很多的詩人也許主張以生活爲詩，也主張天人合一的詩境，但試看古今又有那一個詩人澈澈底底的以全部的生活爲詩的題材呢？除了邵雍。再看詩家天人合一的詩境有誰像邵雍這麼明白，這麼強調呢？沒有。邵雍〈天人吟〉說：「天學修心，人學修身。身安心樂，乃見天人。天之與人，相去不遠。不知者多，知之者鮮。身主於人，心主於天。心既不樂，身何由安？」這是心學的觀點，也是理學的基礎，也許有詩評家會說天人合一的主張沒有用，天人合一的境界要在詩學中展示，理學家是理障，焉能有如此境界？這就是邵詩最難讀的地方，有滿懷都是春天的情境，身內身外融合爲一的心境，怎麼不是融合生活、生命爲主軸的天人合一的人生哲學呢？

# 第二節　邵雍詩對後世的影響

## 一、對宋朝當代詩壇的影響

邵雍侶友司馬光、富弼、程顥、呂公著、張載、王勝之及後學朱熹等在詩學和思想上多少受到相互激盪的影響。清代宋長白《柳亭詩話》〈安樂窩〉條，引曰：「邵子〈安樂窩自貽詩〉，有曰：『不作風波於世上，自無水炭到胸中』又曰：『敢於世上明開眼，肯向人前浪皺眉？』程子謂：『堯夫內聖外王之學，……』韓子：『奔車之上無仲尼，覆舟之下無伯夷』使無康節之學，而與世推，其去鄉愿也幾何？」此處已點出邵雍對當時之影響。另外，《柳亭詩話》〈甕子〉條，引曰：「邵康節詩：『大甕子中消白日，小車兒上看青天。』謂酒甕也。韻書無此字，紫陽作康節先生贊：『閒中今古，醉裡乾坤。』游誠之詩：『閒處漫憂當世事，靜中方識古人心。』殊有邵子風味。誠之，張南軒（張栻，宋理學家）弟子也。」此處則見邵詩之影響更及於宋朝朱熹、張栻的弟子游誠之等當代心學。再者翻閱宋代金履祥《仁山集》，知金氏曾用邵雍《皇極經世》歷法，編成《通鑑前編》十八卷，甚服膺邵子學說，其行事亦類之。

## 二、對明朝薛瑄詩的影響

《詩譚》卷六錄薛文清〈詠懷詩〉，知其詩思想頗學自邵詩。薛瑄，字德溫，號敬軒，永樂進士。其學一本程朱篤行實踐之學，以復性爲主，有薛文清集。今擇《詩譚》之薛瑄〈詠懷詩〉二首如後。

△霜竹風寒夜向深，燈前讀易見天心。京華又見逢長至，坐憶堯夫子夜吟。

△早知大道心無外，始知身閒樂有餘。一卷陶詩千載興，悔將名利役慵疏。

兩詩口氣，遣辭大類《擊壤集》，明白學自邵堯夫。

## 三、對明朝陳白沙詩的影響

《升庵詩話卷七》引：「白沙之詩……徒見其七言近體，效簡齋、康節之渣滓，至於筋斗樣子打乖個裏，如禪家呵佛罵祖之語，殆是傳燈錄、偈子，非詩也。若其古詩之美，何可掩哉。然謬解者篇篇皆附於心學性理，則是痴人說夢矣。」此處不只見邵雍詩對陳白少詩的影響，甚至頗見邵詩也影響陳簡齋的詩。

## 四、對明朝莊定山詩的影響

《淸詩話訪佚初編》引淸代馬星翼《東泉詩話卷七》云：《莊定山集》〈和東坡雪詩韻四首〉……

四時佳興皆堪出，白帽光風映小車。萬古乾坤留卦畫，一年消息到梅花。門牆峻地伊川學，雪月高天邵子家。開眼天幾無不是，有人詩句只魚叉。」將邵子形象詩句渾融一體，可以想見其受邵雍之影響。《升庵詩話卷九》云：「莊定山早有詩名。詩集刻於生前，淺學者相與效其『太極圈兒大，先生帽子高。』以為奇絕。又有絕可笑者，如『贈我一壺陶靖節，還他兩首邵堯夫。』本不是佳語，有滑稽者，改作外官答京宦苞苴詩云：『贈我兩包陳福建，還他一足好南京』聞者捧腹。……」可見邵詩不只影響莊詩，其所及尚能影響有明一代的詩壇。

## 五、對清人徐嵩詩的影響

《清詩話訪佚初編》引清代梁九圖《十二石山齋詩話卷三》云：「邵康節『美酒飲教微醉後，好花看到半開時』，徐朗齋『有酒休辭連夜飲，好花須及少年看』，同一飲酒看花而用意各有其妙。」徐朗齋，名嵩，金匱人。為健庵尚書之後，《玉山閣集》中尤多雋句。……」此處看到邵詩的影響已至清代。

## 六、對後世心學的影響

邵雍〈自餘吟〉說：「身生天地後，心在天地前。天地自我出，其餘何足言。」他把即心即理的心學思想奠定基礎，認為「萬化萬事皆生於心」，這種唯心主義，影響其後朱陸之學的分野。宋代晁說之云：「先生（邵雍）傳先天之學，雖楊雄、張衡、關子明所不及」此說邵氏易學之功。聖門以顏子得心齋，孟子言盡心、求放心，大學之道言正心，則心學之旨，一脈傳至邵雍。邵雍〈觀易吟〉詩說：「天向一中分造化，人從心上起經綸。」（卷十五）此聖門心學功夫藉詩學而傳，後來朱熹言「人不失其本心」，再至明代王守仁、陸九淵、陳獻章等心學，都看得到邵雍心學的影子。《清詩話續編》〈筱園詩話卷四〉云：「自宋以來，如邵堯夫、二程子、陳白沙、莊定山諸公，則以講學爲詩，直是押韻語錄。」所評雖未確，然而邵堯夫的影響深遠可知矣。

## 七、對後代詩學的影響

邵雍〈首尾吟〉的形式對後代詩學有一定的影響，後世模仿者眾，茲舉數例爲証。明朝楊良弼《作詩體要》〈首尾體〉引陳舜道〈春日田園雜興〉詩：

春來非是愛吟詩，詩是田園樂興時。清入吟懷花月照，紅生笑面柳風吹。
村聲盪耳烏鹽角，社酒柔情玉練搥。閒悶閒愁儂不省，春來非是愛吟詩。

明朝梁橋《冰川詩式》春卷四十一頁引元朝陳希邵〈春日田園雜興〉詩：

春來非是愛吟詩，詩是田園漫興時。無事花邊繙兔冊，有時桑下課牛醫。
乍隨父老看秧去，還共兒童鬥草嬉。偶物興懷渾不奈，春來非是愛吟詩。

前首除形式外，連詞句也是模仿自邵雍〈首尾吟之九〉的「梧桐月向懷中照，楊柳風來面上吹」。後首的意味略帶野趣，類似邵雍〈首尾吟之六五〉的「閒觀蔬圃時」。

## 八、破除詩家旁門之迷思

文必秦漢，詩必盛唐是迷思。歷代所說妙悟也好，性靈也好，僅不過嘗詩之一臠而已，詩的內容出自多代多門多體，那能一概而論誰主誰從。王夫之《清詩話》引〈師友詩傳續錄〉云：「昔人論詩曰：『不涉理路，不落言詮。』宋人惟程、邵、朱諸子為詩好說理，在詩家謂之旁門。……」此說先見為主，徒亂人耳目。邵雍詩採取超脫態度、變化詩法來對待萬事萬物，對後世理學家的詩論有決定性的影響。

## 九、理學詩的代表人物

近人葉慶炳編《中國文學史》在〈第二十四講宋詩〉談宋詩之流變引袁桷列有理學詩一派；《四庫提要》亦列有擊壤一體。」他又說：「擊壤者，邵雍《伊川擊壤集》之簡稱；邵雍為理學家之工詩者，故以其詩集代表理學詩。然理學家主張文以載道，於詩亦然；不重作詩，不重論詩，而重在用詩。」所言真切，邵雍其人足稱理學家，其詩集專為理學詩的代表作品。

## 十、肇造修道修仙詩的領域

《清詩話訪佚初編》引清代林昌彝《射鷹樓詩話》卷四云：「邵康節先生詩云：『冬至子之半，天心無改移。一陽初動後，萬物未生時。元酒味方淡，太音聲正希。君今如不信，請更問庖犧。』此修仙詩之得其三昧者。……」案時間、空間和物的配合，關係著修煉者的成就與否。我們不知邵雍是否修煉道功，但是靜坐養心其實也是儒家道家共同修養的一端，惟邵雍詩時有道家風神，於是成爲修道修仙詩之鼻祖。

邵雍的詩相當於汪大紳所謂「道人之詩」，或四庫提要所評的「道學之詩」（註一），總之是理學詩的開創者。汪大紳說：「若夫道人之詩，一自真性中流出；通天地萬物之靈，而無所作爲也。湧泉源萬斛之富，而不立一字也；苟得其意，雖漁歌樵唱，鳥語蟲吟，乃至山河大地，牆壁瓦礫，有情無情，若語若默，一一皆宣妙諦，塵塵皆轉法輪。」（註二）汪氏把邵雍在詩歌藝術和道德修養的融合過程上詮釋透脫，所識深遠。

邵雍弟子邢恕〈後序〉曾說：「其（邵雍）詩如璞玉，如良金，溫粹精明而不見其廉隅鋒穎，渾渾浩浩，簡易較直，薰然太和，不名一體，足以想見乎堯舜之時。」〈後序〉作於元祐六年（西年一〇九一年），只距康節去世十四年。在當代即能抓住邵雍著詩垂世的用意。而邵雍侶友富弼在全書最後〈觀罷走筆書後卷〉寫出對邵雍詩的總評說：「黎民於變是堯時，便字堯夫德可知。更覽新詩名擊壤，先生全道略無遺。」可知他的詩與人在當時早有論定。嚴羽《滄浪詩話》云：「唐人與本朝詩，未論工拙，直是氣象不同。」我們也要說：「邵雍道學詩與唐宋詩，未論工拙，直是氣象不同。」邵雍詩猶如獨奏之交響曲，在思想上前後貫通，卓然自成一家，毫無依傍，可謂安且成矣（註二）。

邵雍生平最後一首詩〈病亟吟〉說：「生于太平世，長于太平世。老于太平世，死於太平世。客問年幾何？六十有七歲。俯仰天地間，浩然獨無愧。」自述高風亮節的氣度，不拘詩法的深刻內涵，用「俯仰天地間，浩然獨無愧」的形象，爲一生人格和風格特徵劃下完美句點。

【附註】

註一：《四庫提要》評金履祥編選的《濂洛風雅》乃以理學家詩人所作，爲「道學之詩」，有別於一般「詩人之詩」。

註二：陳郁夫，〈論邵康節的詩〉，台北中華文化復興月刊第十二卷第十一期，六八年十一月。

# 附錄一　邵雍親屬表和邵雍學案

## (一)邵雍親屬表

曾祖邵令進
(范陽人家衡漳)

祖父邵德新
祖母張氏

父邵古
母李氏
(遷共城)
母楊氏

邵雍(康節)
(中年遷洛陽)
妻王氏(弟子王允脩之妹)
弟子姜愚(子發)爲媒—長女姜氏(邵雍作主適河南進士紀輝，邵伯溫以姊事之)
弟子張仲賓(穆之)具聘
異母弟　邵睦

長子邵伯溫(子文)
次子邵仲良

長孫邵溥(澤民)
次孫邵博(公濟)

資料來源：邵堯夫先生墓誌銘(河南程氏文集卷四)

## （二）邵雍學案

（師承，易學方面）

陳摶（圖南）种放　穆修（伯長）　李之才（挺之）　任先生

（家學在韻學方面）

曾祖父邵令進　祖父邵德新　祖母張氏　父 邵古　母 李氏　繼母楊氏

邵 雍　妻王氏

**（學侶講友）**

富 弼（彥國）
司馬光（君實）
程 向（伯溫）
張 載（子厚）
程 顥（明道）
程 頤（伊川）
呂 誨（獻可）
呂公著（晦叔）
韓 維（持國）
韓 絳（子華）

**諸弟子**

弟邵睦
長子邵伯溫（子文）
次子邵仲良
王 豫（天悅）
姜 愚（子發）
張仲賓（穆之）
武 陟
侯紹曾（孝傑）
吳執中
王 起（仲儒）
李 育（仲象）
李 籲（端伯）
姚 奭（周輔）
楊賢寶
楊國寶（應之）
張 岣（子堅）
張 峿（子望）
張師雄
周長孺（士彥，子純明）
周純明（全伯）
田述古（明之）
尹 材（處初）
張雲卿（伯紀）
鄭 史（揚庭）
晁說之（景迂，私淑弟子）
陳 瓘（瑩中，了齋）
牛師德（祖仁，子思純）
牛思純

孫邵溥（澤民）、邵博（公濟）

司馬植（子立）
張行成（文饒，觀物）
劉衡（兼道）
李寔（景真）
蔡發（牧堂）
王湜
黃景（子蒙）
呂希哲（原明）
呂希積（紀常）
呂希純（子進）
錢景諶（朝請）
劉元瑜（君玉）
呂獻可（靜居）
張師錫
張景伯（元伯）
張景觀（臨之）
張景憲
章 惇（子厚）
上官孝傑
秦 玠（伯鎮）
劉 几（伯壽）
劉 忱（明復）

**邵學之餘**

祝 泌（子涇））
朱元昇（日華，水簷）
杜可大（蜀道士）
廖應淮（學海，杜氏門人）

資料來源：宋元學案、伊川擊壤集、景迂生集、程顥邵堯夫先生墓誌銘、邵康節先生外紀

# 附錄二　邵雍詩中專用語助詞的特色

## 一、邵雍開宋人詩中專用語助詞的風氣

近人錢鍾書在《談藝錄》說：「宋人詩中有專用語助，自成路數，而當時無與於文流者，邵堯夫《擊壤集》是也。」（註一）錢氏這段話有二個方向可討論，一則談到邵堯夫詩中喜好用語助詞，一則說邵雍當時在文壇的地位不足觀。

關於後者不想深論，只略說一個觀念。邵雍嫻習後天易數，大部分淵源於道家，所以不受傳統儒家熟習先天易數的學者所敬重。雖然如此，司馬光、程顥、程頤等易學高手均好奇邵易而羨慕之。但是，邵氏惜於傳授，竟連他的嗣子邵伯溫都不能洞悉家學，所以時儒不能重視邵易，理所應當。至於邵雍的詩歌，倒是生前傳播很廣，甚至當代名相富弼、司馬光、呂公著等均有多首和韻的詩存於邵雍《擊壤集》中，這些邵雍生活化的詩歌，往往隨寫隨被人取去傳鈔，在當時薄有詩名，確屬世人熟知，不待深論。所以，且置此事，還是來專論邵雍詩中使用語助詞的現象。

所謂語助詞即在語句中或作語氣之詞，或作限制詞，或作關係詞，或作疑問詞，或作介詞，或作連接詞，或純作詞頭、詞中、詞尾助詞等，凡此總稱助詞。自從清代劉淇撰寫「助字辨略」以後，王

念孫、王引之、俞樾、楊樹達等皆有後繼之作，特以許世瑛氏為近代集大成者，著有「常用虛字用法淺釋」。由於語助詞不全等於語氣詞，除常見的「之、乎、者、也、哉、然」之外，許世瑛氏竟列舉出一五二種之多（註二），而邵雍在詩中所用助詞也是變化多端，不遑多讓，甚至於有以虛字為詩眼的情形，此正是邵詩特色之所在，我們以為邵雍的確是新開宋詩專用語助詞的風氣，故後文將一一舉例剖析闡釋。

## 二、宋朝諸詩家仿效杜、韓、白、孟援文入詩的技法

唐朝杜甫、韓愈、白居易、孟郊皆是唐人開宋調的作手（註三），嘗援文以入詩，而宋代詩家，欲卓然自立，擺脫唐風，固不得不仿效杜、韓、白、孟等以文為詩，尤有甚者以語助詞入詩。這種作詩技法在文心雕龍卷七章句篇曾說明：「又詩人以兮字入於句限，楚辭用之，字出句外。尋兮字成句，乃語助餘聲。」（註四）這個語助餘聲是周秦漢魏以來皆有的造句造詞技巧。所以文心雕龍章句篇再加以詮釋：「將今數句之外，得一字之助矣。．．．」（註五）劉勰正是說明語助字能幫助句子脫離窒塞板滯的作用。

宋以前，語助詞之用固有之而未爲成體。宋初始有雜言詩一體，專以語助詞成之。宋人王安石、歐陽修等頗喜在五、七句中夾用語助詞，以文爲詩。但絕無專用語助詞的現象。宋人唯獨邵雍好於五、七字中任意遣字，肆意造辭，又每於近體詩的起結處，以語助足湊成句（註六），可謂手段老辣。

明徐師曾文體明辨提到雜言詩：「按古今詩，自四五六七雜言之外，復有七五言相間者，有三五七言各兩句者，有一三五七九言各兩句者，有一字至七字九字十字者，比之雜言又略不同，故別列之於此篇。」這種體裁宋詩家常襲用之，而邵雍個性較親近此類文體，故優爲之，他所以雜用語助，除布局遣詞的考慮外，有時乃欲添增迤邐灑脫之氣。

## 三、擊壤集詩歌專用語助詞的闡析

擊壤集詩歌二十卷、集外詩一卷，共收錄詩歌一千五百一十九首。錢鍾書說邵雍詩用語助詞已至濫用地步，但是邵詩卻能獨成文理，不亦奇哉！然而究竟是否如錢氏所云：「理學家如邵康節、陳白沙、莊定山亦好於近體起結處，以語助足湊成句；然三子本詩道傍門，不煩苛論。」？（註七）抑是如他另一種說法：「北宋則邵堯夫寄意於詩，驅遣文字，任意搬弄，在五七字中翻筋斗作諸狡獪。．．．」？（註八），今以擊壤集的詩歌爲憑據詳細分析之。

## （一）語助詞出現在詩句中的情形與作用

本段就擊壤集詩句中語助詞出現於詩句中的第幾字作討論，若是出現在第一聯即註明首聯或起聯。如果出現在第一聯的第一句，即註明首句。同理，如出現在詩中的最後一聯，即註明結聯。而出現在最後一句，則註明結句。這是爲了幫助瞭解首聯、首句、結聯、結句使用語助詞的情形。至於，語助詞在句中作何用途，是否就是語助詞，僅以案語簡要說明，凡粗識文法者多能理解，故不深論，案語乃稍欲提醒的用意。

### 1．語助詞出現在句中第一字

「或」混同六合，「或」控制一方…「或」病由唇齒，「或」疾亟膏肓。（〈書皇極經世後〉，卷八）

案：或字作交替關係詞。

「直」恐心通雲外月，「又」疑身是洞中仙。（〈安樂窩中詩一編〉，卷九）

案：直字作限制詞，又字爲連接詞。

「既」不能事人，「又」焉能事鬼（起聯）

（〈人鬼吟〉，卷十二）

案：即字作限制詞，又字是加合關係詞。

「其」雖曰不然（結句）

（〈浮生吟〉，卷十二）

案：其字作語首助詞，純作詞頭虛字。

「方」惜久離闊，「卻」喜由道義。

（〈謝傅欽之學士見訪〉，卷十二）

案：方字作限制詞，卻字爲轉折性的連詞（由限制詞轉成連詞）。

「或」向利中窮力取，「或」于名上盡心求。

（〈人生長有兩般愁〉，卷十三）

案：二個或字皆作不定指稱詞。

「既」貪李杜精神好，「又」受歐王格韻奇。

（〈首尾吟之一二四〉，卷二十）

案：既字是限制詞，又字是加合關係詞。

「這」意著何言語道，「此」情惟用喜歡追。

（〈首尾吟之一二八〉，卷二十）

案：這字、此字均作指稱詞。

「若」比陳門成已僭，「苟」陪顏巷亦堪憂。

（〈新居成呈劉君玉殿院〉，卷一）

案：若字、苟字均作假設小句的關係詞。

「而」臨水一溝，「而」愛竹數竿。

（〈寄謝三城太守韓子華舍人〉，卷一）

案：而字作而且之意，如同白話文的「一方面…，一方面…」，作爲順接的連詞。

「豈」為瓊無艷，「還」驚雪有香。

（〈和張二少卿文白菊〉，卷一）

案：豈字作疑問語氣詞。還字作承上文的連接詞。

「既」垂經世慮，「尚」可全天和。

（〈閒吟四首之一〉，卷一）

案：既字是限制詞，尙字是關係詞。

「若」履暴榮須暴辱，「既」經多喜必多憂。（〈題淮陰侯廟十首之十〉，卷二）

案：若字、既字均作限制詞。

「休」憚煙嵐雖遠處，「且」乘筋力未衰時。（〈遊山三首之三〉，卷二）

案：休字爲限制詞。且字作姑且解釋，作限制詞。

「因」通物性興衰理，「遂」悟天心用舍權。（〈賀人致政〉，卷三）

案：因字是關係詞。遂字由限制詞轉變成因果關係的關係詞。

「請」觀今日長安道（結聯）（〈觀棋長吟〉，卷五）

案：請字是詞首助詞。

後人未識興亡意，「請」看江心舊戰場（結句）（〈和夔峽張憲白帝城懷古〉，卷六）

案：請字乃語首助詞。

「欲」陳一句好言語，「只」恐相知未甚真。（〈依韻答友人〉，卷七）

案：欲字爲假設小句的關係詞。只字作轉接的關係詞。

「或」戴接籬，「或」著半臂，「或」坐林間，「或」行水際。（〈安樂吟〉，卷十四）

案：或字皆作交替關係詞。

「若」負芒刺…「如」佩蘭蕙。（〈安樂吟〉，卷十四）

案：若字，如字作準繫詞。

「須」識天人理，「方」知造化權。（〈蒼蒼吟〉，卷十七）

案：須字是限制詞，方字是與上句有條件關係所造成的轉折關係詞。

「也」有花，「也」有雪，「也」有風，「也」有月。（〈堯夫吟〉，卷十八）

案：也字係表同類關係的限制詞，有連繫係用。

「又」溫柔，「又」峻烈，「又」風流，「又」激切（含結聯）

（〈堯夫吟〉，卷十八）

案：此句的又字均作加合關係的關係詞。

「伊」予獨喜吟（起聯）

（〈答客問病〉，卷十九）

案：伊字爲句首語氣詞。

「在」尋常時觀執守，「當」倉卒處看施為。

（〈首尾吟之三十五〉，卷二十）

案：在字介進時間補詞，當字介進處所補詞，二者都是關係詞。

2．語助詞出現在句中第二字

邀「矣」不能收。

（〈高竹八首之二〉，卷一）

案：矣字作語氣詞。

形「如」玉脣依還碎，體「似」楊花又更輕。

案：如字、似字作準繫詞。

人「亦」何嘗謂我貪。（〈和商守登樓看雪〉，卷二）

案：亦字純粹是語氣詞。

枯「猶」藏狡兔，腐「亦」化流螢。（〈二十日到城中見交舊〉，卷五）

案：猶字、亦字均作「還」、「尚且」之意，作限制詞用。

花「似」錦時高閣望，草「如」茵處小車行。（〈芳草長吟〉，卷六）

案：似字，如字作準繫詞。

意「若」兼三事，情「如」擁萬兵。（〈年老逢春之三〉，卷十）

案：同上。

惜「哉」情何物（結聯）（〈半醉吟之二〉，卷十一）

案：哉字在這裡當作歎詞。惜哉是謂語，哉字爲它的語尾助詞。（〈讀古詩〉，卷十四）

大「哉」贊易脩經意，料「得」生民以後無（結聯）（〈瞻禮孔子吟〉，卷十五）

案：哉字同上。得字在動詞「料」之後作語尾助詞。

清「而」不和，隘「而」多鄙，和「而」不清，慢「而」鮮禮（含起聯）（〈清和吟〉，卷十六）

案：這些「而」字均作連接兩個形容詞的關係詞。

哀「哉」過用心（結聯）（〈即事吟〉，卷十六）

案：哉字作表感歎的語氣詞。

收「之」為民極，著「之」為國經…告「之」以神明。（〈詩畫吟〉，卷十八）

案：這些之字，皆是指稱詞。

留「在」胸中防作恨，發「于」詞上恐成疵。

案：在字、于字作介進處所補詞的關係詞。（〈首尾吟之一三二〉，卷二十）

冥「焉」晝午過（結句）

案：焉字作「冥焉」一詞的語尾助詞。（〈共城十吟之九〉，卷二十）

3・語助詞出現在句中第三字

覺來「猶」在日，一餉「但」蕭然。

案：猶字作準繫詞，和「如」字相同。但字爲轉折關係詞。（〈晝夢〉，卷十三）

老年「何」所欲，惟願「且」平康（結聯）

案：何字爲表疑問的限制詞，且字是語中助詞。（〈和李文思早秋五首之五〉，卷十三）

方行「初」下膝，既老「遂」華顛。

案：初字爲時間限制詞，遂字爲關係詞。（〈長憶乍能言〉，卷十三）

賢德「之」人，所居「之」處．．．凶惡「之」人，所居「之」處（起聯）

（〈偶書之二〉，卷十四）

案：之字皆作上下詞之間的連接詞。

伊周「殊」不是庸人（結句）

（〈問調鼎〉，卷十四）

案：殊字作限制詞。

信意「遂」過高祖宅，因行「更」上魏王堤。

（〈首尾吟之一〇〇〉，卷二十）

案：遂字由限制詞作關係詞，更字作限制詞使用，修飾其後「上」這個動詞。

齒暮「乍」逢新歲月，眼明「初」見舊親知。

（〈首尾吟之一三〇〉，卷二十）

案：乍字，初字均作時間限制詞。

人事「已」默定，世情「曾」久諳。

（〈閒吟四首之三〉，卷一）

案：已字，曾字作述事實因果的關係詞。

枉尺「既」不能，括囊「又」何謝。（〈高竹八首之三〉，卷一）

案：既字，又字爲上下相接加合關係的關係詞。

經霜「儘」憔悴，來歲「卻」依依（結聯）（〈垂柳長吟〉，卷六）

案：儘字，卻字作上下時間關係連接的關係詞。

畫手「方」停筆，騷人「正」倚樓。（〈春水長吟〉，卷六）

案：方字，正字爲時間限制詞。

天心「況」非遠，既遠「遂」無還（結聯）（〈偶得吟〉，卷七）

案：況字，遂字爲前後遞進關係的關係詞。

山川「纔」表裏，丘攏「又」荒涼。（〈書皇極經世後〉，卷八）

案：纔字與又字爲正反關係的連接詞。

林池「既」不靜，禽魚「當」如何。）

（〈偶書吟〉，卷八）

案：既字作限制詞，當字作關係詞。

海壖「曾」共飲，洛社「又」同遊。

（〈代書寄祖龍圖〉，卷九）

案：曾字作時間限制詞，又字作連接詞。

三皇「之」世正熙熙，烏鵲「之」巢俯可窺（起聯）。

（〈三皇吟〉，卷十三）

案：之字均作連接詞。

牆高「于」肩，室大「于」斗。

（〈甕牖吟〉，卷十四）

案：兩于字爲介進比較補詞「肩」、「斗」的關係詞，在這裡是安排在形容詞「高」、「大」之後。

不樂「乎」我，更樂「乎」誰。

（〈盆池吟〉，卷十四）

案：乎字皆作句末反詰語氣的語氣詞，因爲要凸顯主詞「我」、「誰」，所以由句末移至句中。

時行「則」行，時止「則」止（結聯）（〈清和吟〉，卷十六）

案：兩個則字均作關係詞。

不知「者」多，知之「者」鮮。（〈天人吟〉，卷十八）

案：者字均作提頓的語氣詞。

巍巍「乎」堯舜。（〈演繹吟〉，卷十八）

案：乎字作語尾助詞。

可勉「者」行，可信「者」言，可委「者」命，可託「者」天（全首）（〈四可吟〉，卷十九）

案：者字均作不確定的稱代詞。

4．語助詞出現在句中第四字

財利激「於」衷，喜怒見「於」傾，生殺在「於」手，與奪指「於」頤。

案：於字皆作關係詞。（〈觀棋大吟九句至十二句〉，卷一）

雨作泥「兮」風為塵。

案：兮字爲「泥兮」之語尾語氣詞。（〈長安道路作〉，卷二）

風柳散「如」梳，霜雲淡「如」掃（起聯）

案：如字作準繫詞。（〈秋懷之二十二〉，卷三）

徒有仁「者」心，殊無仁「者」意（結聯）

案：者字均作不確定的指稱詞。（〈答人書言〉，卷四）

中原久「而」不能有。

案：「久而」爲一詞。久字爲限制詞，又而爲詞結，所以「而」字演變成轉接的關係詞。（〈代書謝王勝之學士寄萊石茶酒器〉，卷七）

紅消食「之」甘如飴，金花食「之」先顰眉。

案：之字均作稱代詞。（〈食梨吟〉，卷十）

梅因何「而」酸，鹽因何「而」鹹，茶因何「而」苦，薺因何「而」甘（全首）

案：而字均作連接詞。（〈因何吟〉，卷十二）

合而言「之」安有二。

案：「言之」已成一詞，所以之字可視爲語尾助詞。（〈天人吟〉，卷十五）

爭讓起「于」心，沿革生「于」跡。

案：于字作介進處所補詞的關係詞。（〈爭讓吟〉，卷十五）

羲軒讓「以」道，堯舜讓「以」德，湯武爭「以」功，桓文爭「以」力（含結聯）

案：以字置於動詞之後，作引進補詞的關係詞。（〈爭讓吟〉，卷十五）

邵堯夫「敢」作西鄰（結句）　（〈和王安之同赴府尹王宣徽洛社秋會〉，卷十六）

案：敢字作限制詞。

內外察「諸」（結句）　（〈災來吟〉，卷十八）

案：諸字等同「之乎」，作疑問助詞。

固有命「焉」剛不信，是無天「也」果能欺。　（〈首尾吟之十八〉，卷二十）

案：焉字、也字均作語尾語氣詞。

返魂丹「向」何人用，續命湯「於」甚處施。）　（〈首尾吟之六十〉，卷二十）

案：向字、於字在這裡皆作關係詞用。

誰何藥「可」醫無病，多少金「能」買不疑。　（〈首尾吟之八十一〉，卷二十）

案：可字、能字作限制詞。

睡思動「時」親甕牖，幽情發「處」旁盆池。（〈首尾吟之一一八〉，卷二十）

案：時字、處字，一作時間補詞，一作處所補詞。

芝蘭見「處」須收採，金玉逢「時」莫棄遺。（〈首尾吟之一三二〉，卷二十）

案：時字、處字，一作時間補詞，一作處所補詞。

5．語助詞出現在句中第五字

四面溪山「徒」滿目，九秋宮殿「自」危空。（〈秋遊六首之六〉，卷二）

案：徒、自字均作限制詞。

崑嶺移歸「都」是玉，天河落後「盡」成銀。（〈和商守西樓雪霽〉，卷二）

案：都字、盡字皆作限制詞。

一盃美酒「聊」康濟，林下時時「或」自斟（結聯）

案：聊字、或字作限制詞用。

欲求為此「者」，到了是誰「何」（結聯）　（〈何事吟寄三城富相公〉，卷三）

案：者字、何字均作語尾語氣助詞。

當年志意「欲」橫秋，今日思之「重」可羞（起聯）　（〈逍遙吟之三〉，卷七）

案：欲字、重字均作限制詞。

不作風波「於」世上。　（〈歲暮自貽〉，卷八）

案：於字作介進處所補詞的關係詞。

秋深天氣「隨」宜好，老後心懷「只」愛閑。　（〈安樂窩中自貽〉，卷八）

案：隨字、只字作限制詞用。

如今存者「殆」非半。　（〈秋霽登石閣〉，卷九）

案：殆字表測度的語氣詞。

（〈答李希淳屯田三首之一〉，卷十一）

少日掛心「惟」帝典，老年留意「只」羲經。

案：惟字、只字皆作限制詞，分別修飾「掛心」和「留意」。

（〈旋風吟二首之一〉，卷十一）

能來同享「無」（結句）

案：無字作疑問語氣詞。

（〈閣上招友人〉，卷十一）

論兵狼石「寧」無意，飲馬黃河「徒」有心。

案：寧字作疑問語氣詞。徒字作限制詞。

（〈觀三國吟〉，卷十五）

奈何此二「者」，我獨無一「與」（結聯）

案：者字作指稱詞。與字作疑問語氣詞。

（〈歲暮自貽吟〉，卷十六）

不老必無「也」，再中應有「之」（結聯）

案：也字、之字作語尾語氣助詞。

（〈不老吟〉，卷十九）

有命更危「亦」不死，無命極醫「亦」無效（起聯）

案：二亦字皆作限制詞用。

（〈疾革吟〉，卷十九）

進退雲山「為」主判，陶鎔水竹「是」兼司。

案：爲字、是字均作準繫詞。

（〈首尾吟之四十九〉，卷二十）

一盞兩盞「至」三盞，五題七題「或」十題。

案：至字，原係動詞，在此已作連接詞用。或字作抉擇關係的關係詞。

（〈首尾吟之六十九〉，卷二十）

陰陽消長「既」未已，動靜吉凶「那」不知。

案：「既．．那」作前後推論關係的關係詞，既字有「既然」之意，那字如同「寧」之意。

（〈首尾吟之七十五〉，卷二十）

嬋娟東面「才」如鑑，屈曲西邊「卻」皺眉。

案：「才．．卻」原作限制詞，今可視爲上下句對待關係的關係詞。

（〈首尾吟之八十三〉，卷二十）

松上見時「偏」淡潔，懷中照處「特」光輝。

案：偏字、特字均作限制詞。

（〈首尾吟之八十四〉，卷二十）

在世上官「雖」不做，出人間事「卻」能知。

案：「雖．．卻」爲上下句之間有對待關係的關係詞。

（〈首尾吟之九十一〉，卷二十）

恢恢志意「方」閒暇，綽綽情懷「正」坦夷。

案：方字、正字作時間性限制詞。

（〈首尾吟之九十六〉，卷二十）

瓦燒酒盞「連」酩飲，紙畫棋盤「就」地圍。

案：連字、就字作限制詞。

（〈首尾吟之一一九〉，卷二十）

6·語助詞出現在句中第六字

鞠育教誨誠「在」我，壽夭賢愚繫「於」汝。（〈生男吟〉，卷一）

案：在字、於字作關係詞用。

命題濫被神「相」助，得句謬為人「所」傳。（〈安樂窩中詩一編〉，卷九）

案：相字、所字作爲「相助」、「所傳」一詞的語首助詞。

世間憂喜常「相」遂，多少酒能平「得」君。（〈年老逢春之十三〉，卷十）

案：相字原作限制詞，此處可視爲關係詞。得字作關係詞。

伊川洛川水「似」線，太室少室峰「如」錐。（〈首尾吟之二十七〉，卷二十）

案：似字、如字作準繫詞用。

老成人為福「之」基，騃孺子為禍「之」梯。（〈首尾吟之五十一〉，卷二十）

案：之字皆作連接詞。

意淺不知多「則」惑，心靈須識動「之」微。（〈首尾吟之七十四〉，卷二十）

案：則字作關係詞。之字作連接詞。

物中要妙眼「前」見，人上幾微心「裏」知。（〈首尾吟之一二六〉，卷二十）

案：前字作方位關係詞。裏字作處所關係詞。

仙家氣象閒「中」見，真宰功夫靜「處」知。（〈首尾吟之一二八〉，卷二十）

案：中字作時間關係詞，即「之中」的意思。處字作處所關係詞。

枉道千名名「亦」失，拂民從欲欲「還」隳。（〈首尾吟之一三一〉，卷二十）

案：亦字、還字作連繫作用的限制詞。

7．語助詞出現在句中第七字

滔滔天下曾知「否」（結聯）

案：否字作疑問語氣語。

三吳還似嚮時「無」（結句）（〈名利吟〉，卷三）

案：無字作疑問的語氣詞。

為春成病花知「否」（結句）（〈代書寄前洛陽簿陸剛叔秘校〉，卷七）

案：否字作疑問的語氣詞。

靈丹換骨還如「否」？白日升天似得「麼」？（〈問春之三〉，卷八）

案：否字、麼字作疑問句的語氣詞。

欲求同列誰能「否」（結句）（〈林下五吟之三〉，卷八）

案：否字作疑問語氣詞。

時和受賜已多「矣」，安有胸中不晏「如」（結聯）（〈林下局事吟〉，卷九）

案：矣字作語尾語氣詞。如字是「晏如」的語尾助詞。

（〈依韻和吳傳正寺丞見寄〉，卷九）

太平自慶何多「也」（結聯）

案：也字作疑問語氣詞。

（〈安樂窩中四長吟〉，卷九）

似我閑人更有「麼」。

案：麼字已是極口語化的語氣詞。

（〈年老逢春之六〉，卷十）

以人從欲得安「乎」。

案：乎字作語尾語氣詞。

（〈富貴吟〉，卷十六）

疇昔情懷杰杳「然」（結句）

案：然字作「杳然」的語尾助詞。

（〈爲客吟之一〉，卷十九）

以至死生猶處「了」，自餘榮辱可知「之」。

案：了字、之字均是語尾語氣詞。（〈首尾吟之二十二〉，卷二十）

無聲無臭儘休「也」，不忮不求還得「之」。

案：也字、之字均作語尾語氣詞。（〈首尾吟之二十四〉，卷二十）

既無一日九遷則，安有終朝三褫「之」。

案：之爲不確定的指稱詞。（〈首尾吟之三十四〉，卷二十）

8.語助詞一句出現二字以上

上兵「不可」伐，巧曆「不可」推，善者「不可」道，逸駕「不可」追。

案：「不可」一詞均作否定限制詞用。（〈觀棋大吟〉倒八句至倒五句，卷一）

「非唯」忘利祿，「況復」外形骸。

案：「非唯．．況復」爲遞進關係的關係詞。（〈依韻和張元伯職方歲除〉，卷一）

「吁咈哉」若神。（〈題華山〉，卷二）

案：吁咈哉三字合成一組感歎語氣詞。

迴首「又且」數日強。（〈竹庭睡起〉，卷二）

案：又且二字作連接二個不是疑問句的連接關係詞。

雖三軍在前，「而」莫得「之」凌（結句）（〈答人書意〉，卷四）

案：而字作轉折關係複句的關係詞。之字純粹作語中助詞。

為士「幸而」居盛世，住家「況復」在中都（起聯）（〈閒適吟〉，卷六）

案：「幸而．．況復」爲遞進關係的關係詞。

「與其」功業逋青史，「孰若」雲山負素書。（〈和孫傳師秘校見贈〉，卷六）

案：「與其．．孰若」作比較得失的關係詞。

腸隨「此」聲「既已」斷，魂逐「此」禽「何處」飛（結聯）（〈聽杜鵑思亡弟〉，卷六）

案：此字作指稱詞。既已二字作限制詞。何處二字作處所補詞。

「況且」粗康強，「又復」無憂撓。（〈歡喜吟〉，卷八）

案：「況且」．「又復」爲逼進關係的關係詞。

「此意」分明難理會，「直須」賢者入消詳（結聯）（〈蒼蒼吟寄答曹州李審言龍圖〉，卷八）

案：「此意」、「直須」均爲限制詞。

「則」予何人「哉」（結聯）（〈謝人惠石筍〉，卷九）

案：則字作轉折關係詞。哉字作疑問語氣詞。

東君「見」賜何多「也」（結聯）（〈年老逢春之三〉，卷十）

案：見字爲「見賜」的詞頭助詞。也字作肯定的語氣詞。

「自餘」身外無窮事，「皆可」掉頭稱不知（結聯）（〈安樂窩中吟之八〉，卷十）

案：自餘．．皆可作上下句因果關係的關係詞。

「已曾」同賞花無限，「須約」共遊山幾迴。（〈依韻答安之少卿〉，卷十）

案：「已曾．．須約」爲上下原因關係的關係詞。

「惟」喜飲「之」多．．．「惟」喜飲「之」和（起聯）（〈善飲酒吟〉，卷十一）

案：惟字皆作限制詞。之字均作語助詞，即「多飲之」、「和飲之」之意。

「非關」天知音少，「自是」堯夫不善琴（結聯）（〈旋風吟之三〉，卷十一）

案：「非關．．自是」爲上下句前後因果關連之關係詞。

閉目面前「都是」暗，開懷天外「更無」它。（〈頭風吟〉，卷十一）

案：「都是」、「更無」作上下句遞進關係的關係詞。

園池共避「何妨」勝，樽俎相歡「未始」忙。

案：「何妨」、「未始」均作限制詞。

（〈依韻和王安之少卿六老詩仍見率成七首之一〉，卷十三）

「既」為「之」巨硯，「遂」登「于」綸閣。

案：「既．遂」表推論關係的關係詞。之字作指稱詞。于字作關係詞。

（〈王勝之諫議見惠文房四寶…因以謝之〉，卷十四）

百年昇平，「不」為「不」偶；七十康強，「不」為「不」壽（結句）

案：「不．．不」均作雙重的否定限制詞表肯定意思。

（〈甕牖吟〉，卷十四）

「亦或」清淺，「亦或」渺瀰，「亦或」滌淨，「亦或」漣漪。

案：亦或二字作交替關係的關係詞。

（〈盆池吟〉，卷十四）

「吁嗟」四代帝王權。

案：「吁嗟」作感歎語氣助詞。

（〈觀書吟〉，卷十五）

恨無由往「一」觀「之」（結句）　（〈代書寄呂庫部〉，卷十六）

案：一字作限制詞。之字作指稱詞。

「非唯」仰歲給，「抑亦」了官輸。　（〈和王安之少卿雨後〉，卷十六）

案：「非唯．．抑亦」作上下句遞進關係的關係詞。

「不亦」難「乎」（結句）　（〈善惡吟〉，卷十六）

案：「不亦」作反詰疑問限制詞。乎字作語尾語氣詞。

詩「者」豈「于」此，史畫「而已矣」（結聯）　（〈史畫吟〉，卷十八）

案：者字作停頓助詞，于字作關係詞。「而已矣」三字，作語氣助詞。

詩「者」人「之」志（起句）　（〈談詩吟〉，卷十八）

案：者字作停頓助詞。之字作連接詞。

時「之」來「兮」．．．時「之」去「兮」．．．前日「之」事「兮」．．．

今日「之」事「兮」（起句；結聯）

案：前二個之字並使原來的句子變成詞組，作介詞用。後二個之字作連接詞用。所有兮字作語尾助詞。

（〈時事吟〉，卷十八）

繫「自」人「者」難「乎」力爭。

案：自字同「於」意，作介詞。者字作不確定的指稱詞。乎字作語中助詞。

（〈貴賤吟〉，卷十九）

「亦或」叫提壺，「亦或」叫歸去（結聯）

案：「亦或」作交替關係的關係詞。

（〈暮春吟〉，卷十九）

詩「者」志「之」所之「也」。

案：者字作停頓的助詞。之字作連接詞。也字作語尾語氣詞。

（〈首尾吟之三十〉，卷二十）

月華「正似」金波溜，雪片「還如」柳絮飛。

案：「正似」、「還如」並爲準繫詞。

（〈首尾吟之四十〉，卷二十）

「若以」後時為失計，「必將」先手作知幾。

案：「若以．．必將」爲上下句因果關係的關係詞（若以、必將原作限制詞）。

（〈首尾吟之四十八〉，卷二十）

經綸「亦可」為餘事，性命「方能」盡所為。

案：亦可、方能均爲限制詞。

（〈首尾吟之五十四〉，卷二十）

「合」放手時「須」放手，「得」開眉處「且」開眉。

案：合、須、得、且並作限制詞。

（〈首尾吟之五十八〉，卷二十）

明月恰圓「還卻」缺，好花纔盛「又成」衰。

案：「還卻．．又成」爲上下句同等對待關係的關係詞。

（〈首尾吟之六十〉，卷二十）

「當初」何故盡有說，「在後」可能都沒辭。

案：「當初．．在後」作上下句逆接的關係詞。

（〈首尾吟之七十〉，卷二十）

物「皆」有理我何「者」，天「且」不言人代「之」。

案：皆字作限制詞，者字作疑問語氣詞。且字作限制詞。之字作指稱詞。

（〈首尾吟之七十八〉，卷二十）

泥沙用處「寧無」惜？螻蟻驅時「忍更」窺。

案：寧無二字作測度的語氣詞。忍更二字作限制詞。

（〈首尾吟之七十九〉，卷二十）

歡喜「焉能」便休得，語言「須且」略形之。

案：焉能二字作疑問限制詞。須且二字作限制詞。

（〈首尾吟之八十〉，卷二十）

「何如」亭午「更」休轉，「不奈」才圓「又」卻虧。

案：何如二字作疑問助詞。更字作限制詞。不奈即無奈，作限制詞。又字作限制詞。

（〈首尾吟之八十四〉，卷二十）

庖犧「可作」三才主，孔子「當為」萬世師。

案：可作、當爲並作繫詞。

(〈首尾吟之九十七〉，卷二十)

日月「既」來「還」卻往，園林「纔」盛「又」成衰。

案：「既．．還」、「纔．．又」爲前後句因果關係的關係詞。

(〈首尾吟之一一二〉，卷二十)

登山高下「雖然」見，臨水淺深「那不」知。

案：雖然原作限制詞。「那不」原作限制詞。現在本例「雖然．．那不」已變成上下句容認關係的關係詞。

(〈首尾吟之一一二〉，卷二十)

當時「既有」少正卯，今日「寧無」孔仲尼。

案：「既有．．寧無」爲上下有無句的關係詞。

(〈首尾吟之一一五〉，卷二十)

面前「自有」好田地，天下「豈無」平路岐。

案：「有」作肯定判斷句的繫詞，「無」作否定判斷句的繫詞。但是加上限制詞「自」、疑問限制詞「豈」則上下句「自有…豈無」可看成關係詞了。

(〈首尾吟之一二七〉，卷二十)

號「為」賢者「能」從善，名「曰」小人「能」飾非。

案：爲字、曰字作準繫詞。兩個能字均作限制詞。

（〈首尾吟之一三一〉，卷二十）

「當」鍛煉「時」分勁節，「到」磨礱「處」發光輝。

案：當字、到字作介進處所補詞的關係詞。時字、處字分別作介進時間與處所補詞的關係詞。

（〈首尾吟之一三四〉，卷二十）

## （二）語助詞使用情況之分析

1. 擊壤集每一卷均有大量使用語助詞的現象，凡二十卷，無卷無之。
2. 語助詞平均出現在五言或七言詩的任何一字都曾使用語助詞，每一字的出現率幾乎是相當平均的，但仍以一、三、五字出現率較高些。甚至一句中出現二字以上語助詞的現象，竟也十分普遍，正見邵氏專用語助詞的特色。也有通首詩，句句皆用語助詞的情形。
3. 大量語助詞的使用，使邵雍的詩通暢有餘而精緻不足，如此沖淡詩句的精緻，是邵氏有意為之，究其原因，欲以極淺的詩句文字表達最深的理學思想。

4．邵氏刻意以散文化的口語入詩，因此大量採用語助詞。對於大量語助詞所可能造成的詩句散文化的現象，邵氏應有自覺，其本意就是如此，如今《擊壤集》所形成的風貌，是他求仁得仁的結果；相信邵氏深喜自編的詩集。

5．至於邵詩語助詞如此泛濫，會不會斲傷詩的意境、風格和情性。我想邵雍經過深思熟慮以爲不會有如此結果，他的本意欲無害於詩的意境、情性卻能樹立自身的風格，方思優於爲之。今選諸家最喜愛的一首邵詩〈安樂窩〉爲例來說明。「半記不記夢覺後，似愁無愁情倦時。擁衾側臥未欲起，窗外落花撩亂飛。」。（卷十，又名懶起吟）這首詩以「半……不，似……無。……未欲……」等不確定的限制詞發揮語助詞的作用，使詩境得到捉摸不定的空靈的美感，所以說語助詞的使用不一定會傷害詩的意境情性，何況詩所要表達也不僅止於意境情性。因爲邵雍所欲表達的思想尤在理學方面的見解。

邵氏編輯一生自作三千餘首詩之際（乃其子邵伯溫編定，自己作序，實際上應視同自己編定），已刪去過半，僅剩一千五百餘首，少年時所作情感豐腴的作品悉在刈除之列。他的《擊壤集》正是揮舞理學思想大纛的鎖鑰，欲了解邵雍必須了解《皇極經世》等作品，而其入門鑰匙便是《擊壤詩集》。

因之，邵雍大量援引口語化的語助詞入詩，目的便是降低理學詩的理解難度，力求易解、和諧而通行化。擊壤集所展現的風貌，在本篇小文所顯現語助詞運用的變化多端和技巧的純熟老練，已足以展現他個人的詩風。

熊十力說邵康節的詩從來無人能識，而程兆熊說「中國詩裡有四個典型，．．其四則爲邵雍。．．」（註九）他們爲什麼會把邵雍看成中國詩人中的一個理學家的典型，此恐怕是邵雍將詩歌融入生活，且真正融入日常生活，如此一來，詩歌的語言不生活化可以嗎？是的，不可以。於是善用生活化、口語化語助詞現象，就成爲邵雍詩歌的特色。

【附註】

註一：錢鍾書，新編談藝錄，香港印本，第十八則，七七頁，倒九行起，一九八三年。

註二：許世瑛，常用虛字用法淺釋，復興書局，台北，目錄部份，民國五三年再版。

註三：錢鍾書，新編談藝錄，第一則，二頁，第十二行，一九八三年。

註四：劉勰文心雕龍注，台北，台灣開明書店，卷七，章句第三十四，二十二頁，民六十七年台十四版。

註五：同上。

註六：錢鍾書，新編談藝錄，香港印本，第五十七則，一八八頁，倒十行，又第五十四則，一八一頁，第八、九行，一九八三年。

註七：錢鍾書，新編談藝錄，香港印本，第五四則，一八一頁，第八行至九行，一九八三年。

註八：錢鍾書，新編談藝錄，香港印本，第五七則，一八八頁，倒十行，一九八三年。

註九：程兆熊，論邵康節的首尾吟及其詩學，新亞書院學術年刊十二期，香港，一九七〇年。

# 附錄三　邵雍詩所顯示褒貶人物的思想

東漢班固的〈詠史詩〉，爲詠史詩之嚆矢，而東方朔作〈誡子詩〉始有理學詩的發端。詩歷漢唐降及宋朝，以文爲詩，專務議論，詩風詩格作重大改變，於是邵雍、周敦頤、張載、程顥、朱熹理學家的詩派一路蔓衍至明、清（註一）、其中邵雍的詠史詩，在《擊壤集》中又自成一單元，是故簡闢專章，特爲之解析。

歷史是記載時與事的軌跡，就此觀點而言，邵雍的詠史詩自有其價值。在邵雍的詩論特別強調「懷其詩則謂之志，感其物則謂之情。」《擊壤集》自序，懷其詩是時與志的關係，感其物則是事與情的關係，這種道學家的理念，摻以原本儒家思想，讓邵雍詠史詩的「以天下大義爲言」（自序）的觀點顯得有特別的用意存焉。因此邵雍詠史詩雖然談志言情，實具有載道的功能。（註二）以下分項來探討其詠史的涵義所在：

## 一、史事和人物成衰有自然代謝之理

在邵雍的易學思想中，深明歷代盛衰皆有定數，且認爲天助人助都是要件，所以他說：「天地全功須發露，朝廷盛美在施爲。」（卷十九）他又說：「時之來兮，其勢可乘。時之去兮，其勢遂生。」（卷十八）我們觀察宇宙時空的移易確是如此，然而這種因「時久」、「事久」所產生的弊端要如何解決呢？邵雍認爲「事既不同時又異，也由天道也由人。」（卷十三）把歷史的事件交給天道和人道共同解決。豈但朝代盛衰如此，就是聖賢的產生也不能脫離時勢成衰，所以他說：「日月星辰堯則了，江河淮濟禹平之。」（卷十九）這是解釋堯解決了上古時代依循四時運轉的耕作問題，禹平定了水患問題，他們各佔天時地利之便，乘勢而興，成聖成賢。聖賢的人行仁義之道就是人助天助的道理。因之，他說：「體道之謂聖，如天之謂仁。」（卷十一）總之，翻開二千年的歷史，相因相革，糾纏紛紜，都是在「仁義既無，四夷來侮。」（卷十八），令人掩卷慨嘆，噓唏不已。邵雍亦儒亦道的精神，從他對於史事的關懷不難發現的，誰說他不是性情中人？

時之來兮，其勢可乘。時之去兮，其勢遂生。
前日之事兮，今日不行。今日之事兮，後來必更。

（〈時事吟之一〉卷十八）

勢成舉頭方偃蹇，氣衰旋踵卻嗟吁。厚誣天下稱賢者，天下何嘗可厚誣。

（〈盛衰吟〉卷十八）

亂多于治，害多于利。悲多于喜，惡多于美。一陰一陽，柰何如此。（〈治亂吟之一〉卷十六）

宇宙在乎手，萬物在乎身；綿綿而若存，用之豈有勤。（〈宇宙吟〉卷十六）

羲軒堯舜雖難復，湯武桓文尚可循。事既不同時又異，也由天道也由人。（〈天人吟〉卷十三）

吁嗟四代帝王權，盡入區區一舊編。或讓或爭三萬里，相因相革二千年。
唐虞事業誰能繼，湯武功夫世莫傳。時既不同人又異，仲尼惡得不潸然。（〈觀書吟〉卷十五）

有讓豈無爭，無沿安有革。爭讓起于心，沿革生于跡。
羲軒讓以道，堯舜讓以德。湯武爭以功，桓文爭以力。（〈爭讓吟〉卷十五）

羲軒堯舜，湯武桓文；皇王帝霸、父子君臣。
四者之道，理限于秦。降及兩漢，又歷三分。
東西俶擾，南北紛紜。攘攘十姓，天紀幾焚。

非唐不濟，非宋不存。千世萬世，中原有人。

（〈經世吟〉卷十七）

中原一片閒田地，曾示三皇與五帝。三皇五帝子孫多，或賤或貧或富貴。

（〈治亂吟之二〉卷十六）

大舜與人同好惡，以人從欲得安乎。能知富貴尋常事，富貴能驕非丈夫。

（〈富貴吟〉卷十六）

窮不能卷，達不能舒；謂之知道，不亦難乎！

（〈窮達吟〉卷十六）

人有去就，事無低昂。跡有疏密，人無較量。能此四者，自然久長。

（〈人事吟〉卷十八）

堯夫非是愛吟詩，為見聖賢興有時。日月星辰堯則了，江河淮濟禹平之。皇王帝霸經褒貶，雪月風花未品題。豈謂古人無闕典？堯夫非是愛吟詩。

（〈首尾吟之一〉卷十九）

堯夫非是愛吟詩，為見興衰各有時。天地全功須發露，朝廷盛美在施為。便都默默奈何見，若不云云那得知。事在目前人不慮，堯夫非是愛吟詩。

（〈首尾吟之二〉卷十九）

堯夫非是愛吟詩，詩是堯夫掩卷時。時過猶能用歸妹，物傷長懼入明夷。夏商盛日何由見，唐漢衰年爭忍思。畎畝不忘天下處，堯夫非是愛吟詩。

（〈首尾吟之一一〇〉卷十九）

中原之師，仁義為主；仁義既無，四夷來侮。

（〈中原吟〉卷十八）

精義入神以致用，利用出入之謂神；神無方而易無體，藏諸用而顯諸仁。

（〈治亂吟之三〉卷十六）

體道之謂聖，如天之謂仁；如何仁與聖，天下莫敢倫。

（〈仁聖吟〉卷十一）

## 二、評比歷史人物體會殊深

詩人寫史詩，褒貶自在詩內。邵雍以易學名家，詩學是用來當作進入易學的敲門磚，所以遣詞力求明白易解。在易學方面的成就我們可以從《皇極經世》深入研究。但是對於他在史學方面的成績，卻是要通過《擊壤集》中一百多首的詠史詩才能略窺的。這些詠史詩上自三皇五帝論起，中經三王、春秋、戰國、兩漢、三國、隋，下逮唐和五代。其所論歷史人物的涵蓋面遍及每一個朝代，此正可以看出邵雍對於史學研究的深度和廣度，恐怕都不在易學、詩學之下。我們略依時代先後去了解他對人物褒貶的想法何在！

## （一）盛讚三皇五帝三王五伯的勳業

邵雍論及三皇五帝的功業可長可久，後世無與倫比；其原因乃在行非常道，依循至理，總歸是以仁義爲心。三王以下便有因有革，勳業隨德業之孱強而變化。邵詩分別以春晨、正午、秋、冬季節的變化來形容三皇、五帝、三王、五霸勳業和德業盛衰的變化，非常具體生動。並且認爲施政者應體解聖人的心，以天下之耳目想法爲施政的參考，不濫用私情，以無爲而無所不爲的道家思想管理天下，可以達成理想中的政治。

許大乾坤自我宣，乾坤之外復何言。初分大道非常道，才有先天未後天。
作法極微難看蹟，收功最久不知年。若教世上論勳業，料得更無人在前。

（〈觀三皇吟〉卷十五）

進退肯將天下讓，著何言語狀雍容。衣裳垂處威儀盛，玉帛修時意思恭。
物物盡能循至理，人人自願立殊功。當時何故得如此，只被聲名類日中。

（〈觀五帝吟〉卷十五）

一片中原萬里餘，殆非孱德所宜居。夏商正朔猶能布，湯武干戈未便驅。

澤火有名方受革，水天無應不成需。詳知仁義為心者，肯作人間淺丈夫。

（〈觀三王吟〉卷十五）

三皇之世正熙熙，烏鵲之巢俯可窺。當日一般情味好，初春天氣早晨時。

（〈三皇吟〉卷十三）

五帝之時似日中，聲明文物正融融。古今世盛無如此，過此其來便不同。

（〈五帝〉卷十三）

三王之世正如秋，權重權輕事有由。深谷為陵岸為谷，陵遷谷變不知休。

（〈三王〉卷十三）

五伯之時正似冬，雖然三代莫同風。當初管晏權輕重，父子君臣尚且宗。

（〈五伯〉卷十三）

刻意尊名名愈虧，人人奔命不勝疲。生靈劍戟林中活，公道貨財心裡歸。

雖則餼羊能愛禮，奈何鳴鳳未來儀。東周五百餘年內，歎息惟聞一仲尼。

（〈觀五伯吟〉卷十五）

天下目為目，謂之明四目；天下耳為耳，謂之達四聰。

前旒與黈纊，所貴無近情；無為無不為，知此非虛生。

（〈唐虞吟〉卷十一）

不逢聖人時，不見聖人面；聖人言可聞，聖人心可見。

（〈思聖吟〉卷十二）

## （二）喟嘆春秋戰國的亂世

春秋戰國在政治和思想上都是瞬息變化的時代，動盪、紛歧是它的特徵。這種時代，仁義不行，孔子孟子俱不能施爲，天下無時無刻都處於戰爭狀態，因此邵雍說：「清晨見鬼未爲怪，白日殺人奚足驚。」（卷十五）正對於如此恐怖世界的震驚。但詩人對於蘇秦、張儀「市井之人爲正卿」有乘勢而起的時機是相當羡慕的，若不得起用，則只如孔孟將詩篇化爲感麟之心，留下千載萬載的丹青名聲。

當其末路尚縱橫，仁義之言固不聽。肯謂破齊存即墨，能勝坑趙盡長平。
清晨見鬼未為怪，白日殺人奚足驚。加以蘇張掉三寸，扼喉其勢不俱生。

（〈觀七國吟〉卷十五）

七國縱橫事可明，蘇張得路信非平。當初天下如何爾，市井之人為正卿。

（〈七國之一〉卷十三）

管晏治時猶有體，蘇張用處更無名，三皇五帝從何出，掃地中原俟太平。

（〈七國之二〉卷十三）

堂堂王室寄空名，天下無時不戰爭。滅國伐人雖恐後，尋盟報役未嘗寧。

晉齊命令炎如火，文武資基冷似冰。惟有感麟心一片，萬年千載若丹青。

（〈觀春秋吟〉卷十五）

轟轟七國正爭籌，利害相磨未便休。比至一雄心底定，其如四海血橫流。

三千賓客方成夢，百二山河又變秋。謾說罷候能置守，趙高元不是封候。

（〈觀嬴秦吟〉卷十五）

## （三）深明兩漢至五代亡國的軌跡

兩漢、三國相承，漢亡之因在於「經營殊不念高光」，三國消滅主因即國力不足，內外無法相顧。三國之後曹魏被司馬氏所篡，是謂西晉；西晉敗在「安若忘危」。而後，有南北朝，皆國祚短暫，國雖小康而未靖。直至隋朝能一統天下，可惜未謀典章制度，又因貪念而失去民心。再來是三百餘年的唐代盛世。偉大的盛世，而今不過空留壯偉事業的歷史。唐滅，其後是後梁、後唐、後晉、後漢、後周的五代十國時期，在短短五十三年，朝代迅速更替，直待宋太祖的統一中原。邵雍歷歷敘述史跡，娓娓道來，總是貫穿一種撥雲見日的人事、天時因循代謝的觀點，足見他是深明歷史演進的法則和軌跡的。歷史的走馬燈不停，其間總是欠一位關鍵性的政治家，詩人對管夷吾、諸葛武侯的評價，正是映照出詩人一生欲康濟家國的期待。

秦破河山舊戰場，豈期民復見耕桑。九千來里開封域，四百餘年號帝王。
剝喪既而遭莽卓，經營殊不念高光。當時文物如斯盛，城復何由更在隍。
（〈觀兩漢吟〉卷十五）

桓桓鼎峙震雷音，絕唱高蹤沒處尋。簫鼓一方情未暢，弓刀萬里力難任。
論兵狼石寧無意，飲馬黃河徒有心。雖曰天時亦人事，誰知慮外失良金。
（〈觀三國吟〉卷十五）

承平未必便無憂，安若忘危非善謀。題品人材憑雅誚，雌黃時事用風流。
有刀難剖公閭腹，無木可梟元海頭。禍在夕陽亭一句，上東門嘯浪悠悠。
（〈觀西晉吟〉卷十五）

天生神武奠中央，不爾群凶未易攘。貞觀若無風凜凜，開元安有氣揚揚。
憑高始見山河壯，入夏方知日月長。三百年間能渾一，事雖成往道彌光。
（〈觀有唐吟〉卷十五）

羲軒堯舜，湯武桓文，皇王帝霸，父子君臣。
四者之道，理限于秦。降及兩漢，又歷三分。
東西俶擾，南北紛紛。擾擾十姓，天紀幾焚。
非唐不濟，非宋不存。千世萬世，中原有人。

（〈經世吟〉卷十七）

自從唐季墜皇綱，天下生靈被擾攘，社稷安危懸卒伍，朝廷輕重繫藩方。
深冬寒木固不脫，未旦小星猶有光，五十三年更五姓，始知除掃待真王。

（〈觀五代吟〉卷十五）

紛紛五代亂離間，一旦雲開復見天，草木百年新雨露，車書萬里舊山川。
尋常巷陌猶簪紱，取次園亭亦管絃，人老太平春未老，鶯花無害日高眠。

（〈觀盛化吟之一〉卷十五）

吾曹養拙賴明時，為幸居多寧不知，天下英才中遁跡，人間好景處開眉。
生來只慣見豐稔，老去未嘗經亂離，五事歷將前代舉，帝堯而下固無之。

（〈觀盛化吟之二〉卷十五）

溥天之下號寰區，大禹曾經治水餘。衣到敝時多蟣蝨，瓜當爛後足蟲蛆。

龍章雖復悲懷愍，象魏何嘗屬石符。尼父有言堪味處，當時欠一管夷吾。

（〈觀十六國吟〉卷十五）

方其天下分南北，聘使何嘗絕往還。偏霸尚存前典憲，小康未靖舊戈鋋。

洛陽雅望稱崔浩，江表奇才服謝安。二百四年能並轡，謾將中外互為言。

（〈觀南北朝吟〉卷十五）

始謀當日已非臧，又更相承或自戕。蟻螻人民貪土地，泥沙金帛悅姬姜。

征遼意思糜荒服，泛汴情懷厭未央。三十六年都掃地，不然天下未歸唐。

（〈觀隋朝吟〉卷十五）

## （四）深入了解歷史關鍵的人物

被邵雍臧否到的歷史人物，有羲、軒、堯、舜、湯、武、桓、文，以及皋陶、伊尹、樂毅、孔子、季札、闔廬、夫差、句踐、子產、晏嬰、管仲、商鞅、始皇等。對於帝王特別讚許伏羲氏、軒轅氏、帝堯、帝舜的盛世與太平。對於輔臣則稱美皋陶、伊尹、傅說、姜子牙、管仲、張良、諸葛亮、房玄齡、公孫子產、晏嬰的智勇和奇才。談及武將，多半嘘唏君臣不能相濟，遺憾英雄功成不知急流勇退；如樂毅有志未伸，鄒忌與田忌、孫臏與龐涓分別詭詐結怨，勾踐和闔廬夫差鉤心鬥角，倏起而旋滅，均令人感慨傷情。

人物中，一再經邵雍反復吟詠的有四位，其一是孔子，其二是四皓，其三是張良，其四是韓信。他對孔子極度欣賞，讚爲萬世師，以爲孔贊易修春秋的深意在傳承教化之功，這一點是功超後世帝王，且不受世間繩墨所衡量的。所以邵雍強調君子與小人之區分一在謀義一在謀利。四皓之偉大，如同范蠡、張良和張良之師黃石公，在英雄逐鹿天下抵定後能退出世間，優游江湖，對窮通用舍的認知，是頗有道家色彩的。至於對韓信的同情勝過於貶斥，相信以上四人的行事是深深影響邵雍的行事。由於深明歷史的殷鑒，邵雍的行事寧願追隨自然，而不去追逐時尚就沒有什麼奇怪的。

春秋時管仲、晏嬰治國守禮，至戰國時蘇秦、張儀既不行禮之體，遂失禮之用。宋朝離古道已遠，堯舜以前的制度禮儀難以恢復，但是商湯、周文王、周武王、齊桓公、晉文公時的制度確有信史的軌跡可尋。邵雍認爲宋朝版圖雖遜前朝，論富強之道仍可自己掌控，豈可輕棄，此是堯夫忠誠之言。邵雍將戰國四公子之優劣排列，依次爲齊孟嘗君、魏信陵君、趙平原君、楚春申君。其著眼於孟嘗君好客無所擇，乃仁心宅厚，且機智過人，在亂世而能避禍，實難能可貴。戰國四公子之優劣，自古就未易定論，實互有優劣也。邵雍以爲信陵君，賢不輸孟嘗君，惟數度棄國而走，又遭毀不能解脫，終因自棄病酒而死，殊不智也。餘平原君、春申君原在德、智上均稍有遜色，故列之在後。

商之比干忠辭犯諫，生既不獲主上諒解，死又被小人嗤笑的無奈，在邵雍的感受極其悲憤，所以他說：「千古存遺像，翻爲諂子嗤。」而又有一位堪稱英雄，也不遇世的人物是樂毅，由於英雄惜英雄，不由得邵雍脫口：「重惜千萬年，英雄為流涕。」這種君臣不能深入契合而終不得志於當代的心情，是不是邵雍史詩的寄託呢？

皋陶遇舜，伊尹逢湯。武丁得傅，文王獲姜。
齊知管仲，漢識張良。諸葛開蜀，玄齡啟唐。（〈偶得吟〉卷十六）

乙未闔廬凌楚歲，戊辰勾踐破吳時。正如當日乘虛事，三十四年人不知。（〈吳越吟之一〉卷十五）

夫差丁未曾囚越，勾踐戊辰還滅吳。二十二年時返復，一如當日卻乘虛。（〈吳越吟之二〉卷十五）

子產何嘗辭鄭小，晏嬰殊不願齊衰。二賢生若得其地，才業當為王者師。（〈齊鄭吟〉卷十六）

商鞅得君持法處，趙良終日正言時。當其命令炎如火，車裂如何都不知。（〈商君吟〉卷十三）

并吞天下九千日，一統寰中十五年。坑血未乾高祖至，驪山丘隴已蕭然。（〈始皇吟〉卷十三）

鄒田二忌不相能，買卜之言惡足明。利害傷真至于此，姓田人去恨難平。

（〈鄒田二忌〉卷十三）

孫臏伏兵稱有法，龐涓鑽火一何愚。兵家詭詐盡如此，利害令人自不殊。

（〈孫龐二將〉卷十三）

時去三王，事歸五霸。七雄既爭，四子乃詫。

孟嘗居先，信陵居亞。平原居中，春甲居下。

（〈四公子吟〉卷十三）

樂毅燕事時，其心有深旨。破齊七十城，迎刃不遺矢。豈留即墨莒，卻與燕有二。

欲使燕遂王，天下自齊始。豈意志未申，昭王一旦死，惠王固不知，使人代其位。

強燕自此衰，何復能振起？自古君與臣，濟會非容易，重惜千萬年，英雄為流涕。

（〈樂毅吟〉卷十八）

精誠皎於日，發出為忠辭。方寸已盡破，獨夫猶不知。

高墳臨大道，老木無柔枝，千古存遺像，翻為諂子嗤。

（〈過比干墓〉卷二十）

詩者人之志，言者心之聲。．．既有虞舜歌，豈無皋陶賡。

既有仲尼刪，豈無季札聽。必欲樂天下，舍詩安足憑。．．．

（〈詩畫吟〉卷十九）

孫陳李三人，亡國體相似，雖然少有文，何復語英氣，

曹劉孫三人，興國體相似，雖然小有才，何復語命世。

（〈興亡吟〉卷十五）

誰剪毛頭謝陸沈，生靈肌骨不勝侵，人間自有回天力，林下空多憂國心。

日過中時憂未艾，月幾望處患仍深。軍中儒服吾家事，諸葛武侯何處尋。

（〈毛頭吟之一〉卷十六）

憂國心深為愛君，愛君須更重於身，口中講得未必是，手裡做成方始真。

妄意動時難照物，俗情私處莫知人，厚誣天下凶之甚，多少英才在下塵。

（〈毛頭吟之二〉卷十六）

仲尼生魯在吾先，去聖千餘五百年。今日誰能知此道，當時人自比于天。

皇王帝伯中原主，父子君臣萬世權，河不出圖吾已矣，脩經意思豈徒然。

（〈仲尼吟〉卷十二）

執卷何人不讀書，能知性者又何如。工居天下語言內，妙出世間紀墨餘。

陶冶有無天事業，權衡治亂帝功夫。大哉贊易脩經意，料得生民以後無。

（〈瞻禮孔子吟〉卷十五）

仲尼始可言無意，孟子方能不動心。莫向山中尋白玉，但於身上覓黃金。

山中白玉有時得，身上黃金無處尋，我輩何人敢稱會，安知世上無知音。

（〈知音吟〉卷十六）

邵雍連續作〈題淮陰侯廟〉詩十首，如再加上〈讀張子房傳吟〉、〈題留侯廟〉共十二首，這是直接間接評論韓信的詩。詩人在這些詩篇中隱含諱筆，其褒美張良處與痛惜韓信處可相較互觀，詩人重點放在進退之道。詩人以爲韓信之才高功偉不輸於張良，只是功成不退，不效巢許，不追黃石赤松，顯然不解君臣永遠處在相疑相爭的緊張狀態，若明此理，當成美節，退歸山林，永保才業。詩中亦涵蓋對宋君的不知重用奇臣的批判在內，只是文意極隱密而已。似乎詩人對史家散筆手法亦極熟練，惜未有散文集存世。至於〈題四皓廟〉詩四首的題旨在於「雖老猶能成大功」，詩人雖然早已不在乎名利，而轉向研究易數心學，但是於康濟天下的想法卻一直抱存一絲希望，所以借著詩歌不斷地表達濟世的想法和內聖外王的學問，期能奇蹟似的用世，而不是循官序而漸用。

一身作亂宜從戮，三族全夷似少恩。漢道是時初雜霸，蕭何王佐殆非尊。

（〈題淮陰侯廟〉十首之一）

據立大功非不智，復貪王爵似專愚。造成四百年炎漢，纔得安寧反受誅。（〈題淮陰候廟〉十首之二）

生身既得逢真主，立事何須作假王。誰謂禍階從此始，不宜迴首怨高皇。（〈題淮陰侯廟〉十首之三）

一時韓信為良犬，千古蕭何作霸臣。彼此並干名教罪，罪猶不逮謂斯人。（〈題淮陰侯廟〉十首之四）

韓信事劉原不叛，蕭何惑漢竟生疑。當初若聽蒯通語，高祖功名未可知。（〈題淮陰侯廟〉十首之五）

雖則有才兼有智，存亡進退處非真。五湖依舊煙波在，范蠡無人繼後塵。（〈題淮陰侯廟〉十首之六）

若非韓信難除項，不得蕭何莫制韓。天下須知無一手，苟非高祖用蕭難。（〈題淮陰侯廟〉十首之七）

漢家基定議功勳，異姓封王有五人。不似淮陰最雄傑，敢教根固又生秦。（〈題淮陰侯廟〉十首之八）

韓信特功前慮寡，漢皇負德尚權安。幽囚必欲擒來斬，固要加諸甚不難。（〈題淮陰侯廟〉十首之九）

若履暴榮須暴辱，既經多喜必多憂。功成能讓封王印，世世長為列土侯。

（〈題淮陰侯廟〉十首之十）

漢室開基第一功，善哉能始又能終。直疑後日赤松子，便是當年黃石公。

用舍隨時無分限，行藏在我有窮通。古人已死不復見，痛惜今人少此風。

（〈讀張子房傳吟〉卷十六）

滅項興劉如覆手，絕秦昌漢若更棋。卷舒天下坐籌日，鍛鍊心源辟穀時。

黃石公傳皆是用，赤松子伴更何為。如君才業求其比，今古相望不記誰。

（〈題留侯廟〉卷二）

強秦失御血橫流，天下求君君不肯。正是英雄較逐時，未知鹿入何人手。

（〈題四皓廟〉四首之一）

灞上真人既已翔，四人相顧都無語。徐云天命自有歸，不若追蹤巢與許。

（〈題四皓廟〉四首之二）

漢皇傲物終難屈，太子卑辭方肯出。雖老猶能成大功，至今高義如星日。

（〈題四皓廟〉四首之三）

田橫入海猶能得，商至長安百里強。能使四人成美節，始知高祖是真王。

（〈題四皓廟〉四首之四）

英雄、君子、賢才都是在與時間競賽，惜時變成邵雍最珍視的事，每一朝代的君王，未能及時施政，每一英雄、君子、賢才未能把握調鼎的才華，俱是可惜。君臣相處之際，往往有少正卯之類的小人，不僅顛倒是非，且以紫亂朱，混淆視聽，亂法亂紀，所以不論君臣皆應慎言天下事。詩人對於君子的濟世條件很特別，他說：「既有恩情且無怨怒，既有憎嫌且無思慕。」很簡明的提出君子進退舍用之道。君子如能在位則有恩無怨，如被嫌憎則速去不回頭，這種思想可能受到師承祖師陳摶道家行徑的影響。

堯夫非是愛吟詩，詩是堯夫重惜時。西晉浮誇時可歎，南梁崇尚事堪悲。
仲尼豈欲輕辭魯，孟子何嘗便去齊，儀鳳不來人老去。堯夫非是愛吟詩。

（〈首尾吟之六七〉卷二十）

堯夫非是愛吟詩，詩是堯夫憑式時。亂法奈何非獨古，措刑安得見於茲。
當時既有少正卯，今日寧無孔仲尼，時世不同人一也。堯夫非是愛吟詩。

（〈首尾吟之一一五〉卷二十）

堯夫非是愛吟詩，詩是堯夫用畜時。史籍始終明治亂，經書表裏見安危。
庖犧可作三才主，孔子當為萬世師，不止前言與往行。堯夫非是愛吟詩。

（〈首尾吟之九七〉卷二十）

堯夫非是愛吟詩，詩是堯夫重惜時。爭向偽時須便信，奈何真處卻生疑。既稱有客告曾子，豈為無人毀仲尼。父子君臣獨未免，堯夫非是愛吟詩。

（〈首尾吟之一〇九〉卷二十）

請將調鼎問于君，調鼎功夫敢預聞，只有鹽梅難盡善，豈無薑桂助為辛，和羹必欲須求美，眾口如何便得均，慎勿輕言天下事，伊周殊不是庸人。

（〈問調鼎〉卷十四）

何者為君子，君子固可脩。是知君子途，使人從之遊。興義不與利，記恩不記讎；揚善不揚惡，主喜不主憂。

（〈君子行〉卷十三）

君子知人出于知，小人知人出于私。

出于知，則同乎理者謂之是，異乎理者謂之非。

出于私，則同乎己者謂之是，異乎己者謂之非。

（〈知人吟〉卷十七）

君子之去亦如其來，小人之來亦如其去；既有恩情且無怨怒，既有憎嫌且無思慕。

（〈君子吟〉卷十七）

綜合上述，可以除了可以看出邵雍史學觀點中見到人格特質、濟世內聖外王之學外，更可以了解邵雍嚮往聖人在世和輔臣有為有守的仁愛思想，厭惡世人蠅頭逐利與兵家之詭詐，這可能與宋朝國力始終積弱不振，忠賢受讒英雄末路等現象，應有無限感慨和干係者也。

【附註】

註一：郭紹虞，《中國文學批評史》，上卷第六篇〈北宋之詩論．第二目邵雍〉，頁四二三，文光出版社，台北，一九七三年初版。

註二：楊志莊，《兩宋文學研究》，第二編第七章〈擊壤派〉，頁三〇—三一，台灣商務印書館，台北，一九七三年初版。

# 附錄四　邵雍詩所涵書藝的思想

## 一、宋人以爲邵雍書法以遒勁取勝

宋人范祖禹晚出邵雍三十年，朱熹晚出邵雍近六十年，二人均親見邵氏的書法真蹟。范氏說邵雍書法以遒勁爲勝（註一），朱氏說康節書法足以模範一世（註二），這二位賢人何以如此誇讚邵雍的書法？邵雍的書法究竟有何風格？且就《擊壤集》邵氏自云的部分作一探索，加上諸書所見所評匯合觀察，希望得一客觀結果。

宋人書法大抵以意爲之、率意而行、自由揮灑，這種風格，很像是專爲邵堯夫的書法作詮釋的。北宋四大書法家，首位是蔡君謨，與邵堯夫同一個時代同一個時期，但是蔡氏效法唐人的風味較重，所以宋人率意心畫之風，恐怕多半還是邵雍起創的多，只是邵氏以易學名家不是以書法名家，因而法帖保留極少，世人多半不識而評論未詳。

## 二、邵雍書法的技巧

《擊壤集》是邵雍畢生「心話」的縮影，其中不乏對於書法的看法、用筆的技巧，以及所造成的韻味、風格的自剖，綜其所論，自可成爲邵雍書法觀點的註腳。茲就《擊壤集》所見析義如後：

## （一）狂書大字氣勢足

邵雍書法喜用大字表達。通常是飲酒微酣，一邊吟詩創作，一邊撩筆大書，書法與詩酒齊飛。由於邵雍善於修心養性，寫字的心情暢快，以致所書必然狂放快志。既然喜寫大字，字究竟大到如何？從詩句「筆如椽」可以想像毛筆好似樑柱般粗大，再從「書字如車輪」可以想像字類「巨浪銀山立，風檣百尺餘」的大氣魄。如要寫大如車輪、巨浪、風檣的字定要懸臂運千鈞之力，其氣勢無與倫比。對於常閉戶而居的邵堯夫而言，寫字時間恐怕是他的最佳運動時間。

詩成大字書，意快有誰如？巨浪銀山立，風檣百尺餘。（〈大筆吟之一〉，卷十一）

酒喜小盃飲，詩快大字書。不知人世上，此樂更誰如。（〈大筆吟之二〉卷十一）

憶昔初書大字時，學人飲酒與吟詩。苟非益友推金石，四十五年成一非。（〈憶昔吟〉，卷十二）

書用大筆，出乘小車。……

也知此片好田地，消得堯夫筆似椽。

（〈小車吟〉，卷十四）

盆池資吟，甕牖薦睡，小車賞心，大筆快志。

（〈天津敝居蒙諸公共爲成買作詩以謝〉，卷十三）

忍不用大筆，書字如車輪。三千有餘首，布為天下春。

（〈安樂吟〉，卷十四）

尋芳更用小車去，得句仍將大筆麾。

（〈詩史吟〉，卷十八）

早是小詩無檢束，那堪大字更狂迷。

（〈首尾吟之一一八〉，卷二十）

（〈首尾吟之一二四〉，卷二十）

## （二）愛用大筆巨硯

書寫大字得配合大筆巨硯，方能墨酣淋漓。剛健之筆筠管直長自是好筆，但不必全求之於兔毫。

兔毫、狼毫是所謂勁毫，宋以前多用之。羊毫在宋代才開始大量開發使用，是屬於柔毫。其實字的勁健多來自作者的運筆方式，與筆的剛柔雖有干係，但不是很大。一般而言，寫大字非用羊毫不可，蓋毛長筆壯運握勢足之故。至於兔毫、狼毫因爲毛短不易製作大筆使用。邵堯夫善書大字，自然必須配合大筆巨硯大紙才能痛快施展。

愛重寄文房，慇勤謝遠將。兔毫剛且健，筠管直而長。（〈謝人惠筆〉，卷四）

剪斷白雲根，分破蒼岑角。既為之巨硯，遂登于綸閣。水貯見溫潤，墨發知瀺濯。窗下喜鑑開，案前驚月落。……須是筆如椽，方能無厚怍。（〈王勝之諫議見惠……內有巨硯……〉，卷十四）

大字寫詩酬素志，小盃斟酒發酡顏。春雷驚起千年蟄，筆下蒼龍自往還。（〈老去吟〉，卷十七）

句到驚人大筆麾（〈首尾吟之二十八〉，卷二十）

得句仍將大筆麾　（〈首尾吟之一一八〉，卷二十）

## （三）行筆的態度自然審慎

邵堯夫的行筆態度極自然而審慎，多有試筆、試墨、試硯的動作，表示對書寫工具能細心體認和鑑定。他不刻意潤色詩歌，自也不會故意潤色書法。從臂痛不廢書的態度看來，他是無日不書，無日不在鍛鍊書藝的。邵堯夫的詩歌是詩中之中和者，至於書藝的「氣和神逸」恐怕也是邵堯夫一生追求的最高境界吧。

今日我們看不到邵雍書法的真蹟，但在邵氏哲嗣邵伯溫的邵氏聞見前錄所載司馬光喜愛邵雍安樂窩一詩「半記不記夢覺後，似愁無愁情倦時，擁衾側臥未欲起，簾外落花撩亂飛」而商請邵雍書於紙簾上，字畫奇古，爲人寶之（註三）。又載時人王荀龍出示韓琦親書送行詩於邵雍，係顏體大書，極奇偉。此舉竟惹引邵雍回憶起幼時習大字的情形（註四），好似邵雍就是以顏體爲基本功夫。然而壯健飛豪是邵雍書藝的基調，顏楷字平整，非如行書可飛揚跋扈，如此邵雍書法或如顏真卿祭姪稿一類，以沈穩的楷書爲主幹，並配合暢快的行書而奔放吧！

寫字吟詩為潤色（〈首尾吟之五十四〉，卷二十）

老苦頭風已病軀，新添臂痛又何如？・・・・・・，雖廢梳頭未廢書。（〈臂痛吟〉，卷十一）

所得之懷，盡賦于筆。意遠情融，氣和神逸。（〈大筆吟〉，卷十四）

行筆因調性，成詩為寫心。（〈無苦吟〉，卷十七）

風月煎催親筆硯，鶯花引惹傍樽罍。（〈安樂窩中好打乖吟〉，卷九）

尺寸光陰須愛惜，分毫頭角莫矜馳。（〈首尾吟之二十八〉，卷二十）

一筆寫成還抹了（〈首尾吟之一一七〉，卷二十）

## 三、邵雍書法的韻味

### (一)靜的美感

由於動靜相遞，方能氣息流通，所以不論藝術家也好，運動者也好，都知道「靜如處子，動如兔脫」的最佳意境。邵堯夫的行事為人都以沈潛為尚，實際上並非不想有所作為，只是時局不適合他這種人才的展現，這一點在書法也能表現出安適靜穩的一面吧！

靜錄新詩稿，閒抄舊藥方。(〈謝人惠筆〉，卷四)

常觀靜處光陰好，亦恐閑時思慮多。(〈試硯〉，卷十四)

### (二)書藝壯健、飛豪、沈穩

邵堯夫以痛快淋漓的精神來表達他的書法有壯健、飛豪、沈穩的韻味。我們文後所引用的資料顯示，他風趣的寫詩。得意的時候，如李白、東坡般的起舞弄清影，飛舞著睥睨一切，橫掃千軍的柔筆、大筆，所造成的筆下聲勢，像「南溟萬里鵬初舉，遼海千年鶴乍歸」表現氣勢雄健；像「岌嶪五千仞華嶽，汪洋十萬頃黃陂」表達壯烈渾闊；這些都足以素描邵堯夫書法的壯健、飛豪。至於談到他的沈穩，則非是一般書家所能注意的。他在大筆吟的詩中說到運筆時讓「三千簪裾，俯循儒術。百萬貔貅，仰聽軍律。松桂成林，芝蘭滿室。」這些都是運筆寫心仔細沈穩的表現，在順筆逆筆之間有規矩，在布局錯落之間有城府，使他處於飛豪壯健之餘而不失沈穩老練，不致於落到一瀉不收的境地。宋代姚勉《雪坡集》卷四十一云：「邵子嘗大書檢束二字於坐右：……其字畫莊正，無一筆放縱，其於檢束中得之明矣。」如此識得堯夫用筆沈穩的一面。又朱熹跋邵康節檢束二大字云：「康節先生自言大筆快意而其書蹟謹嚴如此，豈所謂從心所欲而自不踰矩者耶！」（註五）這段文字想見邵堯夫行筆的沈穩，在飛豪壯健之間猶有規矩可尋。

正得意時常起舞，到麾毫處輒能飛。南溟萬里鵬初舉，遼海千年鶴乍歸。

（〈首尾吟之十七〉，卷二十）

堯夫筆逸時。蒼海有神搜鯨鯢，陸沉無人藏蛟螭。岌嶪五千仞華嶽，汪洋十萬頃黃陂。都與收來入近題，……

（〈首尾吟之十八〉，卷二十）

大字寫詩誇壯健（〈安樂窩中吟之十二〉，卷十）

豪狀詩將大字書（〈安樂窩中吟之十三〉，卷十）

胸中日月時舒慘，筆下風雲旋合離。（〈答李希淳屯田之三〉，卷十一）

足躡天根，手探月窟。所得之懷，盡賦于筆……如風之卒，如雲之勃。如電之欻，如雨之密。或往或還，或沒或出。滌盪氣埃，廓開天日。鸞鳳翱翔，龍蛇盤屈。春葩喧妍，秋山崒屼。三千簪裾，俯循儒術。百萬貔貅，仰聽軍律。松桂成林，芝蘭滿室。……物外神交，人間事畢。觀者析酲，收之愈疾。（〈大筆吟〉，卷十四）

## （三）詩、書、酒三體一如的韻味

詩人邵雍喜用小樽、小盃、小盞飲酒，酒不喜貪多只放任微醺，往往至臉頰酡紅爲適度，故飲來歡喜，不亂人性，不妨詩情，一有詩興，便快心、快志、快筆，寫出詩的難狀意，寫出筆下風雲，暉映瓊玖。所以酒乃邵雍寫詩、寫字的催化劑，三者融成一體，配上邵堯夫的仙家隱士人格，構成風月情懷瀟灑的書藝韻味。

窗晴氣和暖，酒美手柔軟。興逸情撩亂，筆落春花爛。（〈筆興吟〉，卷十九）

輕醇酒用小盞飲，豪壯詩將大字書。（〈安樂窩中吟之十三〉，卷十）

未老秋光詩擁筆，乍涼天氣酒盈盃。（〈依韻答安之少卿〉，卷十）

詩逢得意便操觚。……快心亦恐詩拘束，更把狂詩大字書。（〈答客吟〉，卷十一）

## 四、邵雍書法的風格

### （一）馳騁創造性的想像世界

邵雍的詩都是在半醉陶陶情境中創作完成。作詩的過程就是馳騁想像的過程，然而詩轉換成書法作品則是更一個創造想像的空間。二者之間容有情境相同相因的關係，但是在時空的布置上，仍需再一次發揮不同的想像力。邵堯夫在這一方面好似毫不費力的結合二者蘊成創作前後的階段，而能成就於統一的想像世界。

書法是空間造型藝術，寫詩是想像中的空間造型藝術，二者創作方式在心靈上類似，在外現上完全相左，所以邵雍說：「儘得意時仍放手，到凝情處略濡毫。」正是解釋意象的布置技巧。而邵堯夫又說：「……大篇成處若神交；天馬無蹤周八極，……」確是融合詩歌、書法想像世界的成績。

詩成半醉正陶陶，更用如椽大筆抄。儘得意時仍放手，到凝情處略濡毫。（〈大字吟〉，卷十一）

逸句得時如虎變，大篇成處若神交。……天馬無蹤周八極，但臨風月鐙相獻。（〈逸書吟〉，卷十一）

詩狂書更逸，近歲不勝多。（〈借出詩〉，卷十七）

詩揚心造化，筆發性園林。（〈無苦吟〉，卷十七）

早是小詩無檢束，那堪大字更狂迷。

（〈首尾吟之一二四〉，卷二十）

## （二）重視靈性精神面的昇華

藝術的美具有強烈的愉悅感和真實性，二者合而爲一，使得藝術的精神面能夠展露。如果有故意扭曲的，憂鬱的藝術作品，自然也是有它的存在價値，但是書法的藝術表達，仍是貴以真實、暢快、流利爲宜的。邵堯夫性情上是具有風月情懷，個性又略帶江湖性氣（註六），平常樂於聞見善人善事，舉措也都溫柔善意，所以做個快活人，表現快活書法，本是他靈性精神生活的昇華。

人生所貴有精神，即有精神卻不淳。弄假像真終是假，將勤補拙總輸勤。

（〈弄筆吟〉，卷九）

千端蜀錦新番樣，萬樹春華暖弄梢。天馬無蹤周八極，但臨風月鐙相獻。

（〈逸書吟〉，卷十一）

詩成大字書，意快有誰如。

（〈大筆吟之一〉，卷十一）

心在人軀號太陽，能於事上發輝光。如何皎日照八表，得似靈臺高一方。

（〈試筆〉，卷十四）

寫出太平難狀意，任它天下頌功勞。

（〈大字吟〉，卷十一）

世間大有平田地，因甚須由捷徑過。

（〈試硯〉，卷十四）

氣吐胸中，充塞宇宙。筆落人間，暉映瓊玖。人能知止，以退為茂；我自不出，何退之有？

（〈老去吟〉，卷十七）

## （三）意遠情融，氣和神逸的仙家氣象

邵雍自述弄筆的最高境界在於「貴有精神」。因此尋找他運筆的原則，如「莫得之凌」求筆暢，「舉大須略細」求其運用往復自然，「三千簪裾，俯循儒術；百萬貔貅，仰聽軍律。」求其行筆之謹慎，最後達到「興逸情撩亂，筆落春花爛。」則情意相融，又「觀者析醒，收之愈疾。」則尤具有氣和神逸的仙家氣象。

人生所貴有精神……

（〈弄筆吟〉，卷九）

所交若以道，所感若以誠；雖三筆在前，而莫得之凌。

（〈答人書意〉，卷四）

求全自有毀，舉大須略細。

（〈答人書言〉，卷四）

不忮不求，無固無必。足躡天根，手探月窟。所得之懷，盡賦於筆。意遠情融，氣和神逸。

（〈大筆吟〉，卷十四）

窗晴氣和暖，酒美手柔軟。興逸情撩亂，筆落春花爛。

（〈筆興吟〉，卷十九）

## 五、瞑目神遊邵雍法帖的手神

近翻閱〈鳳墅法帖，續帖〉目錄，見〈續帖〉，卷二有康節〈逢春吟〉，是邵雍真蹟被刻石成帖者，然而〈鳳墅法帖，續帖〉各二十卷，早已散佚，雖有部份殘帖傳世，但似乎邵雍法書並不在內（註七），令人遺憾也。雖然如此，宋魏了翁〈鶴山題跋〉，卷三有「跋邵康節逢春詩」；卷四有「跋康節先生答富韓公束」、「跋康節與韓康公唱和詩」、「跋康節詩」；卷五有「跋邵康節檢束二大字」等，凡此墨蹟斑斕，足證邵雍法書來歷分明，然而今日法帖散佚，總有不見真蹟的遺憾存焉。

我們雖然未能見到邵雍法書的真蹟，但是仍可以看到北宋同一時期蔡君謨傳世的法帖，當時人並無將二人共論的地方，可見邵雍的書法絕對有他自己的風格，這種風格的形成，與他因道家出身有仙家風骨個性又灑脫無欲有極大的關係。綜上所述，昔人已邈，邵堯夫書法的丰神，恐怕只有從《擊壤集》詩中尋尋覓覓，我們若瞑目神遊容能思得萬分之一、二，但仍覺得殊爲可惜可恨事情也。

詩、書、酒融成邵雍詩感性的風格，而在詩人書法之中猶有豪氣干雲的志氣存焉。張潮於《幽夢影》文中曰：「胸中小不平，可以酒消之，世間大不平，非劍不能也。」大筆乃邵雍之劍也，詩人在〈首尾吟〉最後一首即云：「……詩是堯夫詫劍時。當鍛煉時分勁節，到磨礱處發光輝。……」，即以劍爲喻，不知詩人的大不平是否表達其生平未能康濟世人之遺憾呢？

【附註】

註一：范祖禹，《范太史集》《四庫全書本》卷十七，頁八，「跋向子諲家邵康節戒子孫文」，台灣商務印書館，台北，民七十五年初版。

原文：「康節先生心聲正，大可以銘盤。心畫遒勁，可以貫隼。薌林公寶藏以示子孫，厥有旨哉。淳熙戊戌十月十二日觀於摛文堂。」

註二：朱熹，朱文公文集卷八十三，頁十六，「書邵康節誡子孫真蹟後」（四部叢刊大本原式精印本），台灣商務印書館，台北，民七十五年初版。

原文：「右蕲林向氏所藏，康節先生誡子孫之文也。熹嘗從故友劉子澄得其摹本，刻石廬山白鹿精舍，今乃獲睹其真格言，心畫模範一世。…」

註三：邵伯溫，《河南邵氏聞見前錄》卷十八，頁十三，廣文書局，台北，民五十九年初版。

原文：「康節有〈安樂窩〉中詩云：『半記不記夢覺後．．．．』公愛之（定國案公指司馬光），請書紙簾上，字畫奇古，某家世寶之。」

註四：邵雍，《擊壤集》（四庫全書本）卷十二，憶昔吟：「憶昔初書大字時，學人飲酒與吟詩。苟非益友推金石，四十五年成一非。」，台灣商務印書館，台北，民七五年初版。

註五：朱熹，《朱文公文集》卷八十三頁二十四，「跋邵康節檢束二大字」（四部叢刊大本原式精印本），初版，台灣商務印書館，台北，民七五年初版。

註六：邵雍，《擊壤集》（四庫全書本）卷十四安樂吟：「安樂先生，不顯姓氏；垂三十年，居洛之涘。風月情懷，江湖性氣。……樂見善人，樂聞善事；樂道善言，樂行善意。……」。

註七：容庚，《叢帖目》第三冊頁九五〇，倒4行，記載《貸園叢書》《咫進齋叢書》，上海市文物保管委員會皆有殘本收藏，但不見《續帖》第二卷，該卷係刻邵雍〈逢春吟〉。

# 參考書目舉要

## 一、版本

邵　雍　擊壤集二十卷附集外詩，四庫全書本，台北台灣商務印書館印行
邵　雍　伊川擊壤集二十卷附集外詩，四部叢刊明成化畢亨刊本，台北台灣商務印書館印行
邵　雍　邵雍詩二十一卷含集外詩，全宋詩本，北京大學出版社出版
邵　雍　伊川擊壤集二十卷，正統道藏本，台北新文豐公司出版
邵　雍　伊川擊壤集附集外詩，明文靖書院本，叢書集成續篇一六五冊，台北新文豐公司出版
邵　雍　伊川擊壤集二十卷附集外詩，朝鮮舊刊本，台北國家圖書館善本室
邵　雍　伊川擊壤集十卷附集外詩，明吳翰等注，清康熙八年邵養貞刊本，台北國家圖書館善本室
邵　雍　伊川擊壤集二十卷附集外詩，南宋末期建刊本，卷十抄配，台北國家圖書館善本室
邵　雍　伊川擊壤集二十卷附集外詩，南宋建刊本配補元刊及鈔本，台北國家圖書館善本室
（清黃丕烈、孫原湘、胡靜之、錢天樹、邵淵耀、丁白曾手書題跋）
邵　雍　伊川擊壤集二十卷附集外詩（缺一至三卷），南宋建刊本配補元刊本仍缺三卷，台北國家圖書館善本室

邵　雍　伊川擊壤集二十卷，元刻本，群碧樓居士鄧邦述有手書題記，台北中研院史語所善本室

邵　雍　伊川擊壤集二十卷附集外詩，明初仿宋刊十行本，台北國家圖書館善本室
（近人徐鈞、徐鴻寶手跋）

邵　雍　伊川擊壤集二十卷附集外詩，清康熙甲子虞山毛扆影元手鈔本，台北國家圖書館善本室

邵　雍　安樂窩吟一卷，兩宋名賢小集本，台北國家圖書館善本室

## 二、詩文評

方　岳　（宋）深雪偶談《古今詩話叢編》，台北廣文書局六十年初版

王夫之等撰（清）清詩話（丁福保編），台北明倫書局六十年十二月初版

王國維　（民）人間詞話，台北弘道文化事業公司七十年十二月再版

王夢鷗　（民）文藝美學，台北遠行出版社六五年五月再版

田　雯　（清）古歡堂集《清詩話續編》，台北藝文印書館七四年

朱光潛　（民）文藝心理學，台北台灣開明書局六一年十月台五版

朱光潛　（民）詩論，台北漢京文化公司七一年十二月初版

朱光潛　（民）談文學，台北弘道文化事業公司七五年十月初版

何文煥　（清）歷代詩話，台北漢京文化公司七二年一月初組

何孟春（明）餘冬詩話《古今詩話叢編》，台北廣文書局六十年初版
吳景旭（清）歷代詩話（宋詩部分），台北世界書局六八年六月三版
李東陽（明）懷麓堂詩話，台北藝文印書館《續歷代詩話》七二年六月四版
李慈銘（清）越縵堂詩話，台北新文豐出版公司印行七六年六月台一版
杜國清譯（民）詩學（西協順三郎），台北田園出版社五八年十二月初版
阮一閱（宋）詩話總龜，台北廣文書局六二年九月初版
周振甫等編（民）談藝錄導讀台北洪葉文化事業公司八四年初版一刷
周裕鍇（民）宋代詩學通論，成都巴蜀書社一九九七年第一版
林昌彝輯（清）射鷹樓詩話，台北新文豐出版公司印行七六年六月台一版
胡應麟（明）詩藪，台北廣文書局六二年九月初版
唐圭璋（民）詞話叢編，台北新文豐出版出司七七年台一版
袁行霈（民）中國詩學通論，合肥安徽教育出版社一九九四第一版
孫望等編（民）宋代文學史上下，北京人民文學出版社一九九六年第一版
徐巍選注（宋）陶淵明詩選註，台北源流出版社七一年十月初版
馬星翼（清）東泉詩話，台北新文豐出版公司印行七六年六月台一版

張　健（民）邵雍詩研究《文學評論》第五集，台北天華書局六七年初版
張高評（民）宋詩之新變與代雄，台北洪葉文化公司八四年初版
張景星選（清）宋詩別裁，台北台灣商務印書館《人人文庫》六七年一月台一版
張謙宜（清）見齋詩談《清詩話續編》，台北藝文印書館七四年
梁九圖（清）十二石山齋詩話，台北新文豐出版公司印行七六年六月台一版
陳千武（民）現代詩淺說，台中學人文化事業公司六八年初版
陸心源輯（清）宋詩紀事補遺，台北鼎文書局六十年九月初版
程兆熊（民）中國詩學，香港鵝湖書屋東方人文學會叢書五二年六月初版
覃子豪（民）論現代詩，台中曾文出版社六六年初版
隋樹森譯（民）中國文學概說（青木正兒），台北莊嚴出版社七十年九月初版
黃子雲（清）野鴻詩的，《清詩話》，台北明倫出版社六十年初版
黃奕珍（民）宋代詩學中的晚唐觀，台北文津出版社八七年初版
黃省曾（明）名家詩法，台北廣文書局六二年初版
黃美鈴（民）歐梅蘇與宋詩的形成，台北文津出版社八七年初版
黃師永武（民）中國詩學四冊，台北巨流圖書公司六八年四月一版一刷

黃師永武　（民）詩林散步，台北九歌出版社七八年初版
黃師永武　（民）詩與美，台北洪範書店七四年三版
黃師永武等（民）宋詩論文選輯，高雄復文出版社七七年初版
楊良弼　（明）作詩體要，台北廣文書局六二年初版
葉廷秀　（明）詩譚，台北廣文書局六二年初版
葉嘉瑩　（民）王國維及其文學批評，台北桂冠圖書公司八一年四月初版
趙　翼　（清）甌北詩話《清詩話續編》，台北藝文印書館七四年
趙仁珪　（民）宋詩縱橫，北京中華書局出版一九九四年一版一刷
劉榮生　（民）東橋說詩，台北文史哲出版社八七年初版
劉熙載　（清）藝概，台北漢京文化事業公司七四年初版
歐陽光　（民）宋元詩社研究叢稿，廣東高等教育出版社一九九六年第一版
稽留山樵　（明）古今詩話，台北廣文書局六二年九月初版
鄭定國　（民）邵雍詩心，雲林雲院書城八七年初版
鄭清茂譯　（民）宋詩概說（吉川幸次郎），台北聯經出版社七七年九月四刷
錢　穆　（民）宋明理學概述《錢賓四全集》，台北聯經出版社八八年初版

錢　穆　（民）理學六家詩鈔《錢賓四全集》，台北聯經出版社八八年初版
錢鍾書　（民）宋詩選註，台北新文豐出版公司七八年台一版
錢鍾書　（民）談藝錄，北京中華書局一九九三年三月
鍾美玲　（民）北宋四大家理趣詩研究，台北文津出版社八五年初版
魏慶之　（宋）詩人玉屑，台北九思出版公司六七年十一月台一版
羅　青　（民）詩人之燈，台北東大公司八一年初版

## 三、總集、選集及專著

王安石　（宋）王荊公詩，台北鼎文書局（李壁注、沈欽韓補正）六八年九月初版
白居易　（唐）白居易集，台北漢京文化公司七三年三月初版
朱　熹　（宋）晦庵集，台北台灣商務印書館《四庫全書》七五年三月初版
吳　康　（民）邵子易學，台北台灣商務印書館人人文庫本五八年一月初版
邵　雍　（宋）皇極經世書，台北廣文書局七七年七月初版
邵　雍　（宋）皇極經世鈐，台北廣文書局七七年七月初版
金履祥　（宋）仁山集，台北新文豐出版公司《叢書集成新編六四冊》七五年一月台一版
姚　勉　（宋）雪坡集，台北台灣商務印書館《四庫全書第一一八四冊》七五年

范祖禹（宋）范太史集，台北台灣商務印書館《四庫全書第一一〇〇冊》七五年
徐紀芳（民）邵雍研究，台北中國文化大學博士論文八三年十二月
晁說之（宋）景迂生集，台北台灣商務印書館《四庫全書第一一一八冊》七五年
張栻（宋）南軒集，台北台灣商務印書館《四庫全書第一一六七冊》七五年
清聖祖御編（清）全唐詩，台北盤庚出版六八年二月一版
陳郁夫（民）中國歷代思想家〈邵雍篇〉，台北台灣商務印書館七六年三版中華文化復興運動推委會主編
陳寅恪（民）陳寅恪全集，台北九思出版社六六年修訂三版
趙玲玲（民）邵康節觀物內篇的研究，台北嘉新水泥公司文化基金會研究論文第二五七種六二年四月
劉因（宋）靜修集，台北台灣商務印書館《四庫全書第一一九八冊》七五年
鄧肅（宋）栟櫚集，台北台灣商務印書館《四庫全書第一一三三冊》七五年
蕭統（梁）李善注昭明文選，台北文化圖書公司六二年一版
魏了翁（宋）鶴山先生大全文集，台北台灣商務印書館《四庫全書第一一七二、一一七三冊》七五年

魏了翁（宋）鶴山題跋，台北新文豐出版公司《叢書集成新編五一冊》七五年一月台一版
魏仲舉編（宋）五百家注昌黎文集，台北台灣商務印書館《四庫全書》七二年十月初版
顧俊編（宋）中國文論選中冊，台北木鐸出版社六十九年三月一版

## 四、史學

丁傳靖輯（民）宋人軼事彙編，台北台灣商務印書館七一年九月台二版
王　稱（宋）東都事略，台北台灣商務印書館《四庫全書第三八二冊》七五年
王德毅編（民）宋人傳記資料索引，台北鼎文書局七三年四月增二版
朱　熹（宋）伊洛淵源錄，台北台灣商務印書館《四庫全書第四四八冊》七五年
朱瑞熙（民）宋代社會研究，台北弘文館出版社七五年四月初版
李幼武纂（宋）宋名臣言行錄外集，台北台灣商務印書館《四庫全書第四四九冊》七五年
杜大珪編（宋）名臣碑傳琬琰之集，台北台灣商務印書館《四庫全書第四五〇冊》七五年
邵伯溫（宋）河南邵氏聞見前錄，台北廣文書局五九年十二月初版
邵　博（宋）河南邵氏聞見後錄，台北廣文書局五九年十二月初版
柯維騏編（明）宋史新編，台北新文豐出版公司六三年十一月初版

徐松纂輯（清）宋會輯稿，台北新文豐出版公司六五年十月初版
脫脫等（元）宋史，台北鼎文書局七二年十一月三版
許　總（民）宋詩史，四川重慶出版社一九九七年第一版二刷
郭紹虞（民）中國文學批評史，台北文光出版社六二年九月初版
陳平原編（民）文學史第三輯，北京大學出版社一九九六年第一版
陳振孫（宋）直齋書錄解題，台北台灣商務印書館《四庫全書》七五年三月初版
陳繼儒輯（明）邵康節先生外紀，台北新文豐出版公司《叢書集成新編一〇二冊》七五年
程千帆等（民）兩宋文學史，上海古籍出版社一九九一年第一版
陶宗儀（明）書史會要，台北台灣商務印書館《四庫全書第八一四冊》七五年
敏　澤（民）中國文學理論批評史，吉林教育出版社一九九一年第一版
馮友蘭（民）中國哲學史，台北明倫出版社
馮雲濠輯（清）宋元學案補遺（王梓材著），台北新文豐出版公司《四明叢書》七七年四月台一版
黃　震（宋）古今紀要，台北台灣商務印書館《四庫全書第三八四冊》七五年
黃成助編（民）洛陽縣志，台北成文出版社《中國方志叢書》四七六冊六五年台一版
黃宗羲（明）宋元學案（全祖望補），台北世界書局七二年五月四版

楊幼炯（民）中國政治思想史，台北台灣商務印書館六六年台四版
葉慶炳（民）中國文學史，台北台灣學生書局八六年六月六刷
劉大杰（民）中國文學發達史，台北台灣中華書局六二年四月台四版
鄭振鐸（民）中國文學史，台北盤庚出版社六七年十二月初版
羅根澤（民）中國文學批評史，台北學海出版社六七年九月初版
顧易生等（民）宋金元文學批評上下冊，上海古籍出版社一九九六一版

## 五、單篇論文

方　介（民）略論阮籍詠懷詩中的象徵，台北中華文化復興月刊十八卷五期七四年五月
百泉公社（民）邵雍及其安樂窩批判大陸《文物》一九七六年第五期
吳　康（民）邵康節之先天易學，香港人生雜誌社三十一卷四期五五年八月
李曰剛（民）兩宋理學體詩之流別，台北中國詩季刊七卷二期六五年六月
李師殿魁（民）邵雍及其擊壤集，台北世界華學季刊一卷一期六九年三月，附〈邵雍年表〉
李霖燦（民）邵康節學記，台北中原文獻十二卷十二期六九年十二月
周世輔（民）程伊川哲學研解，台北革命思想月刊社五卷二期四七年八月
林　藜（民）洛陽安樂窩，台北中原文獻十卷十一期六七年十一月

段學儉（民）理學家與宋代詞論，台北孔孟月刊第三十七卷第六期八八年二月
張　健（民）朱熹的詩論，台北大陸雜誌三十七卷六期
張起鈞（民）道家思想的源流上、下，台北文化大學文藝復興雜誌七三年三月、四月
張高評（民）從宋詩研究論著類目《宋詩論文選輯》看宋詩研究的方法和趨向，書目季刊第二十三卷第二期七七年
郭玉雯（民）邵雍的詩歌理念探析，台北台灣大學學報第四期八十年六月
陳仕華（民）伊川擊壤集板本考，台北中央圖書館刊卷二十五，第一期八十一年六月
陳郁夫（民）吾愛邵夫子，台北中原文獻九卷六期六六年六月
陳郁夫（民）論邵康節的詩，台北中華文化復興月刊二卷十一期六八年二月
章炳麟（民）康成子雍爲宋明心學導師說，華國月刊二卷三期二五年一月
程兆熊（民）邵康節的無可主張，香港人生雜誌社十卷六期一一四號四四年八月
程兆熊（民）論邵康節的首尾吟及其詩學，香港新亞書院學術年刊十二期五九年九月
黃　明（民）北宋儒學的豪傑，台北中央月刊十卷十一期六七年九月
黃公偉（民）邵雍學說概觀，台北中原文獻九卷六期六六年六月
黃師永武（民）宋代是我們的鏡子，中央日報八二年十月五日

黃博仁　（民）理學先鋒邵康節先生，台北國教世紀雜誌十七卷三期七十年九月
黃藴中　（民）邵康節的哲學思想，台北自由青年雜誌三九卷六期五七年三月
董金裕　（民）徑路寬廣的邵雍，台北中原文獻十一卷五期六八年五月
蔡　宏　（民）道家道教對宋明理學本體論形成發展的影響，台北孔孟月刊第三十七卷第十一期八八年七月
鄭定國　（民）邵雍《擊壤集》命名之探討，台北鵝湖月刊二八九期八八年七月
鄭定國　（民）邵雍共城十吟詩的探究，雲林科大科技學刊第八卷第三期八八年七月
鄭定國　（民）邵雍新居成呈劉君玉殿院詩賞析，雲林雲林科大雲聲校刊第四四期八七年十一月
鄭定國　（民）邵雍詩寫竹意象之探討，雲林科大科技學刊第八卷第二期八八年四月
鄭定國　（民）邵雍擊壤集略說，雲林技術學院學報第五卷第二期八五年七月
鄭定國　（民）邵雍擊壤集詩數考，孔孟月刊第三一卷第一一期八二年七月
鄭定國　（民）從邵雍詩看邵雍書法，雲林科技大學文理通識學術論壇第二期八八年六月
鄭定國　（民）談邵雍詩中專用語助詞的特色，雲林技術學院學報第六卷第三期八六年七月
鄭定國　（民）談邵雍詩以春遊詩一首爲例，雲林科大文理通識學術論壇第一期八八年一月
鄭雪花　（民）《詩品、自然》的美學意蘊，台北孔孟月刊第三十七卷第九期八八年五月

鄭雪花（民）試析邵雍「以物觀物」的詩歌理念，台北孔孟月刊第三十七卷第五期八八年一月
謝　康（民）宋代理學家的詩，台北中原文獻九卷五期六六年五月

## 六、其他

王壯爲（民）書法研究，台北台灣商務印書館八一年初版九刷
朱光潛（民）談美，台北弘道文化事業公司七五年十月初版
朱孟實譯（民）美學（黑格爾），台北里仁書局七十年五月初版
沈尹默（民）談中國書法，台北莊嚴出版社七二年初版
容　庚（民）叢帖目一、二、三冊，台北華正書局七三年初版
張春興等（民）心理學，台北三民書局六五年八修正三版
戚廷貴（民）藝術美與欣賞，台北丹青圖書公司七六年一月初版
許世瑛（民）中國文法講話，台北台灣開明書店六三年六月十一版
許菱祥（民）中文文法，台北大中國圖書公司八四年再版
郭小平等譯（民）藝術心理學新論（魯道夫·阿恩海姆著），台北台灣商務印書館八一年台灣初版
陳望道（民）修辭學發凡，香港大光出版社五三年二月版
黃師永武（民）生活美學（天趣），台北洪範書店八六年初版
黃師永武（民）生活美學（理趣），台北洪範書店八六年初版

黃師永武　（民）生活美學（諧趣），台北洪範書店八六年初版
黃師永武　（民）字句鍛鍊法，台北洪範書店七五年二月三版
黃師永武　（民）愛廬小品，台北洪範書店八一年初版
黃師永武　（民）愛廬談心事，台北三民書局三民叢刊一一一冊八四年初版
趙天儀　（民）美學與語言，台北三民書局《三民文庫》六七年十二月三版